国家社会科学基金规划项目研究成果（课题批准号：11XSH019）
西南大学人文社会科学研究重大培育项目研究成果（课题批准号：SWU1709740）

社区老年人心理健康服务体系建构研究

潘孝富　著

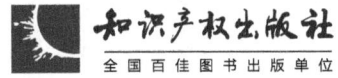

图书在版编目（CIP）数据

社区老年人心理健康服务体系建构研究/潘孝富著. —北京：知识产权出版社，2019.1
ISBN 978-7-5130-5996-1

Ⅰ.①社… Ⅱ.①潘… Ⅲ.①老年人—心理健康—社区服务—研究—中国 Ⅳ.①B844.4 ②D669.3

中国版本图书馆 CIP 数据核字（2018）第 272624 号

内容提要

本书主要以城市社区老年人作为研究对象，通过问卷调查、深度访谈、田野调查和文献法等多种研究方法，试图探讨城市社区老年人心理健康服务需求和心理健康服务的现状，从模式和机制两个理论层面构建城市社区老年人心理健康服务体系，并结合实践调查结果提出了构建城市社区老年人心理健康服务体系的实践对策与建议。

责任编辑：石红华　栾晓航	责任校对：谷　洋
封面设计：臧　磊	责任印制：孙婷婷

社区老年人心理健康服务体系建构研究

潘孝富　著

出版发行：	知识产权出版社有限责任公司	网　　址：	http://www.ipph.cn
社　　址：	北京市海淀区气象路 50 号院	邮　　编：	100081
责编电话：	010-82000860 转 8130	责编邮箱：	shihonghua@sina.com
发行电话：	010-82000860 转 8101/8102	发行传真：	010-82000893/82005070/82000270
印　　刷：	北京建宏印刷有限公司	经　　销：	各大网上书店、新华书店及相关专业书店
开　　本：	787mm×1092mm　1/16	印　　张：	14
版　　次：	2019 年 1 月第 1 版	印　　次：	2019 年 1 月第 1 次印刷
字　　数：	230 千字	定　　价：	58.00 元
ISBN 978-7-5130-5996-1			

出版权专有　侵权必究
如有印装质量问题，本社负责调换。

摘　　要

我国人口老龄化趋势日益加剧，截至 2017 年年底，60 周岁及以上人口 24090 万人，占总人口的 17.3%，其中 65 周岁及以上人口 15831 万人，占总人口的 11.4%。据预测，到 2050 年前后，我国老年人口数将达到 4.87 亿，占总人口的 34.9%。人口老龄化问题对我国经济、政治和社会发展都会产生一定的影响。养老问题不仅仅是一个家庭的问题，更是一个社会问题。人口老龄化的迅速发展，催生对老年人社会服务的巨大需求。"注重发挥家庭和社区功能，优先发展社会养老服务"是积极应对人口老龄化的必然趋势；构建社区老年人心理健康服务体系是推进社会养老服务体系建设的有效路径。然而，我国城市社区老年人心理健康服务体系尚未建立，其组织机构和运行机制不完善，专业队伍、管理监督、评价机制和硬件设施都缺乏。这严峻的现实难以应对老年人心理健康服务需求和养老社会服务化的趋势，因此，建构社区老年人心理健康服务体系具有重要理论价值和现实意义。

本研究主要以城市社区老年人作为研究对象，通过问卷调查、深度访谈、田野调查和文献法等多种研究方法，试图探讨城市社区老年人心理健康服务需求和心理健康服务的现状，从模式和机制两个理论层面构建城市社区老年人心理健康服务体系，并结合实践调查结果提出了构建城市社区老年人心理健康服务体系的实践对策与建议。具体说来，获得如下初步结果：

一、城市社区老年人心理健康服务现状调研之判断

通过随机抽取我国 16 个省市 74 个社区，采用自编的调查问卷对 546 名社区居民和干部进行调查，发现以下结果。

（1）城市社区老年人对心理健康服务需求强烈，90% 的居民期望社区设

立老年人心理健康服务机构，96%的居民坚信社区心理健康服务机构对他们的心理健康问题能够发挥积极的作用。

（2）城市社区老年人心理健康服务内容排列前三位的是失智障碍、情绪障碍、人际关系冲突与社会适应。具体表征是情绪的调节（主要是孤独、抑郁和焦虑）占65.9%、身体健康咨询占63.4%、退休心理辅导占61.2%。

（3）空巢老人、失独老人、孤寡老人和失能老人等社区特殊群体的心理健康问题更突出。例如，77.3%的空巢老年人感到生活孤独、情绪抑郁、情感空虚、心情低落；74.4%的有孤独感。70%的失独老人抑郁总体水平偏向重度抑郁水平，失独老人的抑郁水平显著高于非失独老人的抑郁水平。

（4）城市社区老年人心理健康服务体系尚未形成。调查发现仅有20.9%的调查者所在社区建立了或正在建立社区老年人心理健康服务中心，社区老年人心理健康服务组织机构、专业人员、服务活动等较为匮乏。

总之，城市社区老年人心理健康问题日益增多，城市社区老年人的心理健康服务需求旺盛，因此，建构城市社区老年人心理健康服务体系是迫在眉睫。

二、城市社区老年人心理健康服务体系之构建

基于文献梳理和现状调查的结果，并借鉴国外成功的建构经验，可以从城市社区老年人心理健康服务模式和机制两个层面构建城市社区老年人心理健康服务体系。在模式建构上，主要从心理健康服务宣传教育、咨询辅导、人员培养和管理评估等模式上建构；在机制建构上，主要从预防机制、干预机制、管理机制和评价机制等方面构建服务体系。

（1）社区老年人心理健康服务宣传教育模式构建。主要从社区老年人心理健康服务宣传途径；社区老年人心理健康疾病知识；社区老年人心理健康服务内容、方式与途径；社区老年人心理健康服务干预等知识传播上构建服务宣传教育模式。

（2）社区老年人心理健康咨询与治疗模式构建。主要从社区老年人心理健康问题咨询服务与诊断，社区老年人的认知、情感、行为以及社会适应等方面问题咨询与预防，社区老年人心理障碍的干预与援助等方面上构建心理健康咨询与治疗模式。

（3）社区老年人心理健康服务人员培养与提升模式构建。着力探究社区

老年人心理健康服务人员构成、社区老年人心理健康服务人员的素养和社区老年人心理健康服务人员培养路径等服务模式构建。

（4）社区老年人心理健康服务活动管理与评价模式构建。主要涉及社区老年人心理健康服务活动管理和社区老年人心理健康服务活动评价模式构建。

（5）社区老年人心理健康服务机制。主要建构社区老年人心理疾病的预防机制、干预机制、管理机制和评价机制。其中预防机制主要包括以心理健康促进为基础的积极预防机制和创建社区老年人的心理危机预防机制；干预机制主要涉及老年人常见的心理障碍诊断、老年人心理问题干预及辅助康复治疗、社区老年人心理危机干预以及临终关怀及死亡教育。

三、城市社区老年人心理健康服务体系构建之对策

根据本研究成果，结合城市社区老年人心理健康服务的客观实际，提出了具有可操作性的资政对策与建议。

（1）要充分认识构建社区老年人心理健康服务体系的紧迫性。充分的调查事实证明加强老年人心理健康服务，构建社区老年人心理健康服务体系，以社区为场域来系统进行心理健康服务，一方面，能够帮助社区老年人提升心理健康水平，改善老年人晚年生活质量；另一方面，能够帮助社区老年人家庭化解家庭矛盾，建立和谐的人际关系，缓解家庭负担，提高家庭成员主观幸福感。这对积极应对老龄化，提升老年人生活品质，构建和谐社会和保持社会稳定具有迫切性。

（2）构建社区老年人心理健康服务体系的基本原则是"依托社区、政府主导、多方协调、预防为主、防治结合"。

（3）建立社区老年人心理健康服务专业机构与专业队伍、管理体系与运行机制、开展多样的心理健康服务活动和增强管理和评估是构建城市社区老年人心理健康服务体系的主要内容。构建"双轨运行"和"三级"管理机制是城市社区老年人心理健康服务体系构建的主要措施。"双轨运行"指省（市）辖二、三甲医院心理专科门诊和省（市）级行业协会及高校心理研究所两条服务轨道。"三级"管理指老年人心理健康管理服务层级，一级管理单位为决策层的市政府管理部门，包括省（市）卫生局、省（市）老龄委和省（市）民政局；二级管理单位为督导执行机构，包括区县（自治州）的卫生局、民

政局和老龄办，省（市）辖二、三级综合医院的心理门诊或精神专科医院以及省（市）级心理健康服务行业协会或高校心理健康服务研究院（所）；三级管理单位为基层社区卫生服务中心（站）等负责心理健康服务落地实施的机构。

（4）加强组织领导、专业人员、专项资金和过程管理与考核监督是构建城市社区老年人心理健康服务体系的主要保障。

四、城市社区老年人心理健康服务体系研究之价值与展望

本研究较为系统地探讨城市社区老年人心理健康服务体系的构建，有助于推进中国心理健康服务理论体系的完善，对建立中国本土化的社区老年人心理健康服务理论框架和实践模式，具有重要的理论价值。也为应对人口老龄化，改善老年人心理健康水平，切实提升老年人生活品质，构建和谐社会提供政策咨询和决策参考，具有现实的指导和借鉴价值。

然而，由于影响社区老年人心理健康及其心理健康服务的因素众多，涉及的层面多元复杂，以往研究的碎片化较重以及本土化可借鉴的经验较匮乏，加上本研究的人力和财力等多方面的原因，本研究有不少局限性和不足。例如，在研究内容架构上相对宏观与宽泛，涉及的研究变量众多，在时间、人力、财力和经验不足的条件下难以将研究做到深入和透彻。在研究方法上，尽管本研究采用了文献法、问卷调查法、田野调查和个案法等多种方法，但获得的数据受样本和研究横切面的影响，难以得到较全面和较完整的研究素材与数据，其研究结果的实证效度和生态效度是有局限性的。在研究结果与对策上，由于缺乏前后对照试验的追踪式纵向研究，缺乏实验数据的验证，因此，本研究结果与对策的推广是存在一定的局限性的。

在未来的研究中，首先，要将研究的内容和范畴界定得更精细，以便更深入细致地研究；其次，是尽可能扩大研究样本，以便获得更具有代表性总体研究数据，进而获得更有普适性的研究结果；最后，尽可能采用准实验法，通过前后对照或将研究结果与对策措施采用纵向追踪式的研究方法，验证研究结果与对策的有效性、普适性和推广应用性。

目　　录

第1章　导论 ……………………………………………………………（1）

　　1.1　问题提出 ………………………………………………………（1）

　　1.2　以往研究的概述 ………………………………………………（2）

　　1.3　研究思路及方法与内容 ………………………………………（4）

　　1.4　研究意义与价值 ………………………………………………（6）

第2章　研究概念与理论 …………………………………………（11）

　　2.1　相关概念界定 …………………………………………………（11）

　　2.2　社区老年人心理健康服务的相关理论 ………………………（13）

　　2.3　本章小结 ………………………………………………………（21）

第3章　国外社区老年人心理健康服务概况 …………………（22）

　　3.1　美国社区老年人心理健康发展状况 …………………………（22）

　　3.2　英国的社区老年人心理健康服务发展简况 …………………（27）

　　3.3　日本社区老年人心理健康服务状况 …………………………（30）

　　3.4　国内外社区老年人心理健康服务比较 ………………………（34）

　　3.5　本章小结 ………………………………………………………（41）

第4章　我国社区老年人心理健康服务现状 …………………（43）

　　4.1　我国社区老年人心理健康服务的兴起与发展概况 …………（43）

4.2 我国社区老年人心理健康服务现状调查报告 ·············· (45)
4.3 本章小结 ··· (66)

第5章 社区老年人特殊群体心理健康及其服务需求状况 ······ (69)
5.1 社区的空巢老人心理健康和服务需求情况 ·············· (69)
5.2 城市社区失独老人的心理健康与创伤后成长 ············ (80)
5.3 本章小结 ··· (105)

第6章 社区老年人心理健康服务体系建构 ························ (108)
6.1 社区老年人心理健康宣传与教育 ·························· (108)
6.2 社区老年人心理健康咨询与治疗 ·························· (118)
6.3 社区老年人心理健康服务人员培养与提升 ············· (126)
6.4 社区老年人心理健康服务活动管理与评价 ············· (135)
6.5 本章小结 ··· (144)

第7章 社区老年人心理健康服务运行机制 ······················· (147)
7.1 引言 ··· (147)
7.2 社区老年人心理疾病的预防机制 ·························· (149)
7.3 社区老年人的心理疾病干预机制 ·························· (158)
7.4 社区老年人心理健康服务评价机制 ······················· (167)
7.5 本章小结 ··· (170)

第8章 研究结论和政策建议 ·· (172)
8.1 研究结论 ··· (172)
8.2 政策建议 ··· (180)
8.3 研究不足与展望 ·· (189)

参考文献 ··· (191)
Ⅰ 中文文献 ·· (191)
Ⅱ 外文文献 ·· (201)

附录　相关调查问卷 ……………………………………………（205）

附录1　《城市社区老年人心理健康服务现状调查问卷》………（205）

附录2　《城市社区老年人心理健康服务状况调查》……………（211）

第1章 导论

1.1 问题提出

人口老龄化即人口总数中年轻人的数量在下降而年长人的数量在增加,进而出现老年人占人口总数的比例相应增加的社会现象。联合国界定人口老龄化的标准是当一个国家或地区60岁以上老年人口占人口总数的10%,或65岁以上老年人口占人口总数的7%时,该国家或地区进入老龄化社会。[1]

随着科技和医疗设备的发展,人的寿命得以延伸,老龄人口增多;由于我国实现近40年的计划生育国策,年轻人口相对减少。因而,我国人口老龄化趋势日益严重。截至2017年年底,我国60周岁及以上人口24090万人,占总人口的17.3%,其中65周岁及以上人口15831万人,占总人口的11.4%。据预测,到2050年前后,我国老年人口数将达到4.87亿,占总人口的34.9%。[2] 人口老龄化的问题无论是对我国经济还是政治的发展都有着一定的影响,养老问题不仅仅是一个家庭的问题,更是一个社会问题。例如,家庭与社会养老保障的负担正日益沉重;老年人自身的医疗卫生消费支出的压力越来越大;"助老"社会服务的需求迅速膨胀,如生活照料与精神慰藉等许多需求不能满足,特别是老年人的精神生活和心理健康问题不容忽视。老年人步入晚

---

[1] 2015年中国人口老龄化现状分析及发展趋势预测. 中国产业信息网,2015年10月27日, http://www.chyxx.com/industry/201510/352441.html.

[2] 2018年中国人口老龄化现状分析、老龄化带来的问题及应对措施,2018年5月4日, http://www.chyxx.com/industry/201805/637022.html.

年后，生理机能开始退化，老年痴呆、心脑血管疾病、风湿病等都是老年群体中常见的疾病。由于社会角色和地位的转变以及其他丧偶、失独等家庭问题的滋生，老年人很容易产生一些消极的心理感受，如焦虑、愤怒、绝望、内疚等，进而导致老年失智症、抑郁症、精神分裂症、滥用药物及酗酒等各类心理问题。毋庸置疑，关注老年人心理健康，构建城市社区老年人心理健康服务体系，是积极应对人口老龄化的重要举措，也是提升老年人生活品质，构建和谐社会的客观现实的需要。

然而，我国城市社区老年人心理健康服务体系还没有构建，它的组织机构和运行机制不完善，专业队伍、管理监督、评价机制和硬件设施都缺乏。这严峻的现实难以应对老年人心理健康服务需求和养老社会服务化趋势，因此，构建社区老年人心理健康服务体系既有现实意义又有理论价值。

1.2　以往研究的概述

20 世纪 50 年代兴盛起来的社区心理健康服务已被世界各国家证明是一种降低心理问题、预防复发和维持心理健康卓有成效的模式，又随着城市化和老龄化趋势加剧，城市社区老年人心理健康服务得到广泛关注。国外对此研究众多，成果丰硕，比较重要的研究成果如：Dagon（1982）的《计划和发展社区老年人心理健康服务的观点》；Graman（1992）发表《以社区为基础的老年人心理健康服务：护理满足需求》；Keady 等人（2004）的《社区心理健康保健与老龄痴呆护理实践》等。这些成果着力以下研究：一是相关政策法规研究，如美国的《社区心理健康中心法案》，英国的《国家老人心理健康服务纲要》等；二是服务内容研究，如社区老年人心理健康问题评估、咨询、治疗与康复训练等；三是专业队伍研究，如精神科医生、专业心理辅导人员、专业治疗师、社区工作者等；四是服务模式研究，例如，社区关爱中心，社区家庭护理和预防模式，后期跟踪服务模式，等等。如今，欧美发达国家已建构相对成熟的社区老人心理健康服务体系，特别在英国，他们具有完备的社区老年心理健康服务国家体系，有较为完善的服务机构和服务模式。此外，包江波等人（2006）对比利时、法国、澳大利亚、泰国等国家社区精神卫生服务模式比较分析，获得一些值得我国借鉴的方面，具体包括：社区老年精神卫生服务宗旨和理念、资源和专业人员配置模式、组织体系等方面。

在我国，学者对社区老年人心理学健康服务的探索内容主要有三种情况：

（1）对老年人的心理健康概念内涵、现状特征、影响因素、评估工具、结构内容和应对策略等方面进行了大量研究。例如，李娟和吴振云（2002）编制中国老年心理健康量表，并且关于老人心理健康现状表征进行探讨。李建新等人（1997）对影响老年人心理健康因素进行探讨，发现重要影响因素有人口统计学变量、家庭经济情况和子女关系、家庭和谐情况等；李德明和陈天勇等人（2006）探讨了空巢老年人心理健康问题；于淼（2008）编制老年人心理健康自评工具；严建霞等人（2008）构建空巢老年人心理健康影响因素模型；陈先华（2009）对社区老年人多维健康功能评定及其影响因素进行分析，刘金华（2009）基于老年生活质量对中国养老模式选择进行探讨；伍小兰等人（2010）对老年人口抑郁症状分析；吕林等人（2011）分析了不同养老模式对老年人心理健康状况影响；栾文敬等人（2012）对老年人心理健康自评及其影响因素进行分析；较多研究认为社会支持对老年人心理健康影响效果显著（高月霞，2013；陶裕春，2014；姚若松，2016，2018），等等。

（2）介绍国外及社区老年人心理健康服务模式和运行机制。如郭梅华和张灵聪（2009）以国外关于社区老人心理健康服务的研究内容进行文献综述。滕丽新和黄希庭等人（2009）分析英国社区老人心理健康服务体系，并在此基础得到一些启示。杨丽君等人（2010）对如何形成社区老人心理健康服务形式进行分析和探索，等等。

（3）试图对中国心理健康服务体系现状和如何构建的探讨。如黄希庭等人主持题为"中国心理健康服务体系现状和对策"的教育部哲学社科重大课题，从理论和应用两个层面，试图建立科学化、中国化和可操作化的心理健康服务体系。

就上述而言，国内学者对心理健康服务的研究很多，但是对老年人心理健康研究情况就比较少；研究者对社区心理健康服务不少，可鲜有对构建社区老年人心理健康服务的研究，关于城市社区老年人的心理健康服务研究，至今还未形成本土化完善的体系，缺少整体、系统的理念，没有很好地将微观和宏观、社区与家庭、政府与社会结合好。具体表现为：a.缺少从系统和整体的角度进行分析和探讨。目前，国内的研究多是零散性研究，相关的服务理论还未形成，服务目标泛散、内容和方式单一，缺少系统性解决问题的专项研究。b. 适合我国整体情况的社区老年人心理健康服务模式、管理和运行机制尚未形成。c. 社区工作者服务意识淡薄、设施和专业工作者匮乏。因此，在我国建构具有本土化、科学性和可行性的城市社区老年人心理健康服务体系很值得研究。

1.3　研究思路及方法与内容

1.3.1　研究思路

基于"十三五"期间我国老龄化面临的新形势，在对相关文献梳理的基础上，确立研究的基本维度，并充分运用心理学、社会学、管理学等综合性学科视野，采用田野调查、个案法、文献法、叙事研究、试点实验法等系列方法，在研究并掌握国内外研究者关于社区老年人心理健康服务研究的现状基础上，探讨如何建构社区老年人心理健康服务体系模式和如何更好运行，并将建构的体系试点实验，获得有效的建构模式与运行机制，进而提供决策参考与建议。其研究的基本框架与技术路线如图 1-1 所示。

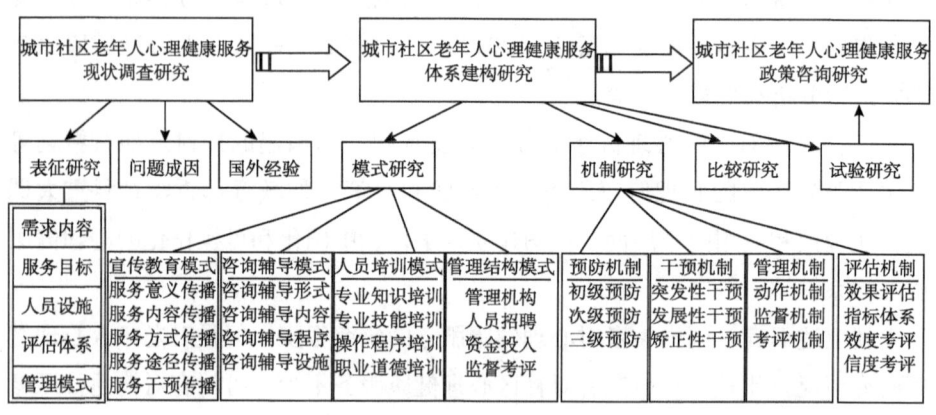

图 1-1　本研究总体框架与基本思路

1.3.2 研究方法

(1) 田野调查法：主要是研究者到城市社区现场进行实地资料采集的一种研究方法。(2) 个案法：主要是针对有代表性、典型性的社区老年人心理健康服务模式和运行机制进行研究，以获取可操作和可示范的服务模式和运行机制。(3) 文献法：主要是系统地回顾国内外相关文献，从中整理出社区老年人心理健康服务体系的重要观点、建议、成功经验等内容。(4) 叙事研究：通过亲历城市社区老年人心理健康服务的"历史叙事"，用描述、分析、解释三种策略，还原社区老年人心理健康服务的"真实面貌"。(5) 试点实验法：对于本研究所揭示的问题和提出的建议，选择某社区进行现场实验法检验提出的服务模式和运行机制是否可行有效，进而检测研究结果的生态效应。

1.3.3 研究内容

1. 城市社区老年人心理健康服务现状调查研究

该部分主要调查社区老年人心理健康服务的需求、目标、人员设置、效果评估体系与服务管理模式、存在问题及其成因，并对国外成功经验进行梳理。此外，还调查社区特殊老年人群体的心理健康状况和心理健康服务需求状况，比如对空巢老人心理健康服务需求与帮扶对策，失独老人心理健康现状与创伤后成长的调研以及相关对策研究。本部分内容旨在了解我国城市社区老年人心理健康服务产生的原因、现状和存在的问题，并且总结国外关于城市社区老年人心理健康服务研究的经验以便更好建构中国化的社区老年人心理健康服务体系。

2. 城市社区老年人心理健康服务体系建构研究

本部分主要研究城市社区老年人心理健康服务模式和机制。其中模式研究包括心理健康服务宣传教育模式、咨询辅导模式、人员培养模式和管理结构模式等内容；机制研究主要体现为预防机制、干预机制、管理机制和评价机制。

(1) 社区老年人心理健康服务的宣传与教育。主要涉及社区老年人心理健康问题及表现知识的传播、社区老年人心理健康服务宣传途径的传播、社区老年人心理健康服务方式与路径信息的传播、社区老年人心理健康服务内容的知识传播、社区老年人心理健康服务干预的知识传播等内容。

（2）社区老年人心理健康咨询与治疗。主要涉及社区老年人心理健康问题咨询服务与诊断、社区老年人认知问题咨询与治疗、社区老年人行为问题咨询与治疗和社区老年人心理障碍咨询与治疗等内容。

（3）对社区老年人心理健康服务人员的培养与提升。着重研究社区老年人心理健康服务人员构成、社区老年人心理健康服务人员素养和社区老年人心理健康服务人员培养与培训。

（4）社区老年人心理健康服务活动的管理和评价。主要是关于社区老年人心理健康服务活动目标、过程及结果管理和社区老年人心理健康服务活动全方位的评价。

（5）社区老年人心理健康服务机制。主要涉及社区老年人心理疾病的预防机制、干预机制、管理机制和评价机制。其中预防机制主要包括以心理健康促进为基础的积极预防机制和创建社区老年人的心理预防机制；干预机制主要涉及老年人常见的心理障碍及诊断、老年人心理问题干预及辅助康复治疗、社区老年人心理危机干预以及临终关怀及死亡教育。

3. 城市社区老年人心理健康服务政策咨询研究

该部分主要针对城市社区老年人心理健康服务体系建构存在的问题及其影响因素，提出城市社区老年人心理健康服务体系建构具体策略，例如，社区老年人心理疾病三级预防体系建构；社区老年人心理健康服务网络体系建构；社区老年人心理健康服务评估体系建构对策，等等。

1.4　研究意义与价值

我国的人口老龄化问题越来越严重，已经开始进入老龄化社会。专家预测到 2050 年，我国 60 岁以上的老年人将超过全国总人数的 30%，到时我国会步入深度老龄化阶段，所以，人口老龄化必须引起高度重视。积极应对老龄化，提升对老年人的社会服务关怀，构建和完善养老服务体系，尤其是社区心理健康服务体系更是迫在眉睫。不少研究表明老年人心理健康程度直接影响老年人生活质量。建立和完善城市社区老年人的心理健康服务体系，不仅切实提高老年人生活质量和推动全国老年人事业发展，而且推动和谐城市社区和和谐社会的构建。

1.4.1 加强社区老年人心理健康服务是积极应对老年人心理健康问题的现实需要

大量的研究发现老年人心理健康问题比较凸显。例如，张保利等人（2010）对北京市随机抽取的 1985 名老人进行心理健康测查，有 22.02% 的老年人出现焦虑症状，有 25.34% 的老年人出现抑郁症状，有 18.03% 的老年人出现思维功能减退。张明明等人（2012）对长春市老年人和赵玉萍（2009）对济南市老年人的调查表明老年人的 SCL-90 总分、躯体化、抑郁、焦虑、恐怖、阳性症状都比全国常模得分高，但是他们的心理健康相对低，心理异常症状的发生概率是 61.56%。虽然研究者对不同地方老年人的调查发现老年人心理健康问题不一致，但是老年人因为身体功能急剧下降，使老年人面临着衰老和疾病的折磨，甚至有死亡的恐惧。老年人还因为社会角色、经济情况、人际关系、家庭结构等方面的变化，需要适应新的生活状态。这些情况都影响老年人心理健康，导致老年人心理健康水平下降。因此，我国需要高度重视老年人的心理健康问题。根据对老年人的调查分析，得出他们心理健康问题具体包括：

1. 角色变化与社会适应引起的心理问题

虽然退休、离休是一种正常现状，但是老年人在退休之后会出现一段时间不适应。退休之前，虽然工作忙碌但是却相对充实，且社会价值感较高；可当退休以后，老年人就没有可以奋斗的事业，会觉得生活很没有意义，再加上之前的自豪感和社会价值感不再存在，所以老年人很长时间难以适应这种现状，他们会产生失落感和孤独感，甚至会产生更严重的心理健康问题。

2. 生理健康状况导致的心理问题

老年人随着年龄的增长，身体机能逐渐衰退，又加上多年忙碌奔波，大部分老年人会患有慢性疾病甚至更严重的身体问题。这种情况会严重影响到老年人的生活，他们内心就会产生焦虑、不安等情绪，如果这些老年人再得不到更好的关注和很好的照顾，这时候老年人的焦虑、不安等情绪会更加重，随之还会产生更严重的心理健康问题。有一些老年人，为了不拖累子女的家庭经济负担，拒绝看病治疗，实际上他们的苦只有自己知道，这在另一方面也说明我国在医疗保险和社会救助扶持方面还有很长的一段路要走。

3. 生活和经济状况造成的心理问题

没有了自身劳动力的支撑和社会的认可，退休之后的老年人或者农村的"空巢老人"失去了经济的来源，没有经济来源，他们只能靠子女和亲朋好友的救济才能维持正常的生活，本来该享受天伦之乐的老年人，却还在为生计发愁，心理的落差和贫困的现状使其忧虑感增加。有的老人还在考虑子女的问题，比如，子女的婚姻，财产的分配与矛盾等。还有亘古不变的婆媳难题，婆媳问题是中国老年人难以解决的问题。这些问题都可能使老年人产生心理问题。

4. 缺少精神慰藉引起的心理问题

老年人在退休之后，不需要再为工作忙碌，时间就空闲起来，就会把时间和精力放在子女身上，想进一步关注子女的现状，同时也渴望子女也可以关注和关心他们。但是现在，子女会因为一些主观或客观的原因，没有太多时间和父母沟通和见面，所以不能及时关注老年人的情况和给他们精神慰藉。这种情况不仅使中国倡导"老有所依"的观念变得很模糊和不现实，而且使老年人因精神慰藉得不到满足而产生孤独、不安等情绪。这就导致"空巢老人"现象的出现。

5. 安度晚年与意外刺激引起的心理问题

老年人会随着年龄的增长，对生活的恐惧日益增加，所以希望自己可以长寿并且可以平安、幸福和开心地度过晚年。但是生活是未知的，这种美好梦想会有一些意外因素的刺激。如死亡对老年人来说是一个可怕的事情，特别是老年人如果经历亲人的死亡事件，他们会觉得如晴天霹雳，在很长时间会难以接受和释怀这个事情，老年人随之会产生各种各样的心理问题。另外，夫妻争吵、婆媳关系不和、罹患重病等意外刺激，也对老年人的心理有比较大的打击。

以上诸多心理健康问题常常影响着老年人的身心健康，如果不及时疏导和排解，往往易于诱发成心理障碍和精神问题，严重影响老年人晚年的生活品质。在社区构建心理健康服务体系有利于及时缓解老年人心理问题，提升身心健康水平。

1.4.2 构建社区老年人心理健康服务体系是提升老年人晚年生活品质的需要

老龄化问题的研究结果显示，众多因素影响老年人的生活品质，其中关键性影响因素是老年人心理健康状态程度。过去，对老年人的健康，我们更多地是关注生理方面，给予足够的医疗健康保障，但仅仅如此还不够，还需要对更深的心理层次进行关注和关心。所以构建和完善社区老年人心理健康服务有非常重要的意义，具体如下。

1. 建构社区老年人心理健康体系有助于推进积极老龄化

在1947年，世界卫生组织就提出"健康不仅仅指人们没有疾病和身体机能没有衰弱，更是指身体、心理和社会适应能力三个方面达到完美的状态"。近年来，随着经济生活水平的提高，人们生理健康的同时，也更多地会重视生活质量的提升。特别是老年人，为子女和生计辛苦忙碌，他们更应该好好追求生活的意义和乐趣。但这些需要培养老年人在这方面的心理意识，即需要提供更多的心理健康服务和引导。让老年人发挥生命的余热，在享受社会关怀的同时为家庭和社会出一份力。积极老龄化的正常框架于2002年在马德里召开的第二届世界老龄化大会上正式被提出，"健康、参与和保障"是积极老龄化的三大支柱。此后，积极老龄化成为全世界各国处理和解决老龄化问题的有效策略。"健康老龄化"的意义包括三个方面：一是健康老龄化的目标为能让大多数老年人可以健康长寿，主要体现在改善老年人的生活方式和质量以健康延长寿命；二是健康老龄化概念多维，包含生命的长度和生命质量的精度；三是健康老龄化是积极老龄化的基础，没有健康就谈不上积极参与老龄化，家庭和社会提供的物质和精神服务支持是健康老龄化的重要保障。对于社区老年人心理健康服务体系的建构无疑会对老年人的生理、心理健康和生活质量的提升有很大的益处。

2. 建立与完善社区老年人心理健康服务体系能提升老年人的生活品质

老年人心理健康是提升老年人生命质量的关键，身体健康是提高生命质量的硬件保障，心理健康是提高生命质量的软件保障。人到中年以后开始衰老，身体的各生理机能的老化是不可避免的。但是如果老年人能够养成乐观积极的生活态度，提高自身心理健康水平，将会坦然面对之后的种种不适应，也会让自己和外部世界达到和谐的状态。相对应的，生活品质也将大大提高。推动老年人心理健康的不断发展，使老年人的生活品质持续提高，让社会经济发展的成果能与老年人共享，不但是老年人的主观需求，还是社会进步的客观需要。

1.4.3 构建社区老年人心理健康服务体系是构建和谐社会和社会稳定的需要

社会转型和计划生育效果导致了传统家庭养老功能的弱化，如今的家庭结构模式大多数为传统的"4-2-1"家庭，即四个老人，夫妻双方，一个孩子，意味着两个子女要承担赡养四个老人的义务，这无形中加重了家庭成员的养老负担，加上受西方文化的冲击，我国传统的家庭观念正在逐渐淡化，家庭养老功能也在弱化，老年人的物质和情感需求得不到相应的满足，而这种现象在农村尤为严重，农村大量中青年劳动力流向城市打工，使家庭养老功能弱化。家庭养老功能正向社会和社区服务转型。很显然，社区服务将是应对老龄化问题的有效路径，其中社区老年人心理健康服务又是老年人社区服务不可或缺的重要内容。

中华民族自古以来就十分重视"孝道"。年迈的父母是家庭情感的寄托。如果老人心理不健康，晚年生活不幸，这必然引发家庭和社会各种问题。由于子女平时忙于工作难以全程照顾老人，特别是空巢老人，家庭的赡养和心理抚慰作用弱化，只有通过社区专门的心理健康服务机构，才能对老人的心理问题得以及时疏导，有利于化解家庭和社会各种矛盾，维护社会稳定。

总之，加强社区老年人的心理健康服务体系的现状与对策的研究并促进建立和完善社区老年人的心理健康服务体系，对解决老龄化所带来的诸多问题，提高老年人的生活品质，促进社区和整个社会的和谐发展都具有十分重要的意义。

第 2 章　研究概念与理论

2.1　相关概念界定

2.1.1　心理健康及老年人心理健康

第三届国际心理卫生大会把心理健康（Mental health 或 Psychological well-being）界定为在身体、智能以及情感上与他人的心理健康不相矛盾的范围内，使个人心理状态达到最佳（郑日昌，1999；罗鸣春，黄希庭，2010），即个体的心理在本身及环境条件许可范围内能达到的最佳状态（简明不列颠岛百科全书，1985—1991）。世界卫生组织认为心理健康的标准是善于较好地协调与控制自己的情感、具有良好的意志品质、有和谐的人际关系、能主动地适应和改造现实环境、心理年龄和生理年龄相适应、有完整和健康的人格（WHO，2003）。在我国，心理健康即心理卫生，指个体心理在各方面和心理活动过程都处于一种正常、良好的状态，具体表现为保持性格完美、认知正确、情感适当、意志合理、态度积极、行为恰当和适应良好等（心理学大辞典，林崇德，杨治良，黄希庭，2003）。一般来说，心理健康是一种积极性和持续性的心理状态，在这种心理状态下，主体有良好的认知、情感、意志和行为适应能力，能使个体的身心和社会环境保持协调，达到一种良好的生理功能状态，充分发挥主体的身心潜能。

老年人心理健康是指老年人在心理的各个方面以及其心理活动过程都处于一种正常、良好的状态。具体的表现有：对自己有充分的了解；具备正常的安全意识；有切合实际的生活目标；与外界环境能够保持接触，可以维持良好的人际关系；自己的情绪能适度表达与控制；具备一定的学习能力，自己的才能与兴趣爱好能够有限度地得以发挥，保持个性的完整与和谐；在社会道德规范内，有能力在一定程度上满足个人的基本需要。

2.1.2 心理健康服务

心理健康服务存在广义与狭义两种概念，广义的心理健康服务（Mental Health Service）是指在一定原则的基础上，以某种方法和手段解决人的心理问题和行为问题的活动（罗鸣春，苏丹，孟景，2009）。狭义的心理健康服务指采用心理科学的理论与方法来维护和促进人们心理健康的活动（罗鸣春，黄希庭，苏丹，2010）。心理健康服务采用心理辅导、心理咨询和心理治疗等主要方法，开展优良品格的培养和不良性格的矫正、正确认知方式的形成和歪曲认知态度的矫正、人际关系和亲子关系的技能训练、职业生涯发展规划与选择、心理疾病和精神疾病的预防与治疗等方面的活动，适用从儿童到老人的不同阶段的各种不同心理需要（姚萍，钱铭怡，2008）。

2.1.3 心理健康服务体系

心理健康服务体系（Mental Health Service System）是指由专业的心理机构及其人员，在遵循心理健康规律的基础上，为广大社会成员提供心理辅导、咨询和治疗工作，以及围绕这些工作开展的投资、教育培训和管理监督等形成的系统（黄希庭、郑涌、毕重增、陈幼贞，2007）。黄希庭指出，心理健康服务体系作为一项公共卫生服务，是帮助社会大众成为幸福进取者的系统工程，旨在预防和治疗人们的心理疾病，促进身心健康进而提高生活质量。

2.1.4 社区老年人心理健康服务体系

基于上述，我们把社区老年人心理健康服务（Mental Health Service for the Elderly Community）界定为由社区的专业心理健康服务机构或人员，运用心理科学规律及原理，提供维持与促进老年人心理健康、预防老年人心理疾病的一系列社会服务活动。围绕这些服务展开的心理咨询、心理辅导、教育培训以及管理监督等所组成的系统，即为社区老年人心理健康服务体系。

本研究的社区老年人心理健康服务体系主要包括城市社区老年人心理健康服务模式和机制研究。其中模式研究包括心理健康服务宣传教育模式、咨询辅导模式、人员培养模式和管理结构模式等内容；机制研究主要体现为预防机制、干预机制、管理机制和评价机制。具体表现为社区老年人心理疾病三级预防体系建构、社区老年人心理健康服务网络体系建构和社区老年人心理健康服务评估体系建构。

2.2 社区老年人心理健康服务的相关理论

社区老年人心理健康服务理论，一方面，是社区专业机构或人员对老年人心理健康服务经验的总结，另一方面，是相关机构和人员在进行社区心理健康服务的依据、原则（付艳芬，黄希庭，2011）。任何一项社区心理健康服务活动都基于一定的心理健康服务理论。迄今为止，欧美等国已形成的心理健康服务理论大约有500多种（Ivey，D'Andrea 等著，汤臻等译，2008）。而在我国心理健康服务发展历程近30年的时间里，我国心理健康服务理论的研究还未系统化（付艳芬，2011）。心理健康服务服务理论基本上是引进和模仿西方理论，自创的本土化或本土理论较少（黄希庭等，2007；付艳芬，2011）。

我国社区老年人心理健康服务理论主要源于国外的相关理论，例如，精神分析理论（或心理动力学理论）、认知理论、人本主义理论、行动主义理论以及整合主义理论，等等。也有国内学者根据国外理论并结合我国的实际情况创新出的本土化理论和方法，例如，认知领悟理论、意象对话心理疗法等。另外还有一些自创的本土理论、方法，如中医心理疗法、中国道家认知疗法、心理疏导疗法等（尹可丽、黄希庭等，2009；付艳芬、黄希庭等，2010）。

2.2.1 国外理论

付艳芬（2011）用文献计量分析法，对美洲、欧洲以及东亚的阿根廷、葡萄牙、瑞典、西班牙和日本等5个国家的社区心理健康服务人员进行理论取向分析，结果发现这些国家的心理健康服务人员最常使用的理论是精神分析理论、行为主义理论、人本主义理论、认知心理学理论、系统家庭治疗理论。

1. 精神分析理论

精神分析理论认为个体无意识内心冲突和心理防御机制的失败是造成心理障碍的原因。弗洛伊德认为，人的精神包括本我、自我和超我。自我在难以控制和引导本我的情境时，生物本能则会出现不适宜和不恰当的表达，从而导致病态行为。相反，超我的力量过于强烈，表现出个体被良心、道德和法律等过分的约束控制，导致人的内心容易变得压抑，乃至形成强烈的羞耻感和罪恶感，若自我过于弱小，就难以满足本我的需求，则被压抑的无意识欲望以神经症性症状表征，造成个体的心理障碍，产生不良行为。按照精神分析理论，通过精神分析技术，揭示压抑在个体无意识中的心理冲突和痛苦体验，使未得到满足的无意识欲望、本能以更具体适应性的方式得到满足，让个体形成更加成熟的自我防御功能以及防御方式应对内心的冲突，消除症状，增进适应，从而达到治疗心理疾病的效果。精神分析理论在预防心理疾病、维护心理健康方面有重要的指导意义，它被广泛应用于社区老年人心理健康服务中，Norcross等人（2005）调查显示，在美国，46%的社区心理健康服务人员理论取向是精神分析/心理动力学，但在我国精神分析理论直接应用的比较谨慎。

2. 行为主义理论

行为主义理论的主要观点是人的心理与行为是刺激与反应的结果，并通过反复的强化得以巩固。其中强化起到了至关重要的作用。研究人员通过实验证明，行为反应是由奖励和惩罚的刺激而形成的，其中异常心理产生的原因主要有以下三个方面：一是条件刺激取代了无条件刺激。当一些中性的无关刺激总是与特定的无条件刺激相伴发生时，那么个体在意识中就会对无关刺激持续产生强烈的反应。当遇到其他相似情境时，个体可能会引起心理与行为的异常。二是由于控制不当或过度惩罚而导致的行为失调。当控制和惩罚超过个体的心理承受限度，则会出现行为失调或者产生疾病。三是负强化或不良强化的作用。负强化指某种行为出现后，减轻该行为需承担的后果来增加这种行为再次出现的频率。如果个体因为某些因素产生了充分满足的情感和愉快的情绪，而这些因素却无法得到正强化，或是有意、无意地强化了某些不良行为或情绪，则在这些强化结果的刺激下，个体将会出现各种情绪异常和行为异常的现象。

在行为主义理论看来，环境和可被观察到的行为会严重影响个体的行为表现，因此，重视环境和外部行为的改善，采用行为矫正治疗是对异常心理治疗的有效途径。行为矫正治疗的步骤是首先找出并确认求助者的不良行为，再对求助者的不良行为选择合适的技术方法进行矫正，最后为求助者建立新的行为方式。通常使用的行为治疗方法有系统脱敏法、强化法、模仿学习、放松训练和代币制，等等。这些使用条件反射原理来矫正个体的不良行为的方法，既适用于正常人的个人适应和非正式自我完善的需要，也对治疗患有严重精神病或病理障碍的人具有较好的效果。而针对学习能力逐渐下降的老年人，要矫正长久以来形成的不良行为固然有一定的难度，但此方法操作易行的特点使其在现实运用中有较强的时效性。

3. 人本主义理论

人本主义理论由马斯洛和罗杰斯创立，此理论强调人的价值、尊严、创造力以及自我实现，将人的自我实现的本能归结于人无限潜能的发挥。主张人的心理研究必须从人的本性出发，以人为本。基于人本主义理论观点，罗杰斯开创了一种新的心理咨询和治疗方法，即"来访者中心疗法"。来访者中心疗法以来访者为中心，认为在正常情况下所有人的成长潜能都是无限的、积极向上的、自我肯定的。若是人无法体验到自身，自身体验的一致性丧失，出现了被压抑感和内心冲突，削弱或阻碍了人的成长潜力，便会产生适应困难和心理病态的现象。个体的心理失调是由于自我概念与个体经验的不协调，要达到个体人格的重建，需要促进自我概念和经验之间的和谐。人性本善是来访者中心疗法的基本假设，该假设认为，人是可以完全信任的，且人具有自我实现和成长的自觉性，能在很大程度上理解自己的问题，具有自愈的能力。而心理咨询师只需要间接干预，充分表达对来访者的真诚关怀和理解，通过这种真诚和谐的关系引导求助者发挥自己的潜能促进自身健康成长，增强信心，助人自助。

来访者中心疗法的基本治疗技术的关键在于理解、交流和关注。理解是指设身处地的理解技术，具体操作是通过积极关注、用言语或非言语交流（或沉默）设身处地的理解。交流是指坦诚交流的技术，包括不固定的角色、自发性、一致性、无防御反应以及自我的交流等，以实现有效交流。关注则是表达无条件的积极关注技术：一是关注求助者的情感和需要解决的问题；二是以中立的、非评价性的态度，对求助者坦诚以待，营造和谐氛围；三是对求助者的反应伴有准确的共情，表示对求助者的理解；四是帮助求助者挖掘自身的成长潜力，帮助其培养并提升自助的信心。

4. 认知心理学理论

认知是指个体对某个对象或某件事的认识和看法，是人们获得知识并应用知识的心理过程。认知心理学理论认为人的心理功能是一个信息加工系统，把包括感觉、知觉、记忆、语言、思维和想象等认知心理特征编码加工，引发的对自己、别人的看法以及对环境的认识和对事件的见解。认知心理学理论认为个体的认知不符合社会发展规律，是引起非适应行为和不良情绪的主要原因，人的情绪来源于人本身，产生于个体对事情的评价、信念、解释，而非事物本身。认知影响个体的情绪和行为，是个体进行思维活动的决定性因素。认知疗法就是通过改变患者的认知过程，并把这一过程产生出的新的观念作为调和个体不良行为或情感的因素。

认知疗法的主要心理辅导和治疗技术包括认知重建、心理应付、解决问题，其中认知重建技术最为关键。另外，认知治疗又有合理情绪治疗、贝克认知疗法、自我指导训练等方法。其步骤一是诱导患者找到不良认知；二是帮患者暴露更多扭曲的认知和错误的逻辑，进而对其进行讨论、检验以及合理推论；三是采用反复"诘难"的手段，进一步改变不良的自动思维，放弃原来的错误认知，建立正确的新认知。

5. 系统家庭治疗理论

家庭治疗是一种特殊的集体心理治疗模式，以家庭为单位作为治疗对象，意在帮助家庭消除异常、病态的情况，可健康运行家庭功能。系统家庭治疗则是将家庭看作一个整体的系统，将每个家庭成员看作该系统的一部分。家庭成员间通过自身不同的认知模式，相互作用、相互影响，每个成员内在解释与外在行为受到其他成员的影响，同时也在无形中影响其他成员，形成反馈式的循环关系，促进家庭系统的正常运行。系统家庭治疗理论认为循环反馈关系的层层作用既可形成正常行为，也可形成异常行为。对于异常行为，其治疗的要义在于通过引入具有说服力的新的观点和做法，来改善与异常行为产生关联的反馈环，使家庭内部成员间的互动模式得到进一步的改造；同时，着重关注家庭成员间的互动关系，将个人的行为和问题从家庭系统的角度得以解释，包括各成员的内在解释及外在行为模式、家庭意识形态等。

2.2.2 本土化理论

1. 认识领悟治疗理论与方法

认知领悟疗法是由我国学者钟友彬（1988）首创，是通过对来访者的认知结构进行分析、诠释和改变，让来访者对自己认知结构问题得到理性而清晰的认识，然后通过来访者对自己认知歪曲的矫正、领悟而使症状得以减轻或消失，最终实现治愈心理疾病。认知领悟疗法的治疗原理是在中国实际国情的前提下，顺应人们的生活习惯，结合分析和心理动力学疗法的治疗原理而创造出的本土化治疗方法。方法将无意识的心理活动变为有意识的，让来访者自觉意识到病症的症结所在，并使用切合患者生活经验的语言解释病症来源、性质和特点，让其意识到自身病态情感和行为的幼稚、荒谬和不符合逻辑的特征，促使病人真正的领悟，进而消除病症。认知领悟心理治疗理论认为儿童时期遭受过的心理创伤是致使后期精神障碍的根源，这些创伤产生的恐惧因子在人的大脑中留下痕迹，在成年期后再次遭遇类似的刺激时，恐惧因子就会再现影响其心理，形成心理障碍，此时需要通过分析让求助者认识和领悟，促进患者主动消除心理障碍。认知领悟疗法对于治疗恐惧症、强迫症和性变态，如窥阴症、摩擦症、露阴症和异装症等病症有较好的效果。

2. 意象对话心理治疗

意象对话心理治疗是由朱建军于 20 世纪 90 年代初创立的，它是一种本土心理咨询与技术治疗方法。意象对话是在吸收了精神分析理论和心理动力学理论的思想发展而来的，启迪于人本主义和超个人主义理论，融合了东方文化心理学的思想，形成的一种完整思想体系。意象对话技术通过某些手段诱导求助者做想象，分析患者潜意识中的心理冲突，并对潜意识的意象加以修改，以达到治疗的效果。

意象对话心理治疗技术的主要操作流程：一是引入。引入的目的在于启动起始意象，还可从梦引入、比喻和日常意象引入、身体的感觉和姿势引入。在进入引入流程之前，心理治疗师需要向来访者解释清楚该方法的用意，消除心理上的疑问和戒备以建立一种友好、信任的关系，以自然放松的状态进入引入阶段。二是想象的过程。心理治疗师通过设定的意象，引导来访者去进行想象，进入潜意识。三是分析和体会。来访者在进入想象时，通过心理治疗师的引导一边想象一边描述意象内容和感受，治疗师则通过求助者分析和体验到的意象来了解所要解决的心理问题。四是治疗性的对话。通过对来访者的意象分析，了解来访者的心理症结和防御机制，治疗师可根据经验提出相应的解决对策，通过意象形式诱导来访者产生新的意象。通过如此反复的循环操作，逐步让来访者的心理问题得到较好的改善甚至完全解决。五是总结并布置作业。在每次意象对话结束之后，治疗师要让来访者从想象世界回到现实中，然后简明地询问其一些感受，并回答来访者的疑问。最后根据来访者心理问题的严重程度和承受能力，相应的布置一些意象作业并让其回去练习。意象对话心理治疗的适用范围包括抑郁性神经症、癔症、焦虑症和恐惧症等多种神经症，同时也有适用于正常人的心理发展问题和情绪问题。

2.2.3 本土理论

1. 中医心理治疗理论与方法

中医心理疗法是以中医学和中医心理学为理论指导的心理治疗方法，是治疗师依据一定的中医基础理论，如阴阳五行学说、藏象学说、七情内伤论、五行相胜理论、天人合一和形神合一的心身一元论等理论，以语言或非语言等手段，对患者的心理问题施加影响，产生一种或多种心理变化用以调节或控制另外一种或多种心理问题，进而改善并消除患者的病态心理，是一种治疗精神障碍、情志病症，减轻或消除某些躯干疾病的心理疗法。

中医心理治疗方法包括开导劝慰法、移情调志法、物证释疑法、相反情志疗法、以情胜情法、激情刺激法、习见习闻疗法和气功法，等等。开导劝慰法是指医生根据患者的心理状态以及情感状态，通过向患者解释病情，消除患者的疑虑、恐惧等消极情绪，以矫正其不良行为，取得良好疗效的一种心理治疗方法。移情调志法，即移情变气法或转移注意力法，指运用语言、行为以及环境等的影响，来转移或分散患者的精神意念，让其从不良心态中解脱出来的一种治疗方法。物证释疑法是指因疑心过重而生病的人，医生可借助一些物证辅以语言的引导，逐渐消除患者的怀疑之心，达到治疗心理疾病的效果。相反情志疗法是运用中医阴阳学说来分辨病态情志的阴阳属性，并设法让病人产生相反属性的情志从而抑制病态情志的治疗方法，例如"以笑制怒"。以情胜情疗法又称为情志相胜疗法，是指医生利用人的怒、思、恐、喜、悲等情志活动进行相互制约，利用一种情志来调节另一种情志，将不正常的情志转化为正常状态的一种治疗方法。激情刺激法是指医生使用某些手段刺激患者，诱发患者某种强烈而短暂的情绪，从而实现治疗心理疾病。习见习闻疗法是指医生通过反复练习使患者提高耐受程度，以消除因受惊和敏感而形成的心理障碍的一种心理治疗方法。气功法是指患者有意识的松弛自己的机体，采用气功的办法气沉丹田，静心宁神，达到自我调整生理、心理活动一种心理治疗方法。

中医心理治疗是以"阴阳""五行""经络""气相""血相"等中医学说为根本，巧妙设计出的一种符合中国人基本情志特性的心理治疗方法，具有方法简答、疗效明显、实用性强的特点。其典型的方法是 ABCDE 技术法。顾名思义分为五个阶段完成，每个阶段时长为 60~90 分钟，每周 1~2 次，可反复练习至满意的效果。具体分为以下五个操作步骤：一、检测当下的精神压力（Actual stress），其目标是帮助来访者找到精神刺激的主因，弄清楚来访者精神刺激的来源、性质以及严重程度。二、评估价值体系（Belief system），帮助患者厘清自己的需要层次和价值系统，以便更深刻地了解患者应激的主观原因。三、分析心理冲突和应对方式（Conflict and coping styles）。四、道家哲学思想的导入与实践（Doctrine direction），主要目标是让来访者领会"利而不害，为而不争；少私寡欲，知足知止；知和处下，以柔克刚；返璞归真，顺其自然"的道家处世养生原则。对比原有的价值体系和应对方法，并找出不当之处进行矫正，最后通过家庭作业进行反复练习，解决实际遇到的问题，并采用日记的方式记录心得体会，以便日后的对照和改善学习。五、评估和强化疗效（Effect evaluation），通过总结实践经验、评估治疗的效果并强化和巩固疗效。

2. 心理疏导治疗理论与方法

鲁龙光教授在 1984 年创立了心理疏导疗法。该方法是一种具有中国传统文化特色的传统医学治疗方法，是指治疗师以辨证施治为原则，提高来访者的自我认识，通过疏通其阻塞的心理状态，引导其消除心理障碍，改善和促进患者的身心健康。

心理疏导疗法是通过语言分析，针对患者的病症和病情发展阶段，准确合理的阐释患者的病理特征，授以战胜疾病的方法，鼓励患者，激发其战胜病魔的信心和勇气，增强患者自身的内在驱动力，逐步建立患者的自我领悟能力。该方法基于中国传统文化、控制论、信息论和系统论的精华思想，整合了传统医学和认知行为疗法，形成了"不知→知→认识→实践→效果→再认识→再实践→效果巩固"的心理疏导系统的治疗模式，并通过循环往复地"疏通"与"引导"，逐步深入和提高认知，进而提升身心健康水平。心理疏导疗法适用于抑郁症、强迫症、恐惧症及性心理障碍等身心疾病。

3. 阴阳辩证辅导的理论与方法

阴阳辩证辅导疗法是由郑日昌教授于20世纪90年代创立，它结合了现代西方心理学中的认知疗法和中国古代阴阳辩证的思想，将认知疗法、人本疗法、建构主义、元认知理论和太极阴阳理论相整合，遵从以人为本的原则，构筑和谐的咨询、治疗关系，帮助来访者学习和掌握阴阳辩证思维方式，进一步养成阴阳辩证的思维习惯。该理论认为世间一切事物都可以一分为二又可以合二为一，任何事物都有积极面又有消极面，要用积极面来对他人、自己和事物，重建良好的认知结构以摆脱心理困扰。郑日昌以相对论、发展论和全面论来构建自我认知，将太极三论和两种心理（酸葡萄作用和甜柠檬作用）组合起来，形成阴阳辩证辅导的五句箴言，即"不好中有好""这方面不好那方面好""现在不好将来好""争取不到的就说它不好""摆脱不掉的就说它好"。阴阳辩证辅导疗法的关键在于咨询师的辅导实践和患者的阴阳辩证思维的形成，其同时适用于个体辅导和团体辅导，其具体操作为：首先，建立有安全感的治疗环境，营造和谐的治疗氛围，促进充满信任的互动关系，随之引导患者说出自己对人、对己、对事不满意的方面，咨询师在认真倾听的基础上，接纳来访者，并与其心理困扰和痛苦感受通情。其次，向来访者详细讲解阴阳辩证思想，通过举例、故事、口诀和名言加强来访的理解、启发、记忆和学习，以五句箴言为参考，联系实际对来访者的生活经历加以分析，反复练习阴阳辩证思维。最后，结合来访者的实际情况布置家庭作业，反复练习。咨询师要适时地鼓励来访者对阴阳辩证思维的正确使用，及时强化其正向思维，将阴阳辩证思维自然的运用于日常生活，逐步养成阴阳辩证的思维习惯。

阴阳辩证辅导疗法对解决个体的一般情绪困扰和人际矛盾问题最为适用。同时也适用于焦虑症、恐惧症、强迫症、抑郁症和有自杀意念的患者，对于病情严重者需要适当配合放松训练和脱敏法。对于强迫症患者，该方法可纠正其绝对化思维的习惯,配合注意转移训练具有较好的疗效。

综上所述,可借用于社区老年人心理健康服务的理论众多。每个理论及其方法各有所长所短,与此同时,不同的服务需求对象的症状又是千差万别的。因此,要发挥各理论及方法的最大效益,应该以整合的视域,在取其器上扬长避短,在用其于人上因材施治。

2.3 本章小结

在对城市社区老年人心理健康服务体系的建构研究之前,需要对相关的概念和理论进行清晰地界定。本章通过对国内外相关文献资料的搜集与阅读,对心理健康、老年人心理健康、心理健康服务,心理健康服务体系、社区老年人心理健康服务系统的概念进行分析总结,提炼出适用于本研究的具体概念。即社区老年人心理健康服务是指由社区的专业心理健康服务机构或人员,运用心理科学规律及原理,提供维持与促进老年人心理健康、预防老年人心理疾病的一系列社会服务活动。围绕这些服务展开的心理咨询、心理辅导、教育培训以及管理监督等所组成的系统,即为社区老年人心理健康服务体系。

构建社区老年人心理健康服务体系必须有一定的理论指导。在心理健康服务理论方面,欧美等国已形成约500种心理健康服务理论,其中主要有精神分析理论、行为主义理论、人本主义理论、认知心理学理论、系统家庭治疗理论。我国有关心理健康服务体系的本土化或本土理论较少,且发展尚不完善,还未系统化,主要是借鉴国外的相关理论,但也有部分是结合中国的实际情况,对国外理论进行创新,形成本土化的理论与方法,如认知领悟治疗理论与方法,意向对话心理治疗理论与方法。中国自创的本土理论主要有与中医相结合的中医心理疗法以及中国道家认知疗法和心理疏导疗法等。本章重点介绍了精神分析理论、行为主义理论、人本主义理论、认知心理学理论、系统家庭治疗理论等借鉴国外的常用理论和我国本土化的认知领悟治疗理论、意向对话心理治疗理论、中医心理治疗理论、中国道家认知疗法、心理疏导疗法和阴阳辩证辅导法的主要理论观点、应用领域和具体操作程序。

第3章 国外社区老年人心理健康服务概况

3.1 美国社区老年人心理健康发展状况

全球人口老龄化趋势盛行，美国的老龄人口占比达到12.5%，社区心理服务正式成立之前，美国在老年人身体健康临床医疗服务方面进展较好，但是由于退休和身体机能的下降，数以百万计的老年人滋生了心理问题，然而在20世纪60年代以前却不能被正确地识别和解决，长此以往若不能很好地纾解，一些常见的心理问题就极有可能导致严重的心理疾病。随后，有不少学者提出了心理疾病预防、干预与治疗相关理论，丰富了心理健康的理论基础。同时，各社区睦邻所开始组织起一系列丰富多彩的社区活动来为社区居民服务，这些活动在一定程度上解决了居民面临的部分日常生活问题（贺立平，2009），同时也促进了居民的身心发展，更重要的是推动政府开始关注社区居民生活及其心理健康。在这个背景下，《社区心理健康中心法案》应运而生了，随后，涌现了规模不同的心理服务机构（黄容，2014）。同时，各类社区心理健康的杂志、期刊、学报也纷纷出版，短时间内极大地丰富了社区心理学这一领域。在这种情境之下，老龄退休人群在社区中可以便利地接受心理卫生服务。

3.1.1 美国社区老年人心理健康服务的发展历程

美国的社区老年人心理健康服务起源时间早，发展过程漫长而曲折，从

19世纪末开始美国社区卫生服务体系就已形成，且形式多种多样。该社区卫生服务体系是由市场主导，政府引导，整个社区卫生服务体系运转流畅有效。社区老年人心理健康服务就孕育其中。

社区老年人心理健康服务与社区活动紧密联系，同时也属于应用心理学研究领域。20世纪60年代以来，美国在长期的社区活动实践当中逐渐注意到心理健康的重要性。相比以前重视人们的物质生活状况和生理健康问题，心理健康这一话题也逐渐被美国政府提上议程。1963年美国国会通过了《社区心理健康中心法案》，旨在响应当时兴起的人权运动，以满足人们对于心理健康服务的需要。而社区心理学的正式诞生标志是1965年5月于美国马萨诸塞州斯旺普斯科特市举办的研讨会，并在第二年成立了社区心理学会。虽然早在20世纪70年代早期美国就开始出版《美国社区心理学报》和《社区心理学报》，但真正的社区心理健康服务仍是从1963年开始并一直延续至今，已有50余年的发展历史，以时间发展为线索展开，我们可将美国老年人心理健康服务的历程分为四个阶段。

1. 社区心理健康发展新纪元

第二次世界大战以后，世界各国开始恢复经济发展，美国本土没有受到战争损害，并从他国攫取相当大的利益，成为获利方。此时美国本土的国民逐渐增强民权意识，他们关注的重点已不仅仅局限于人们的物质生活状况，开始向人们心理健康发展的方向转移，从事心理健康事业的人数也在不断增加。在20世纪50年代，从事精神卫生工作的人员多达50万，相关的心理健康服务基础设施也在不断完善。1963年，肯尼迪总统亲自签署"关于设置社区心理卫生中心的文件"并在致议会建议中写道：一个全民心理健康计划的全新执行必须关注心理疾病，心理健康计划的中心是社区的全面关注。并于1965年在马萨诸塞州召开心理学研讨会，象征着社区心理学的产生（丁瑾靓，叶一舵，2010）。

2. 心理健康服务的变革

社区心理学形成后探索的初期阶段，心理健康服务体系出现了一系列问题国家福利工作人员非人性化、标签化、服务滞后以及服务对象与社会脱节的现象频繁发生，引起了社会大众的强烈不满，也导致越来越多的人希望将国家福利社区化。美国国会于1974年开始修改心理健康法案和加大对心理健康服的改革力度。改革重点在于将医院与社区心理健康服务中心相结合。从组织形式来看，卫生服务系统是由社区服务系统和医院服务两部分组成，其中又分为社区医院，家庭式护理中心以及社区服务中心。典型形式就是将医院的病房、病人和工作人员都搬到社区，使人们在养病的过程当中能够更好地去适应社区生活，恢复心理健康。例如，家庭式护理中心，针对的便是那些不必要在医院进行疾病治疗而又不能自己一人在家中独立生活的老人，为他们提供公共娱乐活动的场所和基础设施，在互相交流的过程当中促进心理健康。从筹资的角度来讲，医院的资金主要来源于国家立法，而社区心理健康服务中心则主要从政府以及社会组织捐助和社区居民的筹集中来。

3. 心理健康服务的普及化

从社区心理学建立以来，美国对心理健康的重视程度逐渐提高，在1972年和1973年发布的收入保障法和修复法案当中就提到要将精神类的疾病病人界定为可以接受恢复治疗和帮助的残疾病人，依此标准，精神病人可以享受到与残疾人同等的国家福利，也就是说能够得到国家和政府的经济支持和就业机会，尤其是对于患有精神疾病和心理健康问题的老人来说，这一措施能够更大程度的给予他们生活和心理健康的保障，这在整个美国心理健康服务的发展过程当中都是具有相当大的意义的。这两个法案能够更加有效的促进社区和谐与稳定，对社区老年人心理健康服务发展具有积极意义。

4. 社区心理健康服务政府主导化

随着经济发展和人们物质生活水平的提高，心理健康服务迎来高速发展期，不过在这一过程当中迅速增长的心理医疗和基础设施建设费用给政府财政也带来了相当大的负担。另外，与荷兰、法国、加拿大单一模式的支付系统不同，美国在医学护理方面的资金机制模式具有独特性和拼凑性，津贴计划和资格要求也都相当混乱。这一情况直到20世纪90年代才有所好转，通过社区与政府的共同努力，社区心理健康服务与州政府和当地资金来源形成了长期稳定的合作关系，并由政府来检查社区工作（丁瑾靓、叶一舵，2010）。

3.1.2　美国社区老年人心理健康服务理论

美国当前的卫生服务体制采取三级行政体系，理论上关于社区老年人心理健康服务，主要由西方国家普遍遵循的三级预防理论演化而来，具体包括如下：

初级预防理论：该阶段主要是关注问题发生的初期状况，侧重研究和学习周边环境对心理环境造成的影响，在问题还没出现之前启动预防机制，维系内外环境的稳态，避免心理问题的发生。比如，对老年人的疾病、丧偶、独居等问题及时干预。

次级预防理论：次级预防主要是在心理健康出现问题发生之后进行应对的方案，有时会变成应急预案，具有及时性、灵敏性。更多的时候，次级预防的是对已面临心理问题的病患进行治疗，帮助社区老年人正视和解决问题，在这一环节启动调查诊断，设计干预方案等一系列服务。次级预防是一种有效控制心理状况进一步恶化的方案。

三级预防理论：三级预防在最后一阶段，是对前两阶段的补充和维系。在次级预防阶段接受治疗的社区老年人接受专业服务后，需要回归社区，面对过去熟悉的环境的再社会化，这一过程对刚恢复心理健康的老年人是一项严峻的挑战，社区提供有效支持和帮助老年人度过这一阶段。在三级预防中，社区老年人心理健康状况普遍提升。

3.1.3 美国社区老年人心理健康服务内容和特点

从美国的社区老年人心理健康服务的发展历程来看，可以清楚地发现在经历将近半个世纪的发展以后，美国的社区已经形成了比较完善的老年人心理健康服务体系。这个体系的特点主要就包括以下内容：服务途径和内容的多元化，服务效果良好。

1. 多样的服务途径

前文提到美国建立了比较完善的老年人心理健康服务体系，这个体系的服务层面主要是从宏观、中观、微观三个途径来对服务对象提供服务的。首先，从宏观层面来说，政府起主导作用。政府起主导作用就意味着在这样一个过程之中政府要发挥主要的力量，而政府发挥主要力量的方式则是借助政府的权威来完成的。政府通过利用自身制定的法制法规等措施来实现资源的各种调配以及合理使用，从而达到帮助老年人获得更加良好的健康服务体验。其次，在中观层面来讲主要是由社区和医院相互合作的方式。通过这样一种方式发挥社区和医院各自的优势，并且把资源相互连接起来，可以让社区内的老年人享受更优质的医疗卫生资源以及更加贴心的社区服务。美国早期的社区心理健康中心，把主要关注点放在初级预防阶段，如心理健康知识宣传、心理诊断、心理危机干预评估等。例如，在科罗拉多州和罗丹的福特·罗根的社区心理健康中心，在俄勒冈州的社区心理健康计划，这些计划都成功地应对了慢性精神疾病（丁瑾靓、叶一舵，2010）。最后，从微观层面通过建立特殊的社区教育队伍来对服务对象提供帮助。比如，社区老年人心理健康教育机构可以由社区卫生服务中心、社区志愿者以及心理健康服务人员等成员组成，用来对社区老年人的社区心理健康进行教育，为社区有需要的老年人心理健康提供帮助，如心理保健知识、心理素质拓展训练、心理疾病干预方法等。

2. 多元的服务内容

美国社区老年人心理健康服务的内容比较注重实效价值，这使得服务内容的主要关注点在于生活中老年人常见的一些问题，社区服务中心从这些问题出发并制定和提供相应的服务计划。老年人作为一个比较特殊的社会群体，社区心理健康服务中心应该针对老年人开展一些心理咨询与心理辅导等（叶芳，2002）；这些有针对性的服务措施和服务计划一方面来说可以一定程度上预防老年人产生严重的心理问题，帮助他们更好地应对老年生活，另一方面就是帮助有需要的老年人克服解决他们面临的心理健康问题。人到老年，由于自身的各种原因，不可避免地会因为各种事情使心理产生很大的变化，关注老年人产生的心理变化，并且积极引导和解决老年人的心理问题，帮助老年人解决这些问题可以促使他们拥有更加愉悦的身心，对于生活可以采取更加乐观积极的态度，这不仅对于他们自身以及他们自身的家庭具有重要的意义，对于社会建设也具有相当大的作用。

3. 优良的服务效果

社区老年人心理健康服务在一般情况下都可以取得比较明显的效果，在社区老年人群中反应也普遍不错。社区老年人心理健康服务帮助很大一部分老年人更加轻松从容应对自身步入老年阶段产生的一些心理变化，主要包括步入老年阶段之后产生的焦虑、对于死亡的恐惧以及对于自身的认可度降低等一系列问题。在采取了相应地心理健康服务之后这一部分老人可以更加积极看待自身面对的老年生活，对于自己的生活也有了更好地规划，愿意主动在自己的晚年做些更有意义的事情。社区老年人心理健康服务不仅让老人自身获益，也对其家庭都产生了积极的影响。此外，社区老年人心理健康服务对于美国建设良好的社区文化也提供了一定的帮助，比如形成社区尊老爱幼的良好风尚。

3.2 英国的社区老年人心理健康服务发展简况

英国老龄化趋势出现比较早，对老年人身心健康也较早的被政府和社会关注，他们的社区老年人心理健康服务发展得相当成熟，其社区老年人心理健康服务的目标清晰、规划周密详细，服务机构较完善和服务模式比较成熟，具备比较完善的服务体系框架。同时，随着国民经济的发展，社区老年人心理健康服务标准在不断改善，社区心理健康的研究水平也不断提高，比如，《社区心理学》《社区临床心理学》及《社区和应用社会心理学报》等著作也相继问世（滕丽新，黄希庭，2009）。同时由于老龄化的出现，英国政府对社区老年人口的心理健康投入极大的关注力度，采取了自上而下的政策措施来积极应对社区老年人心理健康服务。

3.2.1 社区老年人心理健康服务发展历程

由于老龄化出现得较早，英国政府从19世纪就已经开始对老年人心理健康服务投入关注。英国最初的"院舍照顾"存在许多弊端，院舍照顾容易使老年人自我服务能力下降，长此以往会质疑自己的能力，容易产生负面的自我认知，同时与家人的联系减少，孤独感增加；此外，由于院落服务都是参照同样的标准，因而服务难以个性化，不能完全照顾到不同老人的特殊需求。20世纪时，随着社区心理学的发展，英国出版了一系列社区心理学相关书籍，极大地丰富了社区心理学这一领域，针对院落照顾模式的弊端，英国政府和社会引入"社区照顾"这一服务形式，并出台了一系列政策和法律法规，以保障老年人安度晚年。

1. 20世纪以前关于社区老年人心理健康服务的萌芽

19世纪初，英国政府出台了《精神错乱者条例》，首次明文规定精神病人的去向。随后50年期间，英国政府出资建设起了一百多家精神病院，精神错乱者的治疗条件得到极大的改善。但是当时有关精神卫生方面的治疗方案依然缺乏有效可行的，这条道路依旧在摸索中，因而精神疾病的人数不断上升，精神病院的床位吃紧，原本用于缓解精神病人紧张情绪和康复的娱乐空间被占据，用以接纳大批新的精神病人的入驻，最后恶性循环，居住在精神病院中的病人们病情不但没有得到缓解，反而越加严重。

2. 20 世纪后英国社区老年心理健康服务的发展

"二战"结束后，一批军队的精神疾病研究者进入精神病院进行服务和研究，他们提倡让恢复较好的病人们回到自己的家中，此举为精神病院腾出了大批的床位，同时也表明精神病患者拥有适当的住所，有助于病情的恢复。1976年，英国出版了《社区心理学》及《社区临床心理学》，佐证了精神病学者的研究猜想。他们意识到除了住所之外，在社区中生活的精神病人还需要社区提供专业的服务，同时他们也可以在自己能力范围内为他人服务。社区的日间照料医院从物质生产到休闲娱乐一应俱全，保障了精神病人的社会功能和恢复。

随后几十年的发展，英国的社区老年心理健康服务愈发成熟完善，为了践行白皮书中的政策，英国政府开展了丰富的社区老年服务。（1）养老津贴。养老津贴是向居家养老的老人发放的津贴，用以鼓励老年人留在家中接受养老服务，促使养老形式从当时的"院舍照顾"为主转变为"社区照顾"，使老人接受更加优质的服务。（2）日间托管。此种养老形式是针对白日里在工作或短时出差的青年人，无暇照顾老人，便将老人托付到日间照顾中心，由工作人员或闲暇志愿者代为照管。（3）老年公寓。老年公寓接受的老年人群是未丧失劳动能力的低收入老年人，公寓数量有限，因而审核标准稍显严格。（4）养老院。养老院接受的人群大多是丧失了劳动能力的老年人，各种经济水平的均有，且接受的老年成员多是社区成员，机构规模小。（5）居家上门服务。此种服务形式是针对居住在家中的老年人提供的上门服务，如代购跑腿，洗衣做饭等。（6）社区活动中心。社区活动中心为了丰富老年人的晚年生活，提供了从生产到娱乐等多种多样的活动，让老年人意识到自己仍旧是具有价值的，达到"老有所乐、老有所为"的目标。

3.2.2 英国社区老年人心理健康服务特点

英国开展社区心理服务较早，加上英国人口结构的变化，老龄人口占比居高不下，为应对这一情况，英国政府出台了白皮书来保障老年人的晚年生活，因而英国社区老年心理健康服务发展较为成熟。其老年心理健康服务的主要特点主要体现在以下几个方面。

(1) 心理宣传普及范围广。英国开展社区服务较早，由于长年以来的积淀，大部分居民遇到问题愿意接受心理医生的帮助，信任他们，且不将医治心理疾病视作丢脸的事情。

(2) 服务形式全面。为了满足不同老人的个性化需求，英国政府开展了内容丰富的服务活动。如针对经济条件宽裕、行动方便的老人，若是愿意服务社会，安排了部分生产活动来促成其实现自己退休后的价值；针对经济条件宽裕，行动不变的老人提供了呼叫服务，但呼叫服务也同时服务于经济状况一般的老人等。

(3) 心理健康服务颇具实效。英国为解决老年人面临的心理困境，如丧偶、丧子、自杀等问题，首先采用了心理教育，使其学会辨别和应对自己所面对的巨大压力，使其学会调节自己的情绪，安全地度过心理危机。随后，针对难以克服心理困境的老年群体，提供了心理咨询服务，且这种心理服务的受众范围相较于我国的心理咨询更广，同时针对不同人格特质的老年人采取不同的沟通方式。

(4) 人才队伍专业。英国从事心理健康服务的工作人员包含管理人员、关键工作人员、照管人员。这三者由专业或半专业的人才队伍组成，岗位均规定了最低的工作资格标准，须取得相关的从业资格证书，专业知识背景且必须同时具备一定时间的工作时间。

(5) 资金有保障。我国目前在心理健康服务方面投入的资金较少，且缺乏专业的设施及服务场所，资金不足使得很多心理卫生活动难以开展。英国是"从摇篮到坟墓"的福利国家，为了缓解老年人的心理孤独，政府在社区心理健康服务方面投了大量资金。

(6) 监管机制完备。英国政府采取政府购买服务的形式，将心理服务项目承包给专业的社会服务机构，同时针对服务过程、效果和资金使用等情况进行监管，若是违反合同规定需要承担相应的民事和法律责任。

3.2.3 英国社区老年人心理健康服务内容

英国政府主要从物质生活、心理调适、社会互动三方面提供服务，用以保持老年群体的健康的心理状态。

（1）物质生活方面，英国为老年居民提供了居家养老服务，以及用养老金来补贴在家中或社区中进行养老的老年人，降低老年人因物质条件而产生的心理压力，预防心理问题的产生。

（2）心理调适方面，英国提供心理医生上门诊断治疗服务，提供心理咨询对遭遇重大挫折的老年居民进行危机干预，使其度过心理危机；或提供心理教育，教会老年居民如何保持良好的心理状态，及调节自己的情绪。

（3）社会互动方面，英国为老年人建立了交流论坛，鼓励他们为自己的需求发声；同时鼓励老年人实现自己的社会价值，在退休后重新参与到社会生产中，或者公益服务中，或者娱乐活动中，实现"老有所为、老有所乐"。

3.3 日本社区老年人心理健康服务状况

"二战"后日本在美国的帮助下国内经济恢复比较快，社会发展取得了很大成就，因此日本成为亚洲率先进入老龄社会的国家。根据有关的资料显示，目前日本超过20%的人口在65岁以上，这对日本的社会养老造成了很大的压力，也在一定程度上使得日本经济发展陷入了瓶颈。因此，日本政府高度重视本国的老年人问题，很早就开始关注有关老年人的心理健康问题，并制定了一系列的政策。可以说日本的老年心理健康服务起步早，成效明显。同时日本政府也在不断努力推进老年心理健康服务水平的提升。

3.3.1 社区养老服务发展历程

日本的社区养老服务起步比较早，在20世纪60年代开始日本政府就开始将社区养老服务纳入了政府行政规划之中。从1963年开始，日本政府先是颁布了《老人福利法》，通过法律的形式将对老年人的社会赡养做出了详细的规定。之后，日本政府也不断完善着相关的法律法规和各种政策制度，以《老人福利法》为核心的日本现代养老服务体系也因此建立起来。日本政府的这一系列举措使老年人社会问题得到了缓解，降低了年轻人的社会压力，使日本社会发展恢复了一定活力，并在日本构建了良好的社会氛围，使老年人在社会中得到了较高的重视和更多尊重。一些无依无靠的老年人也因此享受到了许多社会福利，能够解决自己生活上的困难以及其他一些不便。

为了提供更加良好的养老服务，日本政府也推进建立了多种多样的组织形式来进行社区养老。比较常见的就是以政府为主导力量，政府招募相应的服务人员与政府内部的民政员工一起组成养老服务队伍为有需要的老年人进行服务。这种形式由于有政府作为依托，所以最大限度的保证了养老服务的质量。第二种就是日本政府拨款资助的一些民间组织，这些民间志愿组织通过和政府的合作，得到政府的资金支持而自己承接进行服务。通过组织自身对于社区老年人的了解进行服务的安排和评估，并与政府完成工作上的交接。这种形式很大程度上和政府主导的养老服务互为补充，能够照顾到政府不能照顾的层面。第三种则是志愿者以及一些公益组织，这类主要是人们自愿发起帮助老人，通过个人或者组织自身的社会资源来解决老年人的需求，为老年人提供一些力所能及的社会帮助，这也在一定程度上弥补了政府养老服务的不足，可以更加及时地发现并且照顾到老人的需要。第四种则是企业提供的养老服务，这类服务主要是针对企业相关的退休职员，属于职员的一种企业福利。退休之后的老人由于失去工作，资金来源缺乏，因此一些具有社会责任心的企业自动承担起了这部分人群的养老服务，给这些老年人提供一些福利，帮助他们更好地生活。但是这种模式局限性比较大，针对的人群有限，仅仅只对企业内部退休员工有效。值得一提的是在以上四种组织形式中，志愿者组织由于其非营利的性质得到了日本政府的很大支持，日本政府制定了相关的政策来推进非营利组织的发展，因而近些年日本出现了许多非营利性组织。

此外，日本的社区养老服务内容和形式也可以说是多种多样的。日本老年人享受的服务不仅涵盖了各种基本的社会基础设施、社会福利还有医疗卫生、生活服务、心理健康指导等内容，同时服务的方式还包括了常见的上门服务，短托服务等。根据服务时效的长短还可以区分为长期服务，日托服务，等等。可以说这样细致的分类使得日本老年人享受到了质量极高、待遇良好的养老服务，不仅日常生活可以得到照顾，身体心理健康也得到了许多关注。

综上所述，我们可以看到日本的社区养老服务具有以下特点：起步时间早，法律体系比较完善，服务组织形式多样，以家庭养老为核心，社区养老服务为依托，政府力量为主导，第三方提供有力支持。

3.3.2 服务理念和特点

在社区老年服务的过程中,日本特别重视老年心理健康的服务,并通过现代的专业的服务理念为老年人提供服务。

1. 增强老人的自立能力

随着年龄的增长老年人开始退出社会的中心,自我效能感的下降是大多数老年人都会面临的问题。在社区为老年人提供服务的时候要注意遵循"维护老人尊严,促进自主参与,维持自立能力"的原则,让老年人感受到自己的作用。同时也鼓励老年人参与到更多的社会活动中,发挥出他们的自身能力,为社会做出贡献。比如提供一些公益性的小工作鼓励老年人参与。通过老年人的社区参与、社会融合来提高老年人的自我效能感,支持老年人的自立,帮助他们维护做人的尊严。

2. 注重环境对人的影响

日本的社区养老服务还十分关注环境对老年人的影响。一个良好舒适的生活环境对于人的心理和身体健康有着重要的影响,尤其是对老年人而言,由于他们的身体各项技能都不断衰退,所以更需要良好的生活环境。日本政府为了提供精心的养老服务,对老年人的居住环境极为重视,除了常见的绿化指标、空气质量,还注重房屋整体设计,力求让老人对生活环境满意。同时服务人员也要经过专业的培训,在日常生活中如何与老人交流,怎样照顾老人都需要专业训练之后才可以上岗。这种良好的服务使得日本的养老服务质量十分高,得到了老人们的高度赞许。

3. 注重人生的临终关怀

人到老年要面临许多的危机,死亡也自然是老年人不得不面对的一个终极问题。在当前社会中大部分老年人对于死亡存在误解进而恐惧,这种心理影响也会通过平时的一些表现而影响他们的生活。社区通过短期托付服务开展一系列"安心"活动来对老人们提供临终静养关怀服务,从而使老人们能够真切地感受到死亡并不可怕,珍惜活着的每一天,顺利度过人生最后阶段。

3.3.3 服务内容与模式

在日本,社区开展了丰富多彩的老年服务活动,比如日托服务、短期托付服务、咨询服务、上门服务、长期服务以及老年保健等形式，以期帮助老年人保持健康的心理状态，从而提高生活质量，更加幸福快乐、无忧无虑地度过晚年生活，与此同时也减少了在外工作的年轻人的后顾之忧，极大地提高了人们的幸福生活指数。

（1）上门服务。指的是各种不同类型的社区服务人员，例如医生、护士、志愿者或者家庭服务员等亲自上门为老人提供他们所需要的服务：①实地照顾老人的饮食起居，比如吃饭、洗漱、散步、理发、排泄、换衣等；②帮忙处理家务，拖地擦窗、买菜做饭、室内移动等；③保持与老人的紧密联系，时刻关注老人的日常生活状况，一发现问题，立即与医院或社区服务机构取得联系；④不定期到老人家中为老人诊断身体状况，进行必要的医疗护理过程，并为其换药、输液、注射等；⑤针对老人以及家属对心理健康问题方面的困惑，如用药、康复训练过程等方面提供必要的指导。

（2）日托服务。服务对象是指65岁以上生理方面出现问题导致行动不便亦或精神心理方面出现障碍而影响到正常生活的老年人，社区工作者将这些老人白天接到社区老人活动中心、老年护理中心、福利机构等地方提供饮食、卫生服务，并针对出现的心理问题进行心理指导和康复训练、开展老年兴趣小组活动促进沟通交流，然后晚饭之后派专车送回家中。

（3）短期托付服务。一是为因护理者或家属出现生活或身体问题而无法悉心护理的65岁以上的老人进行为期一天至三个月的贴身服务，包括日常生活的饮食安排、娱乐活动组织、身体康复训练、沟通交流等活动；二是为长时间住院的老人在出院回家之前进行短期的照顾和服务以便更好地度过这一时期；三是为即将离开人世的老人提供临终关怀的服务。

（4）长期服务。意指社区服务机构为老人提供时长超过三个月以上的服务。主要服务对象是那些因身体疾病、心理健康出现问题而无法正常的饮食起居的65岁以上的老人，社区服务人员则会为他们提供生活帮助，照料日常，通过开展各种形式的娱乐活动，舒缓身心，促进心理健康，并定期进行体检、功能锻炼、心理健康方面的指导。

（5）老年人保健的咨询和指导服务。日本社区对老年人的健康问题十分重视，并采取多种措施保障老年人的健康。例如，向60岁以上的老年人发放健康手册记录每一天的健康状况，一旦发现不适的情况立即予以诊治，力争做到及时有效；定期对老年人身体状况进行体检，并记录在案，以便及时发现各种隐藏的生理疾病；开展社区老年健康教育学习班，组织老人学习简单必要的老年高频率疾病的常识，例如糖尿病、心脏病、高血脂等；定期开办老年健身活动班，组织老人进行肢体功能的训练，舒筋活骨，提高身体保护意识。早在1992年日本就已经开始重视老年人的身体健康问题，并成立了专门的老年人综合咨询中心为老人答疑解惑。并且，日本政府还设立了专门为社区服务的主体市町村，通过财政拨款、社会捐助等形式无偿向丧失生活自理能力、收入低的居民群体发放生活用品与护理用具，比如呼吸机、浴缸、尿不湿等。

3.4 国内外社区老年人心理健康服务比较

国外关于社区老年人心理健康的服务已经有将近半个世纪的发展历史了，现阶段已经形成了从国家到民众的较成熟的发展体系。通过与国外社区老年人心理健康服务的法律政策、管理体系、宣传措施、服务人员等方面的比较，能够更好地发现我国在相关方面的不足，从而吸取国外发展经验促进国内社区老年人心理健康服务的转变与发展。

3.4.1 社区老年人心理健康服务的法律政策保障

1. 国外已形成成熟的法律政策体系

心理健康服务的发展离不开国家法律政策的保障。美国本土在"二战"中并没有受到其他国家的破坏，人民生活水平一直保持稳定，因此在基本的物质生活得到保障以后，美国人民开始逐渐意识到心理健康的重要性。国外社区心理健康服务也开始在美国萌芽发展。到肯尼迪总统上任以后，美国对人民心理健康的重视程度上升到国家政府层面，并于1963年发布了《社区心理健康中心法案》，标志着美国社区心理健康服务的诞生并走上正规化发展道路。在此后的几十年发展过程当中，美国政府根据心理健康服务发展的实际情况，以中心法案为基础，建立相关政府机构和社会服务组织，不断发布和完善与心理健康服务有关的法律法规政策，逐渐形成了一套具有美国特色的心理健康服务系统。

与美国相比，英国政府主要是通过制定具有战略意义的政策方针和完善的法律法规来促进国民医疗服务机构的发展。法律上，英国相继制定了《精神错乱者条例》《精神卫生条例》等明确的法律条文来表达国家政府对心理健康服务发展的重视程度，旨在创造良好的社会环境和法律环境以保证心理健康服务健康有序的发展，避免形式化和无序化。在大政方针方面，英国政府从注重老年人心理健康的发展层面入手，建立为老年人心理健康服务的综合性机构，并将老年痴呆等纳入国家心理健康发展的优先项目当中，奠定了老年人心理健康发展的基础，也为其他心理健康发展形式提供了借鉴和依据。

在 20 世纪 60 年代，社区养老服务在日本就开始受到重视。经过几十年的发展和探索，目前已经形成了组织机构比较完善，服务内容形式多样，相关的法律法规保障体系比较完备。在法律层次方面，日本政府主张加强对精神病人的社会关注和人文关怀，将社区与医院相结合，使心理疾病患者在日常生活环境当中治疗康复。此后，日本政府发布了诸如《精神保健法》《老人福利法》等法律条文，用以改变社会大众对心理疾病患者的态度，使患者能在充满人文关怀的环境下生活。

2. 国内相关法律法规有待进一步完善

我国城市社区的管理主要是由社区居民委员会、街道办事处、民政部门等共同协作，其中社区居民委员会负责社区服务和具体工作的进行，是社区管理的主要部门，街道办事处和民政部门负责监督指导。居委会作为居民自我管理、自我教育、自我服务的基层群众性自治组织，其工作经费的来源主要是靠政府拨款。而当前政府拨款的用途主要重社会救济、社会救助、养老等民生工作，并无专门用于开展或加强城市社区老年人心理健康服务方面的专门经费。缺少经费的支持，社区无法置办进行老年人心理健康服务的硬件设施，同样也无法聘请相关的专业人才，加之政府着重点放在公民教育和医疗卫生上，忽视了心理健康服务的重要性，导致我国的社区心理健康服务无法得到持续健康的发展，这样形成一套比较完善的社区心理健康服务体系也就无从谈起了。近几年随着老年人心理健康问题的暴露，我国开始重视心理精神健康问题，卫生部在 2008 年就发布了《全国精神卫生发展体系工作指导纲要》，其中对心理精神发展体系有了初步的规划，但与美国的《社区心理健康中心法案》相比较，并没有以最终的法律形式确定下来，没有上升到法律层面的纲要规划对实际的心理健康服务发展缺少强有力的支持力度。

3.4.2 社区老年人心理健康服务管理体系的构建

1. 国外已形成专门的管理机构

在国外，政府高度重视心理健康服务的管理，并设有专门的管理机构来对各个年龄阶层的公民心理健康进行系统化服务。美国以心理健康服务中心为主管单位，再通过其他行业组织如精神病学会和美国咨询协会对整个心理健康服务行业进行监督和指导。与此同时，美国还成立了专门的心理健康服务科研机构——国家心理健康研究所对社区老年人心理健康发展状况进行研究，并在治疗、预防心理疾病等方面提出指导性意见。在瑞典，社区心理健康服务则是由郡议会和地级政府一起进行管理。同时，国外对社区老年人心理健康服务机构从业人员有严格的职业认证和能力评估机制，只有符合准入原则的申请者才能成为其中的一名工作人员。在美国，无论是行业培训机构课程的鉴定或是个人的开业资格都有严格的认证程序，未达到审核标准的机构和个人无法从事心理健康服务行业，这极大地提高了美国心理健康服务的专业化程度和服务效率。

2. 国内缺乏相应的管理措施

首先，从管理机构而言，我国缺乏相应的管理机构，且忽视心理健康服务的重要性，对社区心理健康服务机构的财政投入和资金政策的支持力度小，进一步细化到老年心理健康方面就更不用提及。无论是政府层面还是社会层面，对老年人的心理健康重视程度还远不及国外。国外大多数国家通过政府财政、社会捐赠、个人资助等形式大量投入资金完善相关的基础设施，已形成了比较完善的心理健康服务体系。另外，我国管理机构冗杂，权责不明，例如，精神卫生服务是由行政、公安、民政和中残联四个部门联合管理，导致工作内容重复，责任承担模糊，浪费大量人力物力资源。

其次，我国社区老年人心理健康服务机构从业人员入门门槛较低，相关部门审核标准较低，导致专业人员专业素质缺乏。虽然目前我国已经开始了"心理咨询师""心理治疗师"等专业技术资格的职称制度，但其中也存在相当多的问题，例如，第一，相关部门对培训机构的资质认定和有效监管力度不够，导致从业人员专业素质参差不齐；第二，资格认证制度无时间限制，缺乏更新机制；第三，没有完善的督导体制。不仅如此，我国对从业人员也没有具体的能力评估机制，由此可见，我国的社区心理老年人健康服务人员素质和经验不足，服务质量和专业能力有所欠缺，导致服务效果差强人意。

最后，从立法规范和职业道德规范来讲，政府缺少相关的明文规定。2004年国务院办公厅转发的《关于进一步加强精神卫生工作的指导意见》中虽然指出要关心保护心理健康患者的利益，进一步加快提高我国心理卫生健康的服务水平，但在此后的实践当中，政府并没有出台国家性的专门法规，其他方面也只涉及精神卫生领域，并没有出台心理健康其他领域的法规，伦理道德限制范围狭小，只针对医务人员，尚不涉及心理咨询和治疗。

3.4.3 社区老年人心理健康服务的宣传措施

1. 国外心理健康服务形式亲民化，内容丰富化

在国外，老年人社区心理健康服务除了包含必要的心理指导、心理咨询、社区活动等形式以外，还涉及危机干预、压力管理以及对严重精神疾病的愈后心理健康服务等特殊领域。以严重精神疾病愈后心理健康服务为例，加拿大在2005年开展了心理健康月活动，旨在将心理健康服务工作者和社区居民联系起来，使双方明白心理健康服务的重要性并提高重视程度。英国在2001年成立了英国国家老年人服务机构，目的是为了保障老年人的权益，为出现问题的老年居民提供必要的帮助，其中自然也就涉及心理健康方面。为此还设立了相关的服务机构，如急诊住院病房、日间照顾服务和记忆诊所等。

2. 国内的宣传较为流于形式

目前国内在社区提供老年人心理健康服务服务的机构非常少，其更多的是与公民教育和公共医疗卫生相联系，缺少专业服务团队，专业从业人员的素质参差不齐，完善的心理健康服务体系还无法形成。

国内目前虽然在宣传老年人的心理健康服务，但也仅仅是停留在宣传层面，并没有采取很有力的行为措施，与以往一样，还是由医院负责心理健康服务。当前社会背景下，我国主要是从增强社会大众对心理健康服务的重视程度以及老人心理保健意识方面着手，更多的是思想层面，比如鼓励老人多参加社区活动，增强与他人的沟通交流，在交流中寻找情感慰藉；增强子女责任意识，鼓励营造良好的家庭氛围，与老人保持必要的联系，主动履行赡养义务，不仅是物质方面，更要重视精神交流。而针对心理健康服务的实质性措施和服

务内容还相对缺乏，基础设施不完备，从业人员素质不高等。

3.4.4 社区老年人心理健康服务人员现状

1. 国外已形成专业的服务队伍

在国外，社区老年人心理健康的服务人员高度专业化，他们主要是由心理咨询师、社会工作者、志愿者队伍组成，合理的工作人员配比能让每一位社区老年人都能接受到心理健康服务，同时对这些工作人员有着非常严格的准入原则。美国对从事心理健康服务事业的工作人员划分了专业限制，规定四种专业领域：精神病学、心理学、护理学和社会福利工作。据统计，在发达国家当中，平均每3000人就会有一名心理咨询师，在社区也形成了完备的心理咨询师、社会工作者、志愿者服务模式。他们拥有的心理服务者和人口的配比比较合理，心理服务人员比较充足，能够覆盖全体公民，保证每一个公民可以享受到合适的心理服务。美国对心理咨询者和心理医师的考核制度非常严格，且有明确的上岗要求，必须持有医师执照，且要符合学位要求和一年的实习经验，并在此领域内发表过文章和论文，取得一定的成就。而对于其他的心理健康服务人员，要求一定的心理学知识和技能以及社会经历。国外心理健康服务人员涉及人员类型众多，例如高中生、大学生、犯罪嫌疑人等，因此，在人才资源方面，这为心理健康服务事业提供了大力的支持。社区心理服务为居民解决心理难题，创造美好生活做出了很大的贡献，同时，通过对每个居民的心理问题的解决，能够制止和预防社会问题的发生，对于维护社会的稳定有着很重要的意义。

2. 国内缺乏专业的服务人员

随着我国经济的发展和生活水平的提高，老龄化现象逐渐显现出来，这也导致我国从事心理健康服务的专业人员数量缺少和老年化现象严重所需要更多的从业人员的现实之间的矛盾愈加凸显。目前，在我国，医院依然是提供心理健康服务的主要机构，这远远不能满足社会需要。另外，我国专业人员缺乏全面的专业技能和知识，服务效率较低。例如，社区卫生工作多数由医学专业的人员担任，但他们缺乏心理健康服务相关的心理学知识和技能，且在日常工作中更多的是处理一般性的机构事务和生理疾病诊治，缺乏心理健康服务经验。我国的高校虽然有开设心理学专业，但从事心理健康服务的具有资质的专业心理咨询师的数量较总人口比例却非常的低。而同时，作为更多偏向于老年人心理问题预防和危机干涉的社区心理健康服务而言，除了具备专业的心理学知识外，熟悉社区环境、具备社区工作经验和一定的社会工作技巧是对社区心理健康服务提供人员的特殊要求。当前的实际情况是，专业的心理咨询师不熟悉社区工作，而社区工作人员往往只能提供简单的情绪疏导帮助，缺乏相应的专业资质。

综上所述，可见我国的老年人心理健康服务事业相对于国外而言还处在相对初级的阶段，发展速度缓慢，专业人员素质参差不齐，政府管理力度不够，缺乏强有力的法律法规的支持；社区服务人员规模较小，且没有心理健康服务的工作经验，在服务社区居民的过程中，缺乏专业技能，不能够提供满意的心理服务，无法让居民感受到心理服务的效果，使居民对心理服务机构的信任感不够。

3.4.5 打造适合我国社区老年人心理健康的服务体系

我国经济的不断稳定发展，人民的物质生活水平获得了极大的提升，但是精神和心理层面的发展滞后。国务院在 2006 年召开的第二次全国老年工作会议上明确指出老年人心理健康服务的目标。在积极吸取国外心理健康服务的先进经验的同时，要根据本国国情，依照现有的医疗卫生服务与精神服务体系，为我国打造一套合适的心理健康服务体系。

1. 国外社区老年人心理健康服务可借鉴的经验

第一，根据历史经验和实践经历所发展出来的不同心理理论和治疗理论，为国外心理健康服务事业的发展提供了丰富的理论基础。

第二，西方社区老年人心理学一方面重视与实践相结合，在日常社区实践当中积累经验用以完善相关学术理论知识；另一方面注重与其他理论学科的交流，在相互参照和对比下取长补短，共同发展和进步。

第三，国外社区老年人心理健康服务是政府与社会相互合作，彼此协调的模式，不是以单一的一方为绝对的主导，这样既能发挥政府在心理健康服务事业方面的宏观控制作用，又能激发社会组织和人民的创造力和活力，更好地促进全民推动老年人心理健康服务事业的发展。

第四，国外社区老年心理健康服务体系完善，服务目标明确，服务内容丰富,队伍规模完备,专业素质较高。

2. 国外经验对构建我国社区老年人心理健康服务体系的启发

(1) 加大政府的政策支持。首先,是政府宏观调控,通过制定法律条文与政策,将社区老年人心理健康服务上升为政府行为。政府参与、宏观调控的另一个功能在于吸收心理健康工作专业人才,加大监管力度,对心理服务机构的把关工作,将心理健康服务市场正规化。其次,为社区老年人心理健康服务发展提供经费,完善心理健康服务基础设施,开办相关心理诊所和心理健康服务培训机构,提供人才保障,并开通心理咨询热线,给从业人员提供良好的设备支持;提高社区心理健康工作者薪资待遇、建立服务文化、提供培训机会、提供研究课题等,提高从业人员的素质和从业信心。

(2) 形成系统的管理模式。社区老年人心理健康服务管理模式需要宏观、中观、微观三个方面协调统筹。从宏观的角度来说,政府要成立一个专门的心理健康服务中心,以此为基础下辖其他的社区服务机构,层级管理,职责明确;让政府在发展社区老人心理健康服务事业的过程中处于主导地位。其工作要以政府引导,制定清楚的心理健康服务事业的发展目标,动员社会,同时政府在财政上给予支持。从中观角度来看,需成立有关的心理健康组织与学会,通过这些组织和学会的监督和教育功能,为社区老年人心理健康服务提供具体计划、培养相关人才、监督服务工作,并及时按社会需求做出总体工作调整。从微观层面来说应该依据社区对工作人员的实际需求来组建专业的服务队伍,同时通过不定期的培训、进修来提高工作人员的服务能力。

3. 创新系统的宣传措施

首先,老年人心理健康服务事业的宣传要与媒体紧密联系,通过与电视、报纸、网络的合作,传达老年人心理健康服务的重要性,唤醒社会公众对老年人心理健康关注的意识,普及心理健康教育知识,吸引社会关注,营造全民关注、全民推动的良好社会氛围。

其次,开展针对老年人社区心理健康教育的专题讲座和免费咨询活动。动员专业人员走进社区宣传心理健康教育的重要性和意义,讲述老年人保健的常识,进一步扩大社区老年人心理健康服务视野的影响力。

最后,定期了解社区老年人的心理健康状况,通过问卷调查、电话访问、面谈等形式进一步了解老人的心理状态,记录在案,及时反馈并制定出相应的应对措施。

4. 组建专业的服务队伍

在我国针对社区老年人心理健康服务的主要任务就是要建立一支覆盖面广、服务质量高的专业的服务队伍。现阶段要想建立专业的社区老年心理健康服务队伍，就应该引进多学科互相融合，社会工作者应该加强心理学知识的学习，能为老年人解决心理问题，心理咨询师也要对社区的基本情况进行深入了解，社区医生对心理学知识也应该熟悉，只有通过多学科之间的这种互通有无，才能够使专业的工作人员更好地服务于社区老人，同时在组建志愿者队伍的时候也应该融入专业知识，使志愿者队伍能够迈向专业化。

与此同时要加强高校对相关专业人才的培养，提高心理健康服务事业从业人员的整体素质。中国是十三亿人口大国，尤其是近年来老龄化现象逐渐突出，因此所需要的心理健康服务专业从业者数量巨大，按照西方国家的比例来算，中国至少应有五十万左右的专业人员，而这和我国现有两万多名获得国家心理咨询认证的人数相差甚远。这就要求高校在设定学校培养计划的时候能够扩增对相关专业的人才培养，同时社区、政府也应该依托自己的力量为专业工作者进行相关的培训，使现有工作人员能够朝着专业化的方向发展。

3.5 本章小结

国外社区老年人心理健康服务发展较早，已有将近半个世纪的历史。无论是美国、英国还是日本，均已发展成较完善的服务体系。在经历了四个阶段后，美国的社区老年人心理健康服务已形成了一个服务途径与内容多样化、效果显著化的服务体系，其中，四个阶段分别是：社区心理健康发展新纪元、心理健康服务体系的改革、心理健康服务普及化、社区心理健康服务政府主导化，英国由于老龄化问题出现较早，老年人心理健康服务的发展尤其受到政府的重视，早在20世纪以前就出台了有关老年人心理健康服务的法律法规，有完善的指导原则和丰富的实践经验，且逐步形成了较为完善的服务标准。而日本作为全球老龄化进程最快，老龄人口比例最高的国家，日本政府也在不断完善老年福利政策体系，形成了依托社区的各种服务设施，以居家养老为核心的社区老年人服务照顾体系。开展的老年服务包括上门服务、日托服务、短期托付服务、长期服务、老年保健和咨询服务等，在社区服务的过程中尤其重视老年心理健康的服务。总的来说，国外社区老年人心理健康服务有强大的理论基础，非常注重心理学在社区和社会的应用，服务的模式基本是政府引导、社会支持、社区动员，服务体系目标明确、内容丰富、队伍建设较为完善。

本章通过将国内社区老年人心理健康服务的队伍建设、宣传措施与政策、体系建构等方面与国外的发展状况相比较，可发现我国社区老年人心理健康服务工作的开展还存在许多问题。首先是政府在城市社区老年人心理健康服务方面没有专门的经费，社区缺乏资金支持，导致设施无法配置，专业人才难以聘请；其次是心理健康服务缺乏相应的管理措施，更没有专业的管理机构，老年人心理健康服务机构从业人员缺乏职业认证和专业能力评估机制，政府缺乏对社区老年人心理健康服务监管的立法规范；有关老年人心理健康服务的宣传也只停留于表面和形式；此外，没有形成专业的服务队伍，工作人员专业化水平低，无论是质量还是数量都远低于发达国家。基于以上情况，可看出我国城市社区老年人心理健康服务发展的现状并不乐观，发展相对落后。为此，可学习和借鉴国外较成熟的经验，参考其社区老年人心理健康服务体系的建构模式，结合我国的国情，加大政府的积极政策支持，增强系统的宣传措施和管理模式，组建专业的服务队伍，最终建构一个适合我国的城市社区老年人心理健康服务体系。

第4章 我国社区老年人心理健康服务现状

4.1 我国社区老年人心理健康服务的兴起与发展概况

我国社区老年人心理健康服务的兴起与我国从古至今的敬老思想休戚相关。周朝"乡饮酒礼"通过制度来塑造敬重老人的社会风气。孔子所说的"人不独亲其亲,不独子其子,使老有所终、壮有所用、幼有所长",是他终生追求"老者安之"这一思想的体现。《孟子·梁惠王上》中的"老吾老以及人之老",袁采提倡的"孝子事亲,不可使其亲有冷淡心、烦恼心、惊怖心、愁闷心、难言心、愧恨心",以及历朝历代对老人的诸多福利救济措施,都清楚的表明了我国尊老敬老的思想传统及对老人福利措施的传承及延续的重视。

1989年,全国人大通过的《城市居民委员会组织法》第一次以法律条文的方式提出"社区服务"这一概念,标志我国的社区工作的开展。此后社区服务工作迅速在全国各地开展起来,服务对象、内容、方式、范围逐渐多元化。心理学家、社会学家、社工、医护人员纷纷借鉴国外的社区老年人心理健康服务的专业知识来为社区中的老人提供心理健康服务,并针对需求、前后效果开展了调查研究。于文平等人(1999)在山东费城县抽取部分社区居民调查了这部分对象对心理健康知识的认知,他们得出当时社区成员的心理健康知识主要来自广播电视,并证明这种传播方式是具有显著效果的,为后来投放心理健康知识提供了有效的渠道。黄雪薇等(1999)调查发现心理咨询服务尚未被广州社区引入,社区居民普遍对心理健康常识和心理咨询认识不够,建议学习国外已有的成功经验，并基于国内的实际情况，构建出中国式的社区老年人心理健康服务。

为了构建社区老人心理健康服务的有效模式，学者们采用了多种不同的方法对多个城市社区老人的心理健康服务的需求进行了调查研究。张蓓蕾等（2003）在上海闵行区于调查总体中利用随机抽样法抽取老人个体组成总样本，通过问卷的形式收集资料，研究表明：有50.50%的老年人认为在社区提供心理咨询服务有很大的意义。韩慧琴等（2008）的研究表明，昆明市的社区居民对心理卫生服务相关信息有着强烈的了解欲望，可关于当地社区的心理健康相关知识的传播和普及十分欠缺，同时心理健康服务获取难度大，便民性低。汪婷（2009）的研究表明，37.6%的老人表示当有了烦心事之后，自己愿意接受专业机构的帮助，然而仅仅有1.5%的老人向专业心理疏导员讲述自己的困扰和问题，导致这种情况的缘由一部分是出于经济因素和个人的观念，另一部分是由于对社区提供的心理卫生服务宣传不到位，造成老人对这种心理卫生服务的信任度偏低。彭慧等（2009）在调查中发现40.0%认为自己经济状况不好的老人认为自己对心理服务有需求，但是仅仅只有8.2%的老人接受过心理健康服务。徐小平（2008）的调查显示，50.6%的老人反映社区当前并未设立老年工作室，同时6.3%的老人表示希望社区能够配备专业的心理咨询师。

在对社区老人的需求进行调查之后，学者们对开展了心理健康服务并取得一定效果的社区进行了研究。徐小平（2008）对重庆主城社区的调查资料表明，社区提供的仅是基础性心理健康知识，社区有关老年人心理健康的服务专业化程度不高，不系统，不深入。华杏珠（2010）将设心理健康服务站的社区同不设站的社区对照得出，设站的社区中老龄段的居民心理健康水平达到了中青年水平，同时远超不设站社区的老龄段的居民。

为方便向老人提供有效果的心理健康服务，提高其晚年生活品质，多名学者推出了不同的社区老人心理卫生服务体系的构想。王大华等人（2014）通过对NGO的研究提出社区老年心理健康服务模式应当由个案访谈、小组活动、心理热线、入户随访和科普讲座五方面组成。付春胜（2013）等人的研究发现北京密云果园街道构建了一支专业社区健康心理服务的志愿者队伍，通过"一讲、二导、三进"十个一工程形成网状服务体系，来更好保障社区老年人的心理健康状态。何华敏等人（2015）提出应当将社区老年人心理健康服务并入"四级三纵"协同合作网络模式中,把设立的老年人心理卫生服务站作为最基础的办事单位,根据心理卫生信息员收集老年人的问题,在社区内普及心理健康相关知识,劝导老人有心理疾病的,及时去区县或者市级心理卫生中心等专业机构就诊。在曾志娟(2015)的调查中,根据比较对老年人实行心理服务形式前后的观察分数,并分析它们的差异,得出此模式的实行对老年人的心理健康水平的改善和提高有显著的作用,同时也表明设立心理卫生服务室及心理问题筛查是更好实施心理健康服务的方法。

由于我国的社区老年人心理健康服务正处于成长阶段,在探索过程中也不可避免地出现了若干问题,为了能够改善老人的心理健康状况,为其提供更加有效的服务,学者们对社区老年人心理健康服务发展过程中存在的问题做了调查。赖运成(2011)在研究中发现提供心理健康服务的专业人员职业定位存在偏差,虽然接受了相关心理咨询的培训或专业课程,但是其人格特质并不适合为社区老年人提供服务;"四级"之间并没有建立起协作的有效机制,协调性较差。刘素岑(2016)在调查中发现社区老人心理服务中政府方面存在的问题有政策法规的不完善及服务经费投入的不足;社区方面存在的问题有常识普及和教育的范围不广和力度不强,社区服务人员专业化水平不强;社会方面存在的问题是传统文化导致的老年人对心理健康服务的错误认知,一方面是担心接受服务被歧视,另一方面是对预防心理疾病不重视。

根据对我国社区的老年人心理健康服务的研究,得出我国在这方面一直进行积极的探索,并取得了较大的进步。由于受到多重因素的影响,全国各地的社区老人心理健康服务发展情况参差不齐,各地学者相继提出了多种不同的社区老人心理健康服务模式,并将之付诸实践,在实践过程中根据反馈不断进行调整和完善,探索着有效的社区老年人心理健康服务模式,所以我国社区的老龄人口心理卫生保健方兴未艾。

4.2 我国社区老年人心理健康服务现状调查报告

4.2.1 引言

伴随市场经济的迅速发展及城镇化进程的推进,我国城镇居民的经济状况普遍得到改善，生活品质相较改革开放之前得到极大提升。可同时市场经济导致的贫富两极分化，东西部由于地理位置导致的区域发展不平衡，促使部分民众心理对体制不公平，却又难以改变现状，产生仇富心理。除此以外，在生活质量的极大改善的情况下，人们不再囿于温饱问题，志向远大的社会成员苦心钻营，企图通过教育、就业等方式来向上进行社会流动改变自己所处的社会阶层，提高自己的社会地位，但是向上流动的渠道虽说相较以往不再那么封闭，但是依旧困难重重，这部分人群中内心素质不好的，在长期压力之下内心也会产生严重的问题，自我怀疑、自我否定、抑郁在此类群体中屡见不鲜。残障人士的自我接纳、社会接纳问题及社会适应问题同样会让这类群体滋生负面心理。老龄人群渴望的陪伴、社会尊重问题、生理健康状况及记忆力的下降同样困扰着老年群体的心理健康。心理问题影响着人们的日常生活，且近年来由心理问题对个人和社会造成的伤害愈演愈烈，因此心理卫生问题已经成为我国现目前亟待攻克的难题。政府和学界日益重视民众心理保健问题及心理康健服务体系的建构。具体表现如下：一方面学者们大量研究海外社区心理康健模式和运作机制；另一方面有学者试图探究国内心理健康服务现状和设立方法。然而，对于社区老龄人口心理保健服务研究，由于城市社区在我国起步较晚，至今尚没有形成完善的社区老年人口心理卫生服务体系。本研究试图进行多方位调查，以便能够了解我国社区老年人心理健康服务的现状，和建立符合中国国情的社区老年人心理健康服务模式和探索社区民众心理疾患预防、干预和评估机制，进而改善提升社区居民的心理卫生水平，为构建和谐社会提供借鉴和指导意义。

4.2.2 研究方法

4.2.2.1 调查对象

本次问卷调查从安徽、贵州、江苏、江西、辽宁、内蒙古、浙江、山东、重庆、山西、西藏、新疆、云南、黑龙江、福建、河北等 16 个省市自治区按照随机抽样的方式选取了 74 个社区，问卷发放 740 份，有效问卷收回 546 份，有效回收率占比 73.78%。其中，男性占 45%，女性占 55%；平均年龄为 34.11 岁；大学学历有 60.3%，研究生学历是 2.2%，高中及以下学历为

38.8%；在职务上，社区干部占 20.7%，领导干部占 12%，普通民众占 67.2%；在民族上，汉族占 88.6%，少数民族为 11.4%；在经济上，贫穷的占 3.5%，温饱的占 62.1%，富裕的占 34.4%。

4.2.2.2 研究工具

本研究使用自编《城市社区老年人心理健康服务体系现状调查问卷》进行调查。本问卷由封闭式问题和开放式问题组成，主要涉及社区居民的心理健康服务需求、服务目标内容、服务对象、专业队伍、专业机构和管理模式等方面。对问卷开展效度与信度检查，基本符合统计学要求。

4.2.2.3 研究步骤

首先挑选来自不同地区的大学生作为调查者，对调查者进行培训后，要求调查者随机选择他们家乡 3~5 个社区，每个社区选择社区干部和居民共 10 人进行调查。最后运用 SPSS 软件包，对调查搜集的数据进行统计与分析。

4.2.3 结果与分析

4.2.3.1 社区居民的心理保健需求状况

根据图 3-1 和图 3-2 所示，有 90% 的居民希望在社区里设立专门的心理保健机构，然而当他们和家人面临心理困扰时是否想有人或专业团队来协助他们脱离心理困扰时，仅 23% 的认为比较或非常需要。显然，社区居民对社区老年人心理健康服务有强烈的需求愿望，但目前遇到心理困惑时，还没有得到社区老年人心理健康服务机构的帮助，因此还没有形成对老年人心理保健服务的依赖。

尽管如此，居民逐步明白在社区设立心理健康服务机构对他们心理健康作用，调查结果如图 3-3 和图 3-4 所示，96% 的被采访社区成员认为在社区设立专业心理保健服务机构对改善居民的生活品质能发挥积极的效应，同时有 52% 的居民愿意选择社区专业心理咨询机构提供的心理保健服务。

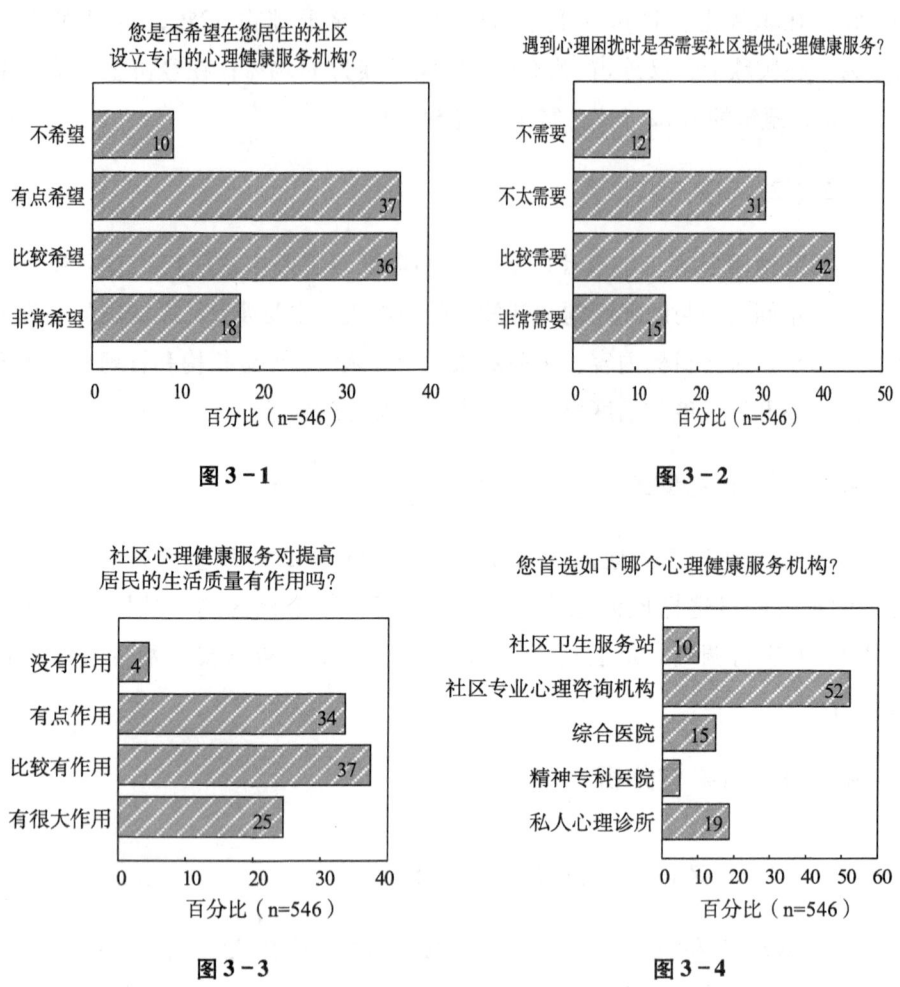

图 3-1　　　　　　　　　　　图 3-2

图 3-3　　　　　　　　　　　图 3-4

4.2.3.2　社区老年人心理健康服务内容

在社区开展心理健康服务的内容如表 3-1 所示，其心理健康服务的内容很多，以它们的重要性排列为：子女教育问题辅导、普及心理保健知识、人际关系冲突处理、家庭婚姻问题辅导和不良品行的矫正等。此外，在精神疾病预防治疗与康复以及失业心理指导、物质依赖干预和危机干预等方面也有较旺盛的需求。

但对于社区老年人心理健康服务而言，其服务内容有其特殊性。本研究调查发现，情绪的调节（孤独、抑郁）为首位，占比为 65.9%，第二是身体健康，占比为63.4%，第三是退休心理辅导，占比为61.2%，第四是亲子关系（占比为60.1%），第五是老年痴呆症（占比为49.8%），第六是社会适应（占比为40.3%），随后分别是生活信心（占比为39.6%），生命教育（占比为33.0%），生活压力（占比为28.8%）和婚姻家庭（占比为24.3%）。

表3-1　城市社区心理健康服务内容中重要性占比（n=546）

心理健康服务体系内容	很重要或比较重要	一般	比较不重要	完全不重要
1. 普及心理保健知识	85.7%	9.9%	1.1%	0
2. 家庭婚姻问题辅导	79.5%	15.8%	1.5%	0.7%
3. 子女教育问题辅导	88.6%	8.1%	7%	0
4. 人际关系冲突处理	81%	15.4%	0.7%	0
5. 不良品行的矫正	79.1%	15.8%	1.8%	0
6. 精神疾病预防与治疗	71%	21.25%	4.0%	0.4%
7. 精神病人回归社区康复	62.3%	26.7%	5.1%	1.8%
8. 工作生活压力缓解	74.3%	20.5%	1.5%	0
9. 失业心理辅导	72.5%	20.9%	2.6%	0.7%
10. 物质依赖（如酗酒、吸烟、吸毒等）干预	69.9%	18.7%	5.9%	1.1%
11. 危机干预（如突发事件心理应急与创伤辅导）	72.2%	21.2%	2.6%	0

4.2.3.3　社区老年人心理健康服务对象与内容

调查数据显示，社区中要进行心理健康服务人群排列如下：心理障碍者（77.3%）、青少年（71.1%）、精神病患者（47.6%）、中年人（47.6%）、身体残疾者（45.8%）、老年人（41.8%）、网络成瘾者（33.7%）、儿童（31.9%）、劳教释放人员（30%）、吸毒者（23.1%）、精神病院出院者（18.7%）和婴幼儿（4.8%）。研究还表明：不同的人群所要接受的心理健康服务的内容侧重点不一样。

对于儿童来说，社区心理服务机构应该提供什么服务内容按其被选频次排列为：青春期心理教育（71.8%），良好品行养成（68.5%），心理疾病预防（58.2%），身体健康（45.4%），抗挫折能力教育（45.1%），学业问题（44.7%），生活压力（34.8%），情绪的调节（34.1%），网络成瘾（33%）和人际关系辅导（22.7%）。

对于青春期的少年来说，社区心理服务机构应该提供什么服务内容按其被选频次排列为：良好品行养成（63.4%），心理疾病预防（59.7%），学业问题（55.7%），性心理教育（54.6%），情绪的调节（50.5%），人际关系辅导（42.9%），生活压力（38.1%），身体健康（31.9%），职业生涯辅导（31.5%）和物质依赖（成瘾）（30.8%）。

对于中青年来说，社区心理服务机构应该提供什么服务内容按其被选频次排列为：生活压力（70.3%），婚姻家庭（69.6%），心理疾病预防（51.6%），情绪的调节（48.4%），两性心理（46.5%），人际关系辅导（44.0%），职业生涯辅导（37.7%），身体健康（37.4%），良好品行养成（30.4%）和物质依赖（成瘾）（24.2%）。

对于老龄人群来说，社区心理服务机构应该提供什么服务内容按其被选频次排列为：情绪的调节（孤独、抑郁）（65.9%），身体健康（63.4%），退休心理辅导（61.2%），亲子关系（60.1%），老年痴呆症（49.8%），社会适应（40.3%），生活信心（39.6%），生命教育（33.0%），生活压力（28.8%）和婚姻家庭（24.3%）。

4.2.3.4 社区老年人心理健康服务机构与管理状况

调查结果显示，仅有13.2%的被访者表示所在社区曾经开展过心理健康知识宣传活动；只有9.2%的被调查者回答其所在的社区为他们设立了心理档案。仅仅20.9%的被调查者回答其所在社区已经建构或正在建构老年人心理健康服务体系，建构成心理健康服务的社区当中，从事老年人心理保健服务的人员专业性不强，仅仅只有31.6%为心理学专业人员、社区工作人员或心理咨询师，而对于社区心理服务人员的专业技能，仅14%的居民表示较为满意。显而易见，社区老年人心理健康服务体系还没有成功建立，在组织机构、运行机制、专业队伍等方面极为匮乏。然而，社区居民对社区老年人心理健康服务有较高需求，比如调查发现有60.1%的人愿意到专业心理机构接受服务，其中，有 39.6%愿意到社区专业心理咨询机构接受服务。同时，有 73.4%的被调查者反映社区缺乏专业心理健康服务机构，缺乏政府的经费支持，在硬件设施等方面几乎空白。

调查还发现，政府在对相关心理健康公共服务管理和服务体系建构方面缺乏引导和积极建构。一方面，地方政府对社区老年人心理健康服务的公共管理机制、宣传教育模式、人员培养模式、预防干预机制以及评估机制还没有提到议事日程，另一方面，地方政府尚不知如何构建出系统的心理健康服务体系。调查结果显示，建立了比较完善的心理健康服务管理制度的仅占到所有被调查对象的 4.4%，建立了心理健康服务评估模式和效果评估规定的各自占比为 7.3%和 9.2%，而街道和上级政府部门制定有系统工作规划的也不到 10%。

4.2.4 构建社区老年人心理健康服务体系的问题与对策

目前，国内社区老年人心理健康服务体系的构建存在大量的缺失，以上的现状是国情的体现，通过与国外发达国家现行体制的比较，我们发现诸多需要加以改善的地方。心理健康服务体系的设立是指心理健康宣传教育、咨询辅导、危机干预、人员培养和监督管理这五个模块完整设立并相应达到的要求或标准。这是一个宽泛而庞大目标，而中国作为社会主义国家，政府是相对更为强有力的权力机构，所以各级政府在制定计划和法规方面起着不可替代的重要作用。要规范和提高社区心理健康服务的从业人员的专业性，并对招聘相关工作加强管理，后续人员的培训也要持续跟进，以保障专业性和能力的提高。提升从业人员的资格认证，取得执照的人员仍然应当定期考察；清楚地界定我国的心理健康的服务标准，以此作为参考来对相关提供服务的机构和部门加以考核、督导和问责；加强纵向各级部门机构之间的团结协作，促进资源整合，提高服务效率；及时观察心理健康服务体系各部分的资金状况，保证各个板块的资金运作正常，服务效果得到社会大众的认可；在面临紧急情况时，快速及时地向灾区民众或有困难的个体提供急需的心理支持，协助其安全的渡过心理危机；使各类人群不受社会地位的差距的影响，平等地享受多途径的心理健康服务，且质量得到可靠保证。下面我们就在社区心理健康体系建立的过程当中人员培养、心理知识宣传、政府支持、政府监督等诸方面问题进行详尽的探讨，以期望能为中国式社区老年人心理健康服务体系的设立与推广提供一些启示和思路。

4.2.4.1 社区老年人心理健康服务人员的稀缺和专业能力短缺的问题与对策

我国的社区老年人心理健康服务正处于起步阶段，当下社区心理服务机构分布极为不均匀，经济发展较好的城市和地区，如在广东、深圳等城市中心服务机构有600余家，而在中西部地区仍有很大发展空间。当前老龄群体心理卫生服务队伍呈现服务质量一般且长时间无较大提升、专业人员稀缺、能力低、政府对其专业服务缺乏有效监管的待改进情形。社区心理服务人员的队伍规模小，人员严重缺失，无法担当服务居民的重任。同时，在社区中为老人们提供心理服务的人员不具备相关从业资格，没有系统地学习过心理学相关知识，且真实服务的经验也相对较缺乏。在服务社区居民的过程中，缺乏专业技能，不能够提供满意的心理服务，无法让居民感受到心理服务的效果，降低了居民对心理服务机构的信任。必须大力培养心理服务人员，扩大心理服务者的队伍，提高心理服务人员的专业技能，打造一个适合现有社会发展水平的心理服务者队伍。

相比我国，一些发达国家中的心理健康从业人员的状况就比较完善，比如，1946年美国颁布的《国家精神卫生条例》，规定了临床的心理服务由精神病学、护理学、社会福利工作及心理学中的专业人员、一般内科医生和辅助专职人员进行（葛琴，吴均林，陈晶，2008）。目前，美国许多医院、非政府机构，如企业、各大院校中均具备心理服务。在相对成熟社区安排了专业心理人员，社区工作者、志愿者，并已建立起相对健全的心理健康服务模式。他们拥有的心理服务者和人口的配比比较合理，心理服务人员比较充足，能够覆盖全体公民，保证每一个公民可以享受到合适的心理服务。目前美国的相关工作人员必须具备一定的服务经验和相关专业的知识积淀的证书才能上岗工作。在美国的很多州，对于心理医师的认证相当严格，取得博士学位的心理学专业学生经过整年的实习并发表论文，顺利通过之后的实践然后参加相关的心理医师考核，才能从事该职业。对于其他从业人员，也要求具备社会学、心理学等相关专业知识，只有达到相应标准，才能够从事心理健康服务。除此之外，学生和社区服刑人员也会参与到社区服务中，为社区建设贡献自己的力量。这些组织和个人以志愿的形式到社区提供心理服务，扩大了社区的服务队伍，能给居民体验更周到的心理扶助。社区心理服务为居民解决心理难题,对居民精神生活水平的提高起到重要的作用,也对维护社会的稳定和创造美好生活做出了很大的贡献。

我国社区老年人心理卫生服务落后于发达国家,当前仅有医院开设的心理门诊和私人成立的心理治疗,远远不能满足社会需要。具体表现如下:因一些生活问题而患有心理疾病的社区居民越来越多,然而我国心理服务人员的数量与专业性却不能跟着提升,造成供不应求。社区负责相关工作的人员多是医学专业,对常见身体病症较能处理,但缺乏心理学的方法技巧。而此外的社区人员,其主要负责行政事务的管理,心理专业知识也不了解,很难化解居民的心理困惑。我国时下为应对这一情形开设了相关心理培训班,但其效果不尽如人意,专业心理服务人员的品质和数量仍有待提升。

发达国家社区老年人心理健康服务是以国家引导,社会赞助、社区动员的模式进行的(华红琴,2012)。这种模式以政府方针为指引,整合社会资源来发展心理健康服务,并刺激社区的积极性和创造性,建构成高水平社区老年人心理健康服务。我国心理健康工作没有形成体系,政府对心理健康工作也缺乏长远的规划,只是依靠很少的社会资金来创办心理服务机构。所以我国应当根据这种体系模式的经验,建构适合我国国情的社区老年人心理卫生体系。国外社区老年人心理健康服务体系的目的明确、队伍配置完备、工作者专业水平高,服务细致,有合理的人才培训体制,可以满足居民的主要需求。而我国服务目标泛散、内容贫乏、人员规模小,队伍素质良莠不齐、服务粗放,无法跟上社会对专业技能的要求,不能满足居民的需求。

如何促进我国心理康健服务人员的服务能力?以下几点是值得借鉴:

(1)政府宏观调控,参与制定老年人心理保健服务计划。借鉴国外经验,我国也采取国家指引,社会赞助、社区带动这种方式。政府制定完备的社区老年人心理康健服务的计划,运用财政资金,调动社会资金,按照计划构建社区老年人心理健康服务体系。积极利用全社会资源,吸引心理康健专业人才,共同致力于我国心理卫生服务体系的建设。

(2)政府要制定计划培养相当数量的心理服务人员。要制定完善的计划,在考虑我国的现实情况下,建设能够适应目前需求的心理健康服务队伍,为社区中的老龄群体提供完善有效的服务。若是我国达到和发达国家同等心理服务人员的配置，我国具有相关专业资格的人应当有 40 万人，然而我国目前仅达成 10% 的持证人员配置，且其中人员素质参差不齐。政府应当对学习心理学相关专业的学生给予优惠资助或资金补助，以保证促进他们学习的积极性。政府要为心理健康服务人员制定严格的标准，只有符合相应的标准，才能从事心理服务工作。社区老年人心理健康服务人员应该来自大专院校的心理学专业、社会工作专业和获得国家专业认证的心理、社会工作者中。从业服务人员应当掌握心理学和社会工作的系统知识、方法和技巧（如危机介入方法，抓住问题核心的能力、倾听的能力等）（徐华春、黄希庭，2007）；此外，还应当具备从事充足相关社会实践的实务经验。多个高标准的要求之下，才能保证老年居民获取到高品质的心理服务。提高社区心理健康工作者的薪资待遇、建立共创和谐的服务文化、提供各种培训机会来提高技能，提高从业人员的专业素质和从业信心。

（3）建立多层次的心理健康服务体系。为了满足居民心理需求，结合各种专业层次的服务人员，通过多方力量的参与建设一个有利于居民发展的支持性社会环境。首先，建立心理医生培训体制。当前生活压力越来越大，社会问题也屡见不鲜，人们的心理健康情况就不太好，所以要加强对心理问题的预防，加快培养全能医学人才和咨询师，其次，培养社区领袖，使他意识到社区心理卫生服务对心理疾病预防有巨大的意义。帮助他学习心理服务的专业伦理原则、简单必要的心理保健常识，这对开展社区老年人心理健康服务工作有着很大的促进作用。此外，应当招募相当数量的志愿者，为社区老龄人群提供细致周到的心理服务，与居民长时间相处，较容易了解到老年居民目前面临的心理困境，并加以化解，提升个人认同感，增强幸福感。

（4）提高服务水平，丰富服务内容，满足居民多元心理需求。心理服务人员要积极地为居民们服务，想方设法地去解决居民的心理问题。同时，多实践心理学等相关理论，改进心理健康服务，丰富老年群体的生活，在为其服务的过程中，提高自己的专业能力。时常了解新兴心理学技巧和群众需求，创新服务。

（5）政府要制定奖惩制度来促进心理服务工作的水平的提升。主管组织应当注重和加强对心理服务机构监督管理，以便使心理健康服务市场标准化。主管组织还应当安排居民对心理健康从业人员的服务程度进行评分，并根据评分情况制定奖惩标准,激励心理服务人员认真工作,努力提高专业水平。

4.2.4.2 社区老年居民心理健康服务需求意识不强与提升对策

从调查问卷的结果分析中已了解到目前大多数居民对自身的心理健康状况感觉良好,没有进行心理健康服务的需要。事实上,民众在对待心理健康问题上存在着认识不够和意识的偏差,即人们不知道什么是心理健康,对心理健康知识的严重缺乏以及对心理健康问题在理解上有误区。造成这种现象的原因是多方面的,主要体现在普通民众受传统观念的影响较深;地方政府对公众的心理卫生的缺乏关注;媒体在有关心理健康常识方面的传播不到位。如何改变这种现状,就需要对现状进一步分析,找出产生问题的缘由,并在此基础上提出相应的策略。从调查结果分析本次调查可以得出,导致民众心理健康知识缺乏的原因如下。

(1) 居民思想意识偏差,教育传播渠道不够畅通。我国普通人群对精神卫生知识了解较少,很大程度上应归罪于医疗卫生机构的重视度不够和媒体的宣传工作不到位。在大部分人的意识中,预防意识非常低,觉得"心理问题不严重,不需要医治"、小病小痛也无关紧要,这些不正确的健康观念仍然根深蒂固地存在人们的意识里,他们不能在思想上引起重视,也不知道如何采取积极的措施来改善自己的健康状况。传统的生物医学模式只注重躯体器官功能性和器质性病变,对更为普遍的社会与心理过程不加考虑。据 Engel(1977,1980)所提出的 BPS(生物—心理—社会)模板,对健康和疾病的了解除了对疾病的生埋进行生物医学解释,还有了解病人的心理因素、病人所处的环境等社会因素以及帮助治疗的医疗保健体系或社会保健服务体系。心理健康常识在宣传过程中同样面对多重挑战,其中心理保健及有关常识的宣传缺乏专业的人员,也没有固定的传播模式,心理健康知识传播欠缺科学的引导方法和正确的监督机制。大众传媒在宣传内容上存在知识和观念的混乱,没有科学的依据。在有些报纸杂志上出现歪曲事实的报道,把心理疾病和精神病症混为一谈,也有为有些医疗机构做广告宣传,夸大其治疗效果。这些都会造成民众对心理健康的认识出现偏差,觉得出现心理问题是不光彩的事情,这样就会形成"讳疾忌医"的现象。

(2) 深受我国传统文化的影响。曾文星(1997)认为文化会影响群体的心理保健观念和相关的制度。文化通过影响所属社会成员的思想观念来作用于其人格形成过程中，人们在不同文化下会压制自己的部分心理需求，长此以往，某一文化导致的心理病症成为同期群的通病。中国人深受传统文化的影响，中国文化讲求"天人合一"，反映到人的身心关系上则表现为"形神合一""身心一体"。所以，当人们出现心理问题时，他们也会将其自然而然地归咎为身体状况不好，认为只是心慌、心烦意乱、情绪不稳定和头疼等症状，觉得没什么大问题。从人性观的角度来看，中国人不愿承认自己的人性中"恶"的一面，信奉的是人性本善的理论，那么就造成了人们不能客观真实地接受自己的所有言行。世界卫生组织最近一项统计调查表明：中国约有3900万人患有不同程度的抑郁症，[1]但是大约九成的重症抑郁患者从未向医疗机构求助。说到底，人们在思想意识上还是不能接受心理有疾病，觉得有心理问题时不能理解和接受的，这也反映出了对心理疾病的歧视和偏见。中国人和西方人在观念上存在很大区别，具体表现在：西方人愿意讲出自己不好的情绪和面临的问题，他们相信专业人士能帮助解决自己的困扰。而中国人就比较含蓄，他们就会更多地倾向于选择将问题隐藏起来，独自承受，情绪得不到释放，结果使心理疾病越来越严重。

（3）心理健康的错误观念和负面影响。不法分子混淆专业心理学知识和封建糟粕，利用人们对自己问题的关注，搞"心理测试"窥视人的内心活动和潜意识想法来骗取钱财，更有甚者对居民进行性格、智力方面的测试，胡乱测量归类，导致人人自危，觉得自己得了某种心理疾病，整日忧心忡忡，若是后续发现之前获得的知识与现在相悖，便迷惘彷徨，无法判断哪种正确错误，慢慢地对自己心理情况采取逃避，不愿提起，最终导致心理问题的产生。这些不法行为都会降低民众坦然面对心理问题的概率。还有青春期的孩子，本来在这个阶段会遇到成长的烦恼，而家长缺乏心理辅导的知识和意识，又不理解孩子的情况，对孩子胡乱批评和苛责，这时孩子觉得得不到应有理解和尊重，他们就会对自己的困扰闭口不提，同时也压抑自己，很容易获得低自尊的自我认同，形成不良的应对姿态和行为方式。该如何提升在居民心理健康领域的社区

---

[1] 李健，张川. 心理问题困扰大众，中国人呈"灰色"[EB/OL]. 中青在线——中国青年报，2004-08-26.

服务意识？最重要的一环还是普及社区心理健康基础知识。

首先，了解以下两个问题：何为心理健康？心理健康与身体健康之间有什么关系？心理健康是指"个体能在各种环境中保持良好的心理内部稳态。"即一个独立的人，能在无论什么环境中都能保持乐观积极的、向上的、稳定运作的比较好的状态，能随着外部环境的变化，积极并及时调整心态，达到内外协调。由此可见，社区普及心理健康知识的重要性，社区居民可以通过了解心理健康知识培养自身良好的心理素质，进一步能促进身心协调一致发展，最后还能帮助社区营造出健康舒适的氛围。身心健康是相辅相成的，在古代医术记载中"七情太过均可致病，暴喜伤心，暴怒伤肝，积忧伤肺，过思伤脾"，现代医学的临床观测实践中发现，近五十年来，死亡率最高的三大疾病已经是心血管、脑血管和癌症，取代过去的结核、大脑炎和肺炎。导致这种情况的原因是人们生活和心理压力巨大，并且得不到释放，消极、紧张情绪随着增加，引发植物神经紊乱，最终导致生理障碍。随着现代社会生存压力的增大，人们的健康状况受到严重的威胁，亚健康状态的出现越来越普遍，即人的身心都处在疾病与健康之间的一种低质健康状态，其症状多样且不固定，虽然没有明显的疾病表现在机体上，但是，种种不适应的症状和感觉存在于身体和心理上。

其次，认识心理不健康的主要症状。①睡眠障碍。包括入睡困难、易醒、多梦、早醒、醒后不能再入睡、常被噩梦惊扰、夜惊、夜游。②情绪障碍。要么身体不适或消瘦、持续的心情低落、寡言少动、兴趣减退；要么情绪高涨、高兴愉悦甚至欣喜若狂，同时言语多、易恼怒、睡眠减少而精力充沛。③应激相关障碍。强烈的精神刺激或持续的不愉快境况，导致抑郁、焦虑、紧张的情绪，高警惕性、无法入睡、过度担心，容易因为相似境遇而受刺激痛苦不堪。④精神障碍。有时逻辑荒诞可笑，思维奇特，领会不到言语含义、行为诡异、自说自话、性格冷漠、疏离亲朋好友，部分人不认为自己得病，还对别人怀有敌意。⑤焦虑障碍。莫名恐惧、坐立不安反复踱步，经常伴随心悸出汗。⑥强迫障碍。明白自己已经做过或者不能做某事情，但是就是控制不住自己，反复纠结和想这件事情，并必须得到证实，才能得到心理安慰。⑦恐惧障碍。患者对某事、物、环境有强烈恐惧，自己不能克服，即便知道毫无道理，但大多还是选择逃避。⑧疑病障碍。担心自己的健康，总认为自己患有很严重的疾病。⑨疼痛障碍。持续、剧烈的疼痛，并且不能用生理的现象或躯体的疾病做出合理解释，导致疼痛的发生的还是情绪冲突或一些心理社会因素。

最后，诱导心理疾病的因素：首位是过高的工作压力，急速的生活节奏使都市白领长期处在超负荷的高强度紧张状态中，工作压力的负担得不到及时缓解，长此下去会产生焦虑不安、精神受迫等症状，过重就会导致一些精神疾病、心理障碍。家庭变故和情绪的急剧变化也是心理疾病的又一诱因，离婚后受损比较严重的那一方，往往是女性，经常因为无法承担家庭破碎的打击，引发新的心理伤害。一项国内的研究报告表明，在我国离婚人群中，认为自己心理压力过重的比例高达70%。失恋者也是感情受伤中痛楚感比较多的一个，抑郁和失落感会加重心理失衡，以至于产生一些不理智甚至过激的行为。此外，还有生活带来的负担也会加重人们的心理压力，对下岗职工和低收入人员来说，他们的工资难以应付日常生活的正常开销，直接体会到生活的艰难，直接对现实生活产生沮丧感。急功近利的浮躁心态也会让想在事业有所成就的人们期望过高，而现实结果常常令他们大失所望，主观意愿得不到满足，失落、失望之感随之而来，严重者会从此一蹶不振，不再自信，导致自闭症。对学生而言，繁重的课业压力也会让学生不堪重负，无论是大学生、中学生、还是小学生，甚至是幼儿园，心理压力过重的不在少数。考试带来的心理后遗症有：学习恐惧、厌学、抑郁心理、不安焦躁、反应滞后。

4.2.4.3　社区老年人心理健康机构的服务内容面临的问题与改善对策

随着社会发展，社区老年人心理健康服务体系是必然的社会产物，对促进社区和谐，创造良好的社区心理环境，维护社会稳定具有重要的现实意义。目前我国，不仅存在社区心理健康机构大量缺失问题，还有机构服务内容单一、功能发挥有限等（龙女、傅丽萍、甘心静，2010）。我国社区老年人心理健康服务机构自身的不足如下。

（1）社区心理健康服务机构宣传不到位、功能发挥有限。居民对社区老年人心理健康服务机构不了解，当出现了心理问题时也不会主动想到要找社区心理机构，有的居民不信任机构，不相信机构能够帮助他解决问题；还有组织宣传和知识普及不到位，甚至有的机构只是摆设，起不到应有的效果。

（2）服务范围狭小，形式单一，大多机构主要是以心理咨询的形式进行服务，国外社区心理机构既注重心理问题的调节，又采取措施预防心理问题的产生。国外的社区心理健康教育会运用三级预防理论（季卫东等，2010）：①初级预防理论，即预防阶段，是指事先采用措施预防心理问题、维护心理健康，尽可能消除会产生心理健康问题的环境因素。②次级预防理论，及早发现社区居民精神问题和心理障碍并及时进行干预、治疗等服务。③三级预防理论，指促进社区中有精神疾患、心理障碍的人数量降低，并且为他们营造有利的回归环境。反观我国的社区心理机构，在预防产生心理问题上还存在大片空白，我们现在的干预多停留在事后调节。

（3）服务人员队伍建设不完善。在国外，上岗进行心理咨询工作的人员要求有专业的职业资格许可，以及一定的实践经验，确保专业素质。而我国基层从事心理咨询的人员普遍学历偏低，知识能力不足，专业性不强。处理来访者心理问题主要凭劝解、抚慰等方法，缺少专业的知识，工作方法不系统，效果不明显。

（4）在精神病人回归社区心理指导方面努力不够。社区是精神病人生存的空间，社区内有其熟悉的资源，包括熟悉的亲人，朋友等，这些非正式的社会系统在给予精神病人心理支持方面有着不可或缺的作用。而现实情况是社区心理机构在对精神病人的康复指导不足，甚至没有提供相关的服务。

基于上述问题，要着力改变社区老年人的心理健康服务的状况，要关注以下几个方面。

（1）注重服务内容丰富多彩，并贴近居民生活。国外在社区老年人心理健康服务这一块上，主要关注的内容是生活问题，比如老年抑郁、焦虑、孤独和自杀等心理咨询，对老年人的认知、失智以及生命教育；此外，还涉及对患有严重精神疾病老年人的愈后心理健康服务这个特殊内容。其中，对患有严重精神疾病居民的愈后心理健康服务是国外主要的特征。对严重心理疾病的病人进行出院治疗，这已经成为一种广泛接受的治疗方式，他们采取的方法是：①回归社区环境，为病人提供轻松、和谐、熟悉、愉快的社区和家庭环境，促进治愈疗程。②提供服务的社工需要具备对心理障碍深入了解，心理健康服务的质量取决于心理健康服务者对心理障碍了解深入与否。③集中于定时治疗、反馈、寻求社会支持及生存技能的训练。

（2）加强社区心理健康知识宣传的方式。加强社区老年人心理健康服务的主要途径是注重心理健康知识的宣传教育，如在我国不少地区以每年的5月

25 日为"心理健康宣传活动日",这个活动鼓励所有的心理领域从业群体与其所在社区建立起密切的联系,使广泛的社区成员意识到关注心理健康的重要性,由此可以是使社区居民从中受益,唤醒人们对该社区的心理健康状况的认识。所以心理健康知识宣传很重要,加强宣传可以通过以下几个方面。

①设立宣传心理健康教育专题栏目。对于社区的文化宣传栏,有很多途径可以加大心理健康知识的宣传和普及,其中,增加心理健康知识专栏是的一个有效途径。在社区中,摆放展板和宣传海报,同时发给居民宣传手册和健康知识报纸,使用多方位的途径给社区居民高效地传递知识。值得注意的是在语言上应该尽量避免太过专业化的术语,不必使用过多学术的词语,可以用通俗易懂,图文并茂,形象生动的美文和小故事来替代过于单调枯燥的文字说教。易懂好记,才能有效传播。

②加强媒体的宣传力度。将社区心理健康知识的传播与广播电视、报刊联系起来,可以采用专题讲座、科普讲座的形式向人们传递信息。在开展这些活动的同时不能忽视民众的接受程度,因此宣讲者必须注意语言的表达,让言辞更加生动、新颖、感染力强,令人耳目一新。

③在社区进行宣讲。链接专业人士资源,并且和居委会达成合作,定期开设心理健康知识讲座,开展一些现场宣传活动,提供现场心理辅导。在为社区居民举行的现场知识讲座中,尽量活跃现场气氛,让在场的人广泛参与进来,除了由专业从事心理健康服务的人员为居民灌输知识,还应该让更多的人加入到讲座的互动环节里,在讲座结束,现场居民可以互相讨论,也可以分成小组讨论,最终派代表向演讲者表达自己关于讲座的感悟和疑问,表达方式多样,可以传递纸条、直接对话、有奖竞猜,能充分调动大家的积极性。

④利用网络优势进行传播。现代人的生活都离不开网络,互联网传播知识的形式灵活多样,可以是网上论坛、QQ 聊天、电子邮件、网上授课以及专业心理健康教育者的博客,此外也可以编织心理健康知识小游戏,一则可以增添趣味性,二则吸引更多网民参与。美国哈佛大学医学院的华纳·V. 斯赖克博士是将临床应用、健康知识传播与互联网连接起来的积极倡导者和践行者。他认为心理治疗是计算机临床应用中"虚拟环境最令人激动的应用之一"。这一观点同样适用于互联网。

⑤强化组织活动的效果。如果只进行知识传播,而不注重实际能力的培训

是达不到提高民众心理健康素质的预期效果。对于切实提高民众的心理健康素质，当下比较流行"素质拓展""野外生存训练"十分有效。把心理学的实验和传播里常用的方式运用到心理健康教育中来，例如，组织一批受教育的群众参加互动活动，即把参与者分成若干小组，各组分开讨论和选材，通过组员自己的理解，设计故事情节，并将学到的知识通过表演展现出来，这一过程是理论向实践的转化。

（3）设立社区心理咨询室，聘请专业督导。社区心理咨询室建立尤其要注意名称选择，"××心理咨询室"不是明智之选，像"心灵屋""心灵之窗"这样的名字，能有效减轻了居民进心理咨询室时的紧张感和无措感，从而更贴近居民。另外，咨询室的位置选择也应该以清净、舒适为原则，在空间布局、物品摆放、物品用料、颜色搭配上着力创造和谐的氛围，给来访者创造一个可以全身心放松的环境。此外还要特别注意咨询室门口或者公告栏的地方，张贴来访者注意事项，告知咨询细则，强调保密承诺，让来访者放心。

在实践中，服务人员往往会遇到一些其自身能力不足以解决的问题，因此急切需要有经验丰富的督导者给予其指导，社区服务人员也有必要不断地学习，提升服务能力。社区心理咨询人员需要由经验丰富、水平较高的心理咨询人员来督导其工作，但实际情况是，我国督导体系不完善，督导者人数不足，不能保证每个社区都能有上级督导。因此社区机构内采取朋辈督导更为可行，社区内的工作人员应多交流学习，总结工作经验，另外机构也应该给服务人员提供与其他机构相互交流学习的机会，相互学习，提升服务人员的整体水平，任重而道远。

（4）保障社区老年人心理健康服务的持久性与连续性。社区老年人心理健康服务的内容，是要跟随需求的变动而变化的，也是一项长期的探索工程。随着社会发展，社区居民在不同时期所产生的心理疾病会有所不同。如因激烈的就业竞争导致的焦虑症、因工作压力过大产生的职业倦怠等，这些问题都是随着社会发展而产生的。所以，社区服务机构定期对居民的心理健康进行问卷调查，以了解他们的健康情况，进而归纳整理，建立相应的档案，主动找有需要的人群进行聊天咨询，特别建议有心理障碍、心理疾病的患者及时进行治疗。其次，服务应该秉持以人为本的原则。社区心理咨询人员应尊重来社区进行心理咨询的每一个人，严格遵守心理咨询职业守则，对来访者的资料保密；

在平时多进行入户走访，了解居民需求，在日常工作中对居民进行心理疏导。

（5）政府要加大对社区老年人心理健康服务的支持力度。从当前来看，在城市社区老年人心理健康服务上，社区老年人心理健康服务体系缺失，造成这一现象非常重要的原因是政府支持不足。主要体现在政府资金投入不够，立法不够完善，专业社区老年人心理健康服务人员培训体系缺乏等几个方面。

我国的城市社区的建制是受民政、街道办事处等部门的领导监督，并且在具体实际工作方面，社区居民委员会（以下简称居委会）实际担当着提供各项社区服务和工作开展的主要力量。居委会是我国居民进行自我管理、自我教育、自我服务的基层群众性自治组织，经费的主要来源是政府拨款。而当前政府拨款的用途主要重社会救济、社会救助、养老等民生工作，并无专门用于开展或加强城市社区老年人心理健康服务方面的专门经费。在没有大量社会捐助资金或居民自愿自筹经费的情况下，社区在开展心理健康服务方面得不到资金的支持，硬件设施配置不完善和从业人员专业化程度不够，导致无法提供完善的心理健康服务，更别说构建健全的心理健康服务体系。这几年，政府在国民的精神健康问题上的关注度已经有所提高，卫生部于2008年颁行的《全国精神卫生发展体系工作指导纲要（2008—2015年）》中就对全国的精神卫生发展体系做出了规划，但与美国在1963年通过《社区心理健康中心法案》相比较，在订立法律法规的层级上，法律的形式服务体系的推动力无疑是具有无可比拟的优势（韩剑，2012）。

我国的高校虽然有开设心理学专业，但从事心理健康服务的具有资质的专业心理咨询师的数量较总人口比例却非常的低。心理问题的预防和危机干涉是社区老年人心理健康服务的重点关注的内容，所以从业人员不仅需要具备专业心理学知识，还要熟悉社区环境、具备社区工作经验和一定的社会工作技巧。可当前的实际情况是，专业的心理咨询师不熟悉社区工作，而社区工作人员往往只能提供简单的情绪疏导帮助，缺乏相应的专业资质。

资金的缺乏、推动力的不足以及人员培养模式的硬伤，是我国建立城市社区老年人心理健康服务体系亟待解决的重大课题。根据当前我国社会经济水平和社区心理健康的现状，我们可以从以下几个方面来推动社区老年人心理健康服务体系的建设。仿效美国设立专门的《社区心理健康中心条例》，从立法的角度，通过国家强制力推动和保障社区老年人心理健康服务体系的建立和运行。

（6）加大政府资金投入。通过划拨心理健康专项资金的形势，保证基层组织专款专用。同时，倡导社会各界对社区老年人心理健康服务进行捐助和支持，通过居委会，牵头社区居民进行经费的自愿自筹，拓宽资金的来源。鼓励和吸引社会组织和私人心理服务机构履行社会职能，投身社区老年人心理健康服务领域。

（7）建议有能力的高校增设社区心理学专业，培养专门的社区老年人心理健康服务人才。同时，对具备相应能力或有志向从事社区老年人心理健康服务的人员进行免费的专业培训，鼓励他们进社区做志愿活动，以缓解和最终解决专业工作人员缺乏的现状。

4.2.4.4 社区老年人心理健康服务体系的监督管理

据调查结果显示，当地政府对社区居民的心理健康服务工作重视程度低，4.8%的人认为政府非常重视，而有38.1%的人认为政府不太重视；心理健康服务的管理制度缺失，仅4.4%的人认为政府有非常完善的制度，而30.4%和23.8%的人认为有少数制度和没有制度；专门的领导机构缺失，22.0%的人认为没有领导机构，53.5%的人表示不太了解；业人员的专业技能和服务能力差，39.2%的人觉得从业人员没有专业技能，仅仅9.2%的人觉得从业人员具有专业技能，10.3%和26.0%的人觉得从业人员的服务效果比较好和一般；政府的经费支持不足，调查对象中有48个人回答政府对社区专业心理健康服务机构有专项经费占17.6%，回答没有经费的达到32.6%；居民对机构的满意程度低，仅有24.9%的被调查对象对当地的心理健康服务状况表示了适度的满意，而明确表示不满意的竟高达56.4%。由此可见，我国政府对居民心理健康重视程度不够，缺乏管理的机构和制度，工作人员从业人员学历低，没有掌握系统的心理学知识和健全的评估方法，这时资金投入会让他们产生不满足感，而在资金不足的情况下，工作人员很难保持合作精神，最终会影响机构的服务效果。导致上述状况的主要原因有：

第一，针对社区老年人心理健康专业服务的监督与管理机构在我国尚属空白。一般而言，存在两类社区心理服务模式（韩剑，2012），一是医学模式，由各类卫生组织承担提供心理服务；二是社会模式，即社会上自愿建立的心理服务机构，实际具有个体性质。各级行政管理机构的过度分割，拖垮效率，进一步导致服务机构服务能力下降。在我国，社区没有行业学会组织，缺乏心理健康服务管理机构，然而在美国联邦政府，心理健康服务中心是针对心理服务的主管单位，美国行业组织（如精神病学会）与美国咨询协会等一些组织负责整个心理健康服务行业，行驶严格的管理与监督职能，美国官方机构——国家心理健康研究所是世界上最大的心理健康科研机构，致力于探究、治疗、预防心理疾病和促进心理健康（华红琴，2010）。在瑞典，全国氛围六个健康护理区，每个区域设置一个大型医院，社区老年人心理健康服务由郡议会和地方市政府共同负责，郡议会管辖一个可以提供住院治疗的医院。

第二，我国在社区老年人心理健康服务机构这一块资金匮乏，不受政府等相关部门重视。然而，世界上许多国家已建立起完备的支持体系，政府资助、社会救济、医疗保险和个人资助多途径保证服务基金有效投入。日本的国家和政府负担精神残疾者康复机构75%的费用，美国保险公司和医疗保险系统保障大多临床心理学家的诊疗服务支出。而我国的社区心理健康机构，由于缺乏资金支持，难以良性运转。

第三，我国还没有建立起专业职业认证和能力评估机制，社区健康服务机构从业人员不能保证专业性。目前，仅能由政府的相关部门提供从业人员资格认证，如卫生部、人事部、劳动和社会保障部等。劳动和社会保障部运作"心理咨询师"执业执照制度，卫生部开始设置"心理治疗师"的专业技术资格系列职称，人事部与卫生部正在合作开设"心理保健师"的行业资质论证体系（孙俊芳，2014）。但是也存在一些问题，例如，缺乏对培训机构的资格认证和行之有效的监督管理办法，咨询员门槛低，资格证书并不能说明咨询员的真正素质。并且也没有完善的督导体制。不仅如此，我国对从业人员也没有具体的能力评估机制，由此可见，我国的社区老年人心理健康服务人员素质和经验不足，服务质量和专业能力有所欠缺，导致服务效果差强人意。可是在美国，行业协会负责培养机构的课程内容评级和资质鉴定，个人的开业资格要有官方和行业的两方面认证，并且要资质鉴定的对象无论是培训机构还是个人，都应当通过清楚严格的标准和评审方式，还有已经拿得执照的从业者需要定期更新，每年进修规定的"继续教育"学分。对于心理健康工作人员现有能力与胜任特征评估主要涉及知识评估、专业决策评估、工作表现与个人特质评估、实践技能或任务评估。

第四，政府缺乏对社区老年人心理健康服务监管的立法规范，同时对社区心理服务人员的职业道德伦理也无明文规范，2004年国务院办公厅转发的卫生部等七部门《关于进一步加强精神卫生工作的指导意见》中指出，要"依法保护精神疾病患者的合法权益，加快精神卫生国家立法进程"。首先，这项指导意见只是国务院出台的政策法规，没有国家性的专门法规；其次，只涉及精神卫生领域，尚无出台明文在心理健康其他领域的法规；最后，只是针对医务人员，没有规定针对心理咨询与治疗的，而美国肯尼迪总统早在1963年颁布了《社区心理健康中心法案》，严格对社区老年人的心理健康服务从业人员相关伦理规范，如APA、CPA及其职业管理条例。

鉴于以上的分析，政府要如何来实现对社区老年人心理健康服务体系的有效监管，如何来确定心理服务机构是否进行了有效的服务，如何保障社区工作队伍高水平素质和高效的服务，我们要重视以下几个方面。

从政府方面看。第一步，国家和政府出台相关法规，高度重视社区老年人心理健康服务，以地方性法规的形式对心理健康服务工作的目标、政府和各部门职责，保障每位患者的合法权益。并且倡导社会参与，机构内加强心理健康咨询和精神疾病的预防，关注医疗看护，研讨精神疾病的治疗与健康等相关问题，法律责任等进行界定，制定机构的管理制度，以立法的形式肯定机构的价值，推动立法进程，使社区老年人心理健康服务有法可依，有章可循；第二步，建立专门行业协会组织，设立有效监督管理机构，比如，建立起以政府为主导的，教育、卫生、发展改革、财政、残联、工会、民政等多部门协作的各级社区心理健康管理咨询机构，如设立心理健康工作委员会和活动室，开通咨询热线。引导行业协会建立专业行业准入规则，提供培训和有效内部管理体系，设立自我监督机构。最后，加大政府的资金投入，提供充足的经费支持和资金倾斜，保证社区心理服务机构的良性运转。

从工作人员方面考虑。第一，我国目前缺乏专门法律法规和有效行业道德规范，仅以医德来作为心理咨询与治疗伦理守则是远远不够的，特别是心理咨询还具有不用于一般医学的特殊性。国家可以通过立法的方式，制定社区老年人心理健康服务人员的专业伦理准则，具体内容应包括善行、责任、诚信、公正、尊重。拥有良好的职业意识，工作人员在实际工作中才能遵守职业伦理道德，更好地进行社区老年人心理健康服务；第二，建立完善的资格认证制度和人员评估机制，我们应该借鉴在欧美国家，建立完善的专业培训机构认证体系，不仅要认证培养机构和培训课程，还要对想成为培训员的申请者进行认证。严格规范服务人员的资格认证，提高心理服务人员的素质和专业技能，才能达到良好的服务效果；制定工作人员的评估办法，如知识评估、专业决策评估、工作表现与个人特质评估、实践技能或任务评估这些，对工作人员实际的工作情况进行评估。

从社会意义上考虑，政府要适当提高从业人员的薪资待遇，增进社区老年人心理健康服务福利，吸引更多优秀的人员和专业人士加入社区心理服务的工作队伍，对工作人员的工作情况定期进行评估，实行严格的奖惩制度和职位晋升制度，如评先进工作者、奖励或者克扣工资等，加强和社区居民的交流与联系，社区居民可以给机构服务人员评分，对机构服务的效果进行评估，或者对机构的服务提出自己的意见和建议。

4.3　本章小结

目前，我国的社区老年人心理健康服务正处与发展阶段，在探索的过程中不可避免地会出现一些问题，为了能够改善老年人的心理健康状况，为了对社区老年人心理健康服务有效模式进行构建，我国学者进行了许多关于社区老年人心理健康服务的相关研究。有些学者采取了不同的方式对多个城市社区老年人的心理健康服务的需求进行了调查研究，如张蓓蕾对上海闵行区的老年人进行了抽样调查，韩慧琴通过对昆明社区居民开展了调查其心理健康服务状况等。也有学者对社区老年人心理健康服务过程中存在的问题做了调查，在对社区老人的需求及服务状况进行调查之后，学者们对开展心理健康服并取得一定效果的社区进行了研究，还有学者在此基础上提出了不同的社区老年人心理健康服务体系的构想。通过众多学者的相关研究可发现我国一方面一直在积极探索，取得了较大进步，另一方面，我国社区老年人社区健康服务体系建设与发达国家相比还有很多需要改善的地方，受多种因素的影响，全国各地的社区老年人心理健康服务状况参差不齐，我国社区老年人心理健康服务方兴未艾，至今未形成一个较完善的服务体系。

为进一步了解我国城市社区老年人心理健康服务的现状，建立符合中国国情的社区老年人心理健康服务模式，本研究采用自编的《城市社区老年人心理健康服务体系现状调查问卷》对安徽、贵州、江苏、江西、辽宁、内蒙古、浙江、山东、重庆、山西、西藏、新疆、云南、黑龙江、福建、河北这16个省市自治区的74个社区进行了抽样调查。调查发现有以下几个基本判断。

（1）我国社区居民对老年人心理健康服务有强烈的需求，虽然96%的居民明白社区心理健康服务机构对他们的心理健康问题能够发挥积极的作用，90%的居民希望在社区里设立专门的心理健康服务机构，但遇到心理困惑时，并没有社区老年人心理健康服务机构为他们提供帮助，社区老年人没有形成对社区服务的依赖需求。

（2）社区老年人心理健康服务在组织机构、专业人员、服务活动等方面极为短缺，在调查对象中仅有20.9%的调查者所在社区建立了或正在建立社区老年人心理健康服务体系。政府在对相关心理健康公共服务管理和服务体系建构方面也缺乏引导和积极建构，缺乏长远的规划，经费支持不足。

（3）城市社区老年人心理健康服务内容中排序前三位的是失智障碍、情绪障碍（主要表现为孤独、抑郁和焦虑）、人际关系冲突与社会适应等心理援助和危机干预。

（4）社区老年人心理服务机构提供什么服务内容按其被选频次排名前三的是情绪的调节（孤独、抑郁）（65.9%）、身体健康（63.4%）、退休心理辅导（61.2%）。

通过对我国城市社区老年人心理健康服务现状的调查以及与国外发展较成熟的经验进行对比分析，结果发现我国社区老年人心理健康服务体系主要存在的问题具体表现在以下几个方面。

（1）社区老年人心理健康服务机构在中西部城市的社区非常鲜见，当前，老年人心理健康服务只有医院为主的心理咨询方式和很不完善的社会心理咨询方式，专业人员缺失，专业技能不足。

（2）由于社区对心理健康知识的宣传不到位，传播渠道不畅通，再加上我国传统观念根深蒂固的影响，老年人在对待心理健康问题上存在着认识不够和意识的偏差，对心理健康知识的严重缺乏导致对心理健康问题存在理解上的误区。

（3）社区心理机构功能发挥不足，服务范围狭小，形式单一，大多机构主要以心理咨询的形式进行服务，组织机构不够完善，无法为老年人进行专业的服务，对满足老年人的心理需求还相差甚远。

（4）当地政府对社区老年人的心理健康服务工作重视程度低，缺乏财政投入和资金支持；对社区老年人心理健康服务机构从业人员缺乏严格的职业认证和能力评估机制，导致工作人员的专业技能和服务效果差；缺乏对社区老年人心理健康服务监管的立法规范，同时对社区心理服务人员的职业道德伦理也无明文规范。

基于以上现状，为满足社区居民对心理健康服务的需求我国亟须建立完善的社区老年人心理健康服务体系，提升民众的心理健康水平，促进社会的和谐发展。首先，政府需要制定完善的计划，进行宏观调控，加大支持力度，建立多层次的心理健康服务体系，制定奖罚制度来促进心理服务工作的水平，提高我国心理健康服务人员的服务能力；其次，需要大力普及社区心理健康基础知识，提升居民的细腻健康服务意识；此外，要丰富社区老年人心理健康服务的内容和形式，建立社区心理咨询师和专业督导；最后，要对社区老年人心理健康服务体系进行有效的监管。

第 5 章　社区老年人特殊群体心理健康及其服务需求状况

5.1　社区的空巢老人心理健康和服务需求情况

5.1.1　引言

逐渐转型的社会和不断发展的市场经济使人们的生产与生活方式在不断地变化，人口的流动性增强，家庭结构的变化，老年人由于其子女长期在外工作而独居或者老年夫妇独立生活的现象越来越普遍，于是，一个新的特殊群体由此诞生——"空巢老人"。据统计，重庆北碚区全区人口总数72.2万人，老年人人口总数为131356人，占全区人口18.19%，空巢老人总数有8285人，占老人总数的6.31%，其中，2691人来自城镇，5594人来自农村，由于空巢老人子女不在身边，无人照料，很多老年人面临着老无所伴、老无所依、医疗饮食困难和孤寂等问题，空巢老人所面临的生活困难已然是一个不可小觑的社会问题。本章着重探讨北碚区空巢老人的心理健康状况和服务需求。

5.1.2　研究设计

5.1.2.1　调查问卷的设计

本调查问卷是依据心理测量学和社会研究问卷调查法原理编制而成（详见附件），主要由以下两部分内容组成。

第一部分是个人基本信息，总共 4 题。涵盖了性别、年龄、老伴是否健在、子女数、文化程度、以前的职业、子女经济状况、主要的生活困难以及所需的政府帮助等方面内容，以便了解老年人的基本信息、总体生活状况与帮扶需求状况，进而分析老年人健康状况和服务需求的影响因素。

第二部分是核心部分，主要采用三个成熟量表，考察空巢老人的日常生活能力、老年的孤独和抑郁状况。日常生活能力、老年的孤独和抑郁状况可以分别反映出空巢老人的身体自理情况和心理健康问题。

（1）老年人孤独量表（UCLA）。本研究采用 Russell 等人编制的孤独量表（UCLA）的修订量表测量老年人孤独，该量表共 20 个题项（其中有 9 个反向计分题），每个题项后有"从不 = 1、很少 = 2、有时 = 3、一直 = 4"四个程度反应选项。越高的得分反映出越强的孤独，此量表信效度较好（汪向东等，1999），在本研究中，内部的一致性信度是 0.905。

（2）老年抑郁量表（GDS）。本研究采用 Brink 编制的老年抑郁量表（GDS）的修订量表测量老年人抑郁，该量表共 30 个题项（其中有 10 个反向计分题），每个题项后有"完全不符合 = 1、有点不符合 = 2、有点符合 = 3、完全符合 = 4"四个程度反应选项。越高的得分反映出越重的抑郁。此量表信效度较好（汪向东等，1999），在本研究中，内部的一致性信度是 0.918。

（3）日常生活能力量表（ADL）。该量表由美国的 Lawton 氏和 Brody 制定于 1969 年。主要是为被试日常生活能力做评定。ADL 总共有 14 项，内容包含两个部分：其中一个是躯体的生活自理量表，一共 6 项：上厕所、进食、穿衣、梳洗、行走和洗澡；另一个是工具性的日常生活能力量表，一共 8 项：打电话、备餐、购物、做家务、使用交通工具、洗衣、服药以及自理经济。每个题项后有"自己完全能做 = 1、有些困难 = 2、需要帮助 = 3、完全无法做 = 4"日常的生活能力越低则所得分数会越高。此量表的信效度较好（汪向东等，1999），在本研究中，内部的一致性信度是 0.953。

5.1.2.2　调查对象

此次调查使用整群分层抽样，按不同的年龄、经济状况和城乡情况抽取了北碚区所有空巢老人的7%作为研究对象，共有510名空巢老人，遍及27个社区，其中包含17个城市社区，10个农村社区。此处的空巢老人专指年龄大于等于60周岁，子女已长达半年以上不在老人身边的独居或配偶共居的老人。调查人员在经过统一培训之后，以入户调查的形式进行，按照统一的指导与填表方式，对于能够独自完成的人，让其自行填写；对于无法填写者，如文盲或因别的原因无法进行填写的人，由调查人员帮助其理解后回答问题，调查人员代填。此次调查共发放510份，回收有效问卷500份，有效率为98.03%。被调查对象的基本情况如表5-1所示。

表5-1 被调查对象基本情况

		人次	百分比(%)
地域	城市	203	40.6
	农村	297	59.4
性别	男	250	50.0
	女	250	50.0
年龄	60~70	357	71.5
	71~80	109	21.8
	81~90	33	6.5
	90以上	1	0.2
文化	小学及以下	340	68.0
	初中	117	23.4
	高中	31	6.2
	高中以上	12	2.4
子女经济	富裕	37	7.4
	中等	377	75.4
	贫穷	86	17.2
老伴健在	健在	334	66.8
	不在	166	33.2

5.1.3 调查结果

5.1.3.1 社区空巢老人心理健康及服务需求状况分析

1. 大部分空巢老人情绪抑郁、生活孤独、情感空虚，需要社区心理健康服务。

调查数据显示，77.3%的空巢老人认为在日常生活中"经常"或"偶尔"感觉到心情低落，只有22.6%的空巢老人觉得"从来没有"心情低落的时候。（见表5-2）

表5-2 心情低落频率表

		频次	百分比	有效百分比	累积百分比
Valid	经常	51	10.2	10.2	10.2
	偶尔	334	66.8	67.1	77.3
	从来没有	113	22.6	22.7	100.0
	Total	498	99.6	100.0	
Missing	System	2	0.4		
Total		500	100.0		

表5-3中数据表明，73.7%的空巢老人在日常生活中会"经常"或"偶尔"感到孤独，26.2%的空巢老人觉得"从来"不会感孤独。

表5-3 孤独频率表

		频次	百分比	有效百分比	累积百分比
Valid	经常	75	15.0	15.1	15.1
	偶尔	292	58.4	58.6	73.7
	从来没有	131	26.2	26.3	100.0
	Total	498	99.6	100.0	
Missing	System	2	0.4		
Total		500	100.0		

除此之外，通过采用专业的UCLA孤独量表和老年抑郁量表（GDS）的检

测，检测结果显示，空巢老人中51.4%患有轻度孤独、46.4%的患有中度孤独、1%的患有重度孤独，仅有1.2%的空巢老人显示正常。老年抑郁量表（GDS）的检测结果显示，80.0%的空巢老人患有轻度抑郁、13.4%的患有重度抑郁，而正常的仅为6.4%。显然，大多数的空巢老人处于生活孤独、情感空虚、情绪抑郁的心境状况，需要采取相应心理健康服务措施缓解这种症状，进而使空巢老人的身心健康水平与晚年生活质量得以提高。

2. 空巢老人的亲情关怀缺失，他们对亲情关怀需求强烈

亲情关怀主要包括子女关怀和其他亲属关怀。经调查发现，空巢老人存在亲情关怀缺失情况，有27.6%的空巢老人与子女一个月见一面，26.6%的空巢老人与子女1~3个月见一面，16.6%的空巢老人与子女3~6个月见一面，27.2%的空巢老人与子女半年以上才见一面。84.8%的空巢老人希望子女在3个月内能看望自己一次，当问及"您希望子女用以下哪种方式陪伴您?，62.3%的希望子女在家陪伴，28.5%的希望经常有电话联系。而事实上，老年人的希望和现实之间还存在很大差距。88%的老年人"希望"或"非常希望"与除子女以外的其他亲属经常来往；追问"您最希望与除子女以外的其他亲属中的谁经常往来"时，51.6%的希望与孙子女，35.4%的希望与自己的兄弟姐妹在一起。毋庸置疑，空巢老人的亲情关怀缺失，他们对亲情关怀需求强烈。

在中国家庭中，父母与成年子女的关系较为密切，空巢老人与子女的关系直接影响到老年人的生活质量，所以，要积极的倡导子女"常回家看看"，形成敬老、爱老的良好社会氛围。

3. 空巢老人渴望社会关怀需求，尤其是政府的经济帮扶和邻里的劳力帮扶

社会关怀主要包括邻里朋友关怀、社区关怀、政府关怀和非政府组织关怀。调查数据显示，78.3%的空巢老人与邻里关系相处甚好，88%的与邻里朋友经常往来，当遇到困难时希望能得到邻里朋友的帮助。很显然，邻里朋友关怀是空巢老人重要的依靠力量。

空巢老人同样有社区关怀的需求，他们期待举办各种各样的文体活动来使得自己的生活变得丰富多彩。调查发现，66.4%的老年人认为社区为老年人开展的活动较少。50.1%的空巢老人希望社区一个月至少开展一次活动。59.6%的希望开展文娱类活动（如唱歌、跳舞、读书等）。

调查发现，48.1%的空巢老人对政府关怀不满意，59.6%的希望政府经济帮扶，如发给他们发放慰问金和慰问品，20.6%的希望政府为他们开展免费性社会服务（如免费体检）。81.2%的空巢老人认为社区志愿者活动太少，74.9%的希望社区一个月至少有一次志愿者活动。41.2%的空巢老人希望志愿者为他们提供家政服务（如上门打扫卫生），42.6%的空巢老人希望志愿者为他们提供身心健康服务（如身心疾病预防讲座）。

4. 空巢老人对社会参与的需求较强

调查发现，"偶尔"或"经常"参加社交活动的空巢老人占82.8%，他们尽可能地去做一些诸如社区治安联防队、交通治安协管员和环卫工作者等力所能及的志愿者活动。此外，愿意参加献"余热"等义务活动的空巢老人占43.7%，很显然，空巢老人有较强的社会参与的需求，有社交需要和社会贡献的愿望，所以，为满足其社会参与需求和自我实现的价值感，可以为他们组织开展一些献"余热"等志愿者和义务的活动。

5.1.3.2 影响社区空巢老人的心理健康和生活自理能力的因素分析

1. 单因素分析

影响空巢老人孤独、抑郁与生活自理能力的因素众多，本研究着重从人口统计学变量进行分析，主要是从城乡、年龄、性别、有无子女、子女经济收入、受教育程度等因素考察了对空巢老人孤独、抑郁以及生活自理能力的影响，采用了单因素方差分析，结果如下。

（1）空巢老人的抑郁程度严重受城乡因素的影响，其中，农村显著大于城市（农村：$M \pm SD = 17.11 \pm 3.11$，城市：$M \pm SD = 16.17 \pm 3.81$，$F = 9.14$，$P < 0.01$），而城乡因素对空巢老人孤独（$F = 0.59$，$P = 0.44 > 0.05$）与生活自理能力（$F = 0.033$，$P = 0.86 > 0.05$）的影响并不明显。

（2）空巢老人的孤独在性别因素上有着显著的差异（$F = 4.38$，$P < 0.05$），其间，女性比男性更为显著（女性：$M \pm SD = 40.68 \pm 10.15$，男性：$M \pm SD = 38.84 \pm 9.49$），此外，在抑郁上接近显著水平（$F = 3.04$，$P = 0.08$），即女性（$M = 16.99$）比男性（$M = 16.46$）空巢老人抑郁较为大些。

（3）空巢老人的生活自理能力、孤独以及抑郁受年龄因素的影响显著，伴随着空巢老人年龄的增长，其生活自理能力会显著减弱（$F = 4.46$，$P < $

0.01)、孤独（F=4.66，P<0.01）和抑郁（F=4.07，P<0.01）显著增强。

（4）生活自理能力（F=11.19，P<0.01）、孤独（F=7.79，P<0.01）以及抑郁（F=30.27，P<0.001）受有无子女的影响显著，其中，无子女的空巢老人无论是在生活自理能力、孤独还是抑郁上，其情况都更加不容乐观。

（5）空巢老人的孤独（F=2.81，P<0.05）与抑郁（F=5.16，P<0.01）受文化程度的影响显著，在事后比较中，孤独、抑郁的水平与文化程度成反比，但是，文化程度对其生活自理能力影响不显著。

（6）空巢老人的孤独、抑郁以及生活自理能力受子女经济状况的影响并不显著。

2. 多因素交互效应分析

从以上单因素方差分析中可以看出，性别、年龄、有无子女、文化程度是影响空巢老人孤独的关键因素，因此，进一步分析四者对老年人孤独的交互影响作用。以性别（男、女）、年龄（60~70、70~80、80~90、90~100）、有无子女（有、无）和文化程度（文盲、小学、初中、高中、大专、本科）为自变量；老年人孤独为因变量，运用SPSS11.5软件包对样本进行析因方差分析，其结果表明虽然性别、年龄、有无子女、文化程度四个因素单独对老年孤独有显著影响，但是它们的交互作用并没有显著意义。同理，对于空巢老人生活自理能力多元方差分析，结果表明主要影响因素为有无子女和年龄两个因素，设自变量为有无子女（有、无）和年龄（60~70、70~80、80~90、90~100），因变量为空巢老人的生活自理能力，结果显示空巢老人生活自理能力受有无子女和年龄交互作用的影响并不显著。最后，将显著影响老年人抑郁的城乡（城市、农村）、年龄（60~70、70~80、80~90、90~100）、有无子女（有、无）、文化程度（文盲、小学、初中、高中、大专、本科）作为自变量，以老年人抑郁为因变量进行样本析因方差分析，结果年龄、有无子女和文化程度的交互作用对老年人抑郁有显著意义（见表5-4），其他交互作用均无对老年人抑郁产生显著影响。

表5-4 年龄、有无子女和文化程度对老年人抑郁效应的析因方差分析

变差来源	自由度(df)	均方差(MS)	F	P
老年人抑郁				

续表

变差来源	自由度(df)	均方差(MS)	F	P
年龄	3	0.414	2.264	0.081
有无子女	7	0.252	1.378	0.213
文化程度	5	0.148	0.808	0.544
年龄 * 有无子女 * 文化程度	12	0.353	1.929	0.030
误差	392	0.183		

3. 结论与讨论

本研究发现空巢老人孤独总体介于轻度孤独与中度孤独中间水平（M = 2.50）、抑郁总体在轻度或中度抑郁水平（M = 2.07）、生活自理能力总体处于正常与基本正常水平（M = 1.40）。无独有偶，谢丽琴（2010）等研究显示，绝大多数（80.94%）的空巢老人有中度到高度的孤独，平均 42.84 分，而一个标准化的得分是 53.55。孤独的水平显著不同受试者的年龄、婚姻状况和收入，多元回归显示，更少的社会支持和贫穷的家庭功能是引起更多孤独。而 Wang Zi-qi（2012）在对四川空巢老人的研究中发现，30.11%的空巢老人显示焦虑相关症状或焦虑症，性别、教育程度、职业、住宅、婚姻状况和收入严重影响了空巢老人焦虑水平。Su Dan（2012）在对中国大范围空巢老人调查中发现，73.3%的空巢老人有中度到重度抑郁，居住地、性别、教育程度、婚姻状况、经济状况、自我感觉收入、保险、儿童访问频率和宗教信仰等影响空巢老人抑郁水平。李志菊（2011）调查发现大部分的空巢老人都有一种孤独感，因为离退休、身体、丧偶、独居、心理以及其他原因，老年人的社会交往在逐渐减少，从而经常会觉得空虚寂寞，进而在心理上往往会产生孤独感，同时，李志菊还指出，抑郁症为老年人群中常见的精神障碍，发生概率仅次于老年痴呆，对于空巢老人尤其是空巢独居老人的健康影响很是严重。姜曼等人（2011）也认为，在空巢老人的子女由于学习、工作、结婚等原因离家后，空巢老人在心理上产生了孤寂感，因为孤单并且生活无人照料，无法排遣抑郁烦闷的情绪，从而导致空巢老人的孤独和抑郁水平明显高于非空巢老人。中国老年人研究中心调查发现，老年人的日常生活服务主要源于子女照顾与自身护理，而空巢老人的子女长期不在身边，从而使他们只能够依赖于自我护理，因此，空巢老人在生活自理能力方面相对较好，处在正常或基本正常的水平。

在对空巢老人的人口统计学影响因素进行多元方差分析后，结果显示，空巢老人中来自农村的抑郁水平显著的强于城市，陈星宇在2009年的调查中表明与城市空巢老人相比，农村老年人的休闲生活比较单一，健康水平偏低，同时又没有足够的经济能力承受就医费用，医疗保障方面的问题比较严重，各方面影响导致农村空巢老人抑郁强于城市空巢老人。在考察性别因素对空巢老人孤独水平的影响时发现，空巢老人中女性的孤独要强于男性，无独有偶，王福兴等学者（2011）在老年主观幸福感和孤独现状调查中也指出男性老年人在主观幸福感上显著高于女性，而孤独低于女性。空巢老人的孤独与抑郁受文化程度的影响显著，越高的文化水平，其孤独与抑郁程度就越小，陈亮（2008）在对上海市徐家汇社区空巢老人心理现状分析中指出文化程度越高其社会地位可能越高，经济水平就越好，空巢老人对自身健康状况的认识及自我保健意识也较强，这造成了相对低的孤独、抑郁、焦虑等负面情绪。朱海林（2009）在安阳市空巢老人的孤独、抑郁状况与社会支持的相关研究中表示在对不同的年龄、文化程度以及是否丧偶的比较中，空巢老人的孤独感与抑郁状况差异显著（$P<0.01$ 或 0.05）。随着空巢老人年龄增大，孤独与抑郁会增强，而与之相反的是，生活自理能力会逐渐减弱，空巢老人正处于机能退化阶段，机体功能会随着年龄的增加逐渐下降，因此，自我生活自理能力会逐渐减弱。宋洁等人（2009）认为年龄越大，空巢老人衰老的程度越大，独立生活能力越差。并且因高龄空巢老人日常生活质量无法得到保证，使得老年人孤独与抑郁水平上升。

5.1.4 对策与建议

1. 建构社区心理健康服务体系，实现心理慰藉外包服务，缓解空巢老人的孤寂感

第一，空巢老人成立"一对一"邻里互助结对小组。即低龄老人可与高龄老人组合、健康老人可与自理能力较差老人组合、两个独居老人可结对子、两对空巢老人家庭可组成临时"大家庭"，这种"大家庭"是指结成对子的组合在同一个家庭里面生活，平时一起吃住玩乐，生病时互相照顾，经济上可自行协商解决。使空巢老人自身的资源得以发掘利用，形成空巢老人"以老助

老、拼家养老、守望互助"的互助模式。对申报结对的空巢老人进行备案管理，并为其提供咨询服务，丰富老年人的生活，排解心中的孤独。

第二，设立心理健康服务站点，依托并盘活现有养老公共资源（如老年协会、养老院），在城市、乡镇、农村设立老年人管理中心，掌握每个空巢老人的心理健康状况。定期为空巢老人提供关于心理健康知识的专题讲座或普及活动。同时，开设心理咨询服务点，免费为心理健康存在问题的空巢老人进行心理咨询与辅导。针对心理问题严重的老人给予重点关注和治疗。除了专业服务外，平时还可以加强与空巢老人的沟通和交流，帮助他们及时纠正消极心态。

第三，成立慰问小组，外包心理慰藉服务。社区工作人员牵头成立一支慰问小组，在平时或节假日为空巢老人送去温暖。慰问的目的一方面是为空巢老人提供物质资助，另一方面是给他们带去心灵慰藉。同时，政府安排工作人员时常出席社区老年活动，以增进社区、政府工作人员与老年人的亲密感，让老人拥有被重视、被尊重、被关怀的归属感，从而减轻老人的空虚感和无助感，有效地促进老年人的身心健康。与此同时，针对空巢老人的心理慰藉服务，政府还可将其外包给社会中有资质的服务组织，从而实行专门的心理慰藉服务。

2. 优先"回引工程"，组建"亲情服务"队伍，弥补空巢老人亲情关怀的缺失

第一，对"回引工程"优先发展。建设"回引工程"，政府部门可制定初步可行的优惠政策，在土地、税收等方面给予返乡创业的青年优惠，积极倡导和鼓励在外务工且有能力的子女返乡创业。一方面可照顾自己年迈的父母，弥补老人亲情关怀的缺失；另一方面可促进农村产业发展，为全面建设小康提升农村经济增添活力。

第二，组建"亲情服务"队伍。招聘社区中年下岗职工（这个年龄阶段的下岗职工由于找工作困难，还需要缴纳社会保险，作为准老人，他们珍惜工作，不仅解决了老年人的护理、陪聊问题，同时也解决了下岗职工的就业问题），按照自愿和就近原则，与高龄或独居老人结对子，上门开展探望聊天、陪医代购、卫生清洁等服务。加强对"亲情服务"队伍的精细管理，提出亲情服务"五个一"标准，即"一日一次亲情问候，一周一次亲情帮扶，一月一次陪同外出，一年一次亲情聚会，记好一本服务日记"并抓好服务队伍的

考核监管，完善激励机制，对"亲情服务"人员采取"以奖代补"进行鼓励。

3. 加大政府经济帮扶和邻里劳力帮扶的力度，增强空巢老人的社会关怀

第一，增加老龄事业的投入，以高质量、高标准、功能齐全以及设施先进为标准建设一批为老服务场所。与此同时，坚持走政府支持、市场开发、社会参与、多方投入的道路，实现福利化、社会化以及产业化有机结合的老龄事业。针对老年人的不同兴趣爱好，分别设立棋牌室、阅读室、聊天室、咨询室、多功能厅等，聘请专业人员负责管理，策划组织老年活动，根据不同的主题举办相应的活动，如歌咏、戏曲、时装表演、摄影展览、厨艺展示、手工活动等老年人特色文化活动，对于老年人自发组织活动要给予鼓励，同时，工作人员应当提供咨询管理服务，创建社区婚姻服务机构，对于丧偶的独居老人，为其牵线搭桥重组家庭，营造欢乐的家庭氛围，使得独居老人的晚年生活更加健康安详。向老年人免费开放棋牌室、阅读室、聊天室、多功能厅，鼓励老年人到活动中心来聊天、读报、下棋，强化老年人的归属感和认同感。

第二，逐步实现"一村一社工"。推进农村社会工作职业化与专业化进程，将社工人员安排至各社区，为有特殊需求的老年人提供相应的服务，为空巢老人提供及时的心理疏导、答疑解惑并解决实实在在的问题，注重对弱势群体的特殊关照，让老人感受到社会和政府对他们的关怀，提升其生活质量和促进其身心健康。

第三，设立政府关爱空巢老人服务专项基金。政府通过外包服务的方式，建立邻里劳力帮扶队或链接"棒棒军"，组建一条反应灵敏、及时到位的绿色帮扶通道。

第四，加快在社区普及"生活照料服务网"的步伐，提供日常生活照料、护理等服务给那些居住在家中且需要帮助的老年人。创建社区老人购物与服务中心，开办老年学校，建立老年活动室，开展老人法律援助、庇护服务等，在社区建设一些老年公寓，对于那些生活不能自理的老年人优先接纳。

第五，立足老年服务整合各方资源，创建老年人的服务管理机制。地方老年人服务组织、高效的社会工作服务团队、社会志愿者、慈善组织、公益组织都是能够为老年人服务的资源。比如，西南大学文化与社会发展学院和澄江镇北泉村联创的"校地联动"，通过高校学生进社区提供专业的社区服务；又如南京市开通"金陵微志愿""社区百老惠"等微博平台组建志愿者队伍，开展

专门针对空巢老人促进其沟通交流的志愿活动。这些举措都取得了很好的成效，推进了老年社会福利的进步。

4. 构建平台，让老人的余热得以发挥，使空巢老人的社会参与需求得以满足

为空巢老人构建"贡献余热"的平台，提供合适的岗位。虽然老年人已从社会的主流领域退出，但多数老年人的威望与能力仍在，并且所具备的经验和技术是年轻人无法比拟的，只有给空巢老人提供适合岗位，才能够让他们的经验和技术得以充分利用，才能够广泛吸纳社区中有能力且愿意发挥余热的老年人参与社区活动。

5.2 城市社区失独老人的心理健康与创伤后成长

5.2.1 引言

1980年9月，中共中央在《关于控制我国人口增长问题致全体共产党员、共青团员的公开信》中提倡"一对夫妇只生育一个孩子"的政策，随后上升为基本国策，全国各族人民纷纷积极响应。计划生育就此走过了三十多个年头，在人口数量控制上取得显著成效。然而，大规模的独生子女家庭的形成让中国家庭陷入了另一种困境，子女的唯一性增加了家庭的生存和延续风险，独生子女难以承担起巨大的养老责任和父母的精神寄托。倘若独生子女遭遇不测，则会给这些家庭带来毁灭性的打击，父母独自承受切肤之痛和巨大的经济压力，这就是失独家庭。作为计划生育的产物，失独家庭数量与日俱增，已然成为影响社会良性运转的新问题。2012年2月全国老龄办发布的《中国老龄事业发展报告（2013）》中的数据显示，保守估计，截至2012年，中国的失独家庭不少于100万个，并且每年还在以7.6万的数量递增。根据人口学家易富贤推测，在1975~2010年期间，中国共诞生了2.18亿个独生子女家庭，换言之，中国现在有2.18亿的独生子女，那么根据推算，将来失独家庭将会增值1000万个。老无所依、心灵创伤、医疗饮食困难、抚养孙辈和养老等失独家庭问题更是不可忽视的社会问题。随着社会环境复杂化和生存风险因素的增

加,北碚区的计划生育特殊家庭即失独家庭群体也在不断扩大,这就给社会管理、社会保障和人民生活幸福等诸多方面带来了十分严峻的挑战。然而失独老人的心理健康状况何如?他们经历过失独的重大创伤后,在心理层面上有何变化?如何通过社区心理健康服务来引导他们积极应对生活等问题很值得研究。为此,本章基于中国计生协会"计划生育特殊家庭帮扶模式探索项目"的基线调查数据,着重探讨北碚区失独老人心理健康状况以及创伤后的成长状况。

5.2.2 研究设计

5.2.2.1 调查问卷的设计

本次采用的调查问卷是由中国计划生育协会所编制的"计划生育特殊家庭帮扶模式探索项目"基线调查问卷。选取该问卷中有关的部分内容形成本次的调查问卷,问卷包含以下两部分。

第一部分:个人基本情况,共12道题,从出生年月、性别、户籍、民族、教育程度、婚姻状况、目前的就业状态、职业、经济状况、宗教信仰和目前享有的社会保障等方面内容进行调查,详细了解被访者的基本信息、总体生活状况以及社会保障情况。

第二部分:一是创伤后成长量表,采用修订版的创伤后成长量表(TPCI-R),该量表主要检测被调查者失独后的心理成长变化,由18个小题组成,涵盖与他人的关系、新的可能性、人格力量和对生活的欣赏等四个维度。二是抑郁量表,采用CES-D抑郁自评量表,包括14项题目,主要有心事、心境、注意力、情绪、精力、希望、恐惧、睡眠、愉悦感、孤独感等方面内容。考察被调查者最近一周的感受程度,回答"从无/偶尔"记0分、"有时"记1分、"经常"记2分、"持续"记3分。回答完所有题目后计算总分,18分以下为轻度及以下或无抑郁,19~21分为轻度及以上抑郁,21分以上为重度抑郁。

5.2.2.2 调查对象

调查对象为整个北碚区的计划生育特殊家庭成员,其家庭特征为:积极响应了计划生育政策的独生子女家庭，而后唯一的孩子因某种原因不幸离世。调查中调查人员经过统一的培训后，以入户调查的方式进行，共选取了北碚区的11个乡镇和5个街道（其中5个城区街道，分别是朝阳、天生、北温泉、龙凤桥、东阳；11个乡镇，分别是天府、蔡家岗、歇马、复兴、童家溪、水土、静观、澄江、柳荫、三圣、施家），再根据城乡、不同年龄和经济状况等共抽取205位失独老人访问调查。按照统一的指导和填写要求协助老人完成问卷，本次调查共发放205份问卷，回收有效问卷201份，调查有效率为98.04%。

5.2.3 研究结果

5.2.3.1 社区失独老人抑郁水平与精神慰藉需求状况

1. 社区失独老人的抑郁水平情况

通过对受访失独老人抑郁问卷的数据分析，按抑郁分数标准得知，被访失独老人抑郁总体水平是 M = 22.21（高于21分），评定为偏重度抑郁水平。表5-5中显示，被访失独老人中患有轻度或重度抑郁的超过70%，其中重度抑郁占总调查人数的55.7%。

表5-5 失独老人抑郁水平的描述性统计

抑郁程度	频率	百分比(%)	累积百分比(%)
轻度及以下或无	59	29.4	29.4
轻度及以上	30	14.9	44.3
重度	112	55.7	100.0
合计	201	100.0	

2. 失独老人和非失独老人的抑郁水平比较

基于2012年北京大学中国社会科学调查中心"中国家庭追踪调查"的调查，选取15273位非失独老人的抑郁检测样本，与本调查中的失独老人抑郁检测样本作对比。经差异卡方检验得知，失独老人与非失独老人抑郁水平差异非常显著（$p < 0.01$），失独老人的抑郁程度明显高于非失独老人的抑郁程度（见表5-6）。

表 5-6　失独老人和非失独老人抑郁状况的比较分析

	失独老人抑郁检测率 (%) [n=201]	非失独老人抑郁检测率 (%) [n=15273]	卡方值	P
轻度以下或无	29.4	67.6	571.72	0.000***
轻度及以上	14.9	26.8		
重度	55.7	6.6		

3. 失独老人抑郁的影响因素分析

导致失独老人抑郁的因素有很多，在本章研究中，主要从失独老人的个人情况（包括户籍、年龄、性别、教育程度、婚姻状况等）和子女情况（包括独生子女死亡时间、独生死亡原因等）进行考察，通过单因素方差分析得到表 5-7。从表 5-7 中可以看出，失独老人的户籍、年龄、性别、婚姻状况和子女的死亡时间等因素，对形成老人抑郁的影响并不明显，而老年人自身的文化水平与老人抑郁呈显著性相关（$p<0.05$）。其中，失独老人抑郁水平最高的是初中文化水平，小学以下文化水平次之，高中以上文化水平的失独老人抑郁水平最低。另外，独生子女的死亡原因对失独老人抑郁水平也具有显著的影响（$p<0.05$），因交通事故导致子女死亡的因素是影响失独老人抑郁的最重要的因素，它远远超过了失独老人整体平均抑郁水平。

表 5-7　失独老人抑郁影响因素描述及单因素方差分析

类别	水平	M	SD	F	P
城乡	城市	21.65	7.875	1.571	0.212
	农村	23.16	8.196		
性别	女性	22.66	8.570	1.123	0.291
	男性	21.80	7.494		
年龄	<65 岁	22.38	7.543	0.093	0.964
	65~75 岁	21.66	8.999		
	>75 岁	22.10	10.867		

续表

类别	水平	M	SD	F	P
教育程度	小学以下	21.80	8.85	4.415	0.013
	初中	24.48	7.618		
	高中以上	20.85	7.879		
婚姻状况	初婚	21.85	7.903	1.868	0.118
	再婚	18.50	7.876		
	离婚	24.12	6.494		
	丧偶	23.85	9.662		
死亡时间	<5年	21.32	9.468	1.303	0.274
	5~10年	23.34	7.680		
	>10年	21.47	7.750		
死亡原因	交通事故	26.24	6.407	4.553	0.002
	其他意外事故	24.11	7.526		
	患病	20.32	8.215		
	自杀	22.25	8.016		
	其他	18.40	4.980		

综上可知，首先，失独老人受教育程度是影响其抑郁的重要因素；其次，因交通事故丧子的失独老人抑郁水平明显高于因其他因素丧子的失独老人抑郁水平；最后，比起独生子女由于患病离世的失独老人的抑郁水平，其子女由于其他原因离世的失独老人的抑郁水平显著提高，其他均无明显差异。

4. 社会的支持对失独老人抑郁的影响分析

由表5-8可知，失独老人抑郁与失独老人家庭支持、政府支持及社会支持总分呈显著负相关。

表5-8 失独老人抑郁与社会支持相关性分析（n=201）

	抑郁	社会支持	家庭支持	朋辈支持	政府支持
抑郁	1				
社会支持	-0.283**	1			

	抑郁	社会支持	家庭支持	朋辈支持	政府支持
家庭支持	-0.243**	0.756**	1		
朋辈支持	-0.123	0.752**	0.247**	1	
政府支持	-0.296**	0.395**	0.087	0.098	1

将因变量设为失独老人的抑郁，将自变量设为失独老人的社会支持、政府支持、家庭支持，采用多元线性回归分析得知：失独老人抑郁水平与政府支持呈显著正相关。（见表5-9）

表5-9 社会支持对抑郁影响的多元回归分析

模型	非标准化系数		标准系数	t	Sig.
	B	标准误差			
社会支持	-0.150	0.257	-0.074	-0.585	0.559
家庭支持	-0.478	0.403	-0.137	-1.186	0.237
政府支持	-1.690	0.581	-0.245	-2.911	0.004

5. 社区失独老人精神慰藉的需要状况

（1）需求来源。大部分失独老人对社区提供精神慰藉方面的需求是社区的心理健康咨询服务，占被访总人数的72.6%；失独老人希望社区组织各种老年社团来活跃他们的晚年生活，占被访总人数的72.6%；约有36.8%的失独老人希望社区能陪同出行、休闲和旅游，其占比最小。（见图5-1）

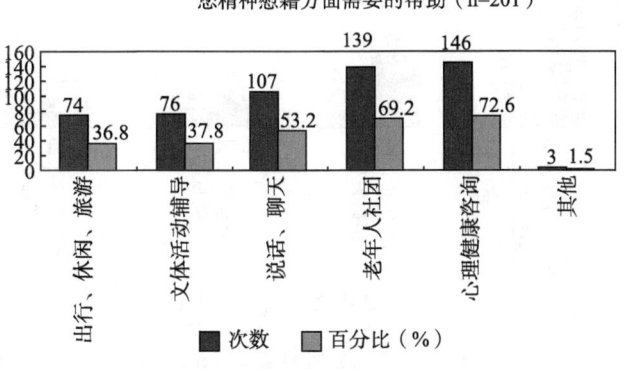

图5-1 您精神慰藉方面需要的帮助（n=201）

(2) 社会支持需要类别。失独老人的亲密朋友为数不多，和邻居、同事关系大多只是点头之交。调查数据表明，其中，58.2%的失独老人无任何关系亲密的朋友，9.5%的老人仅有1个关系亲密的朋友，16.4%的有2个，这些数据无疑显示出失独老年人孤独程度较高，而形成这一现象的原因最大可能是由于随着老人的年龄增大，亲密的朋辈也相继离世。（见图5-2）

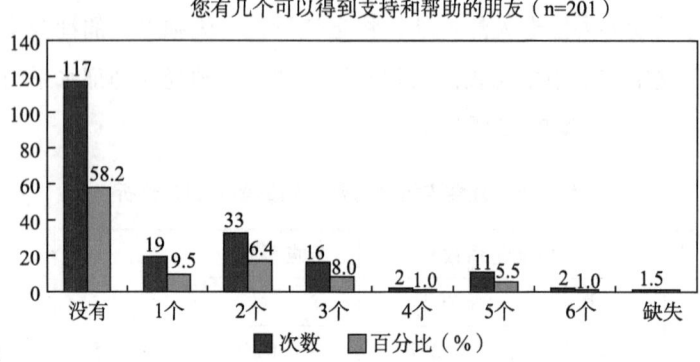

图5-2　您有几个可以得到支持和帮助的朋友（n=201）

调查老人与邻居的关系时发现，从不与邻居相互关心，只是点头之交的老人占46.3%；当邻居碰到困难会略微关心一下的老人仅占28.4%。目前，城市化为我们造就的一个奇怪却又普遍的现象是"邻居多是陌生人"，就算是老人也没有逃出这个怪圈。此外，仅有10.9%的老人认为大部分邻居都是很关心自己的。（见图5-3）

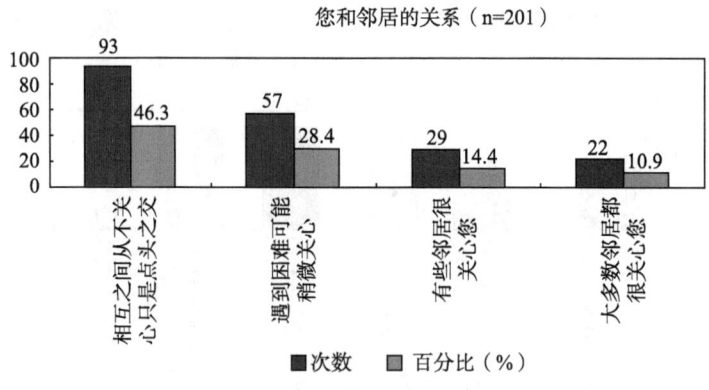

图5-3　您和邻居的关系（n=201）

从调查数据，我们可以看出：没有同事的老年人超过了一半，这大概因为老年人退休和离休而远离的同事氛围，还有就是多数农村老年人以自家务农为主，原本就没有同事，通过数据分析显示，有18.9%的人与同事只是点头之交，而觉得大多数同事都很关心自己的人仅仅只占总人数的5.0%。（见图5-4）

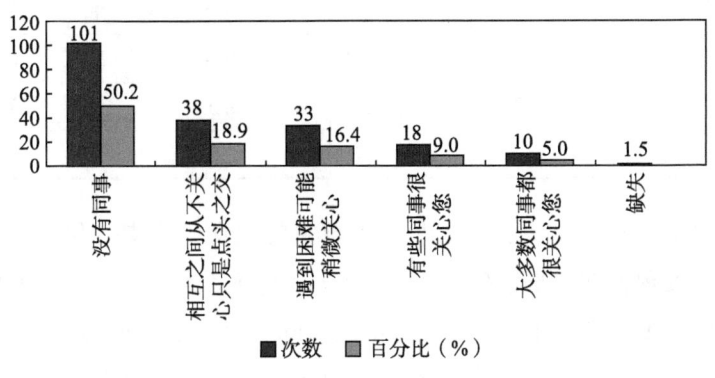

图5-4　您和同事的关系（n=201）

（3）配偶是失独老人的主要支持者和照顾人，其次是政府工作人员。根据调查数据显示，获得了配偶全力支持与照顾的老年人占56.8%，获得了政府工作人员援助的老年人占32.8%，得到了保姆/小时工照顾的老年人占0.5%，与此同时，还有多数人或许已无力承担请保姆、小时工的经济支出，但也可能他们认为自己的生活起居无须请保姆来照料。另外，获得来自父母的全力支持的人占14.2%。（见表5-10）

表5-10　从周围的人得到的支持和照顾（n=201）

	无		极少		一般		全力支持		不适合	
	频次	%	频次	%	频次	%	频次	%	频次	%
A. 夫妻(恋人)	6	3.2	1	0.5	9	4.7	108	56.8	66	34.7
B. 父母	22	11.6	8	4.2	8	4.2	27	14.2	125	65.8
C. 儿媳/女婿	18	9.5	2	1.1	2	2.1	7	3.7	157	83.1
D. 兄弟姐妹妯娌、连襟	51	26.8	54	28.4	48	25.3	15	7.9	22	11.6
E. 邻居	78	41.1	51	26.8	38	20.0	11	5.8	12	6.3

续表

	无		极少		一般		全力支持		不适合	
	频次	%	频次	%	频次	%	频次	%	频次	%
F. 同事	57	30.0	19	10.0	24	12.6	5	2.6	85	44.7
G. 朋友	46	24.3	27	14.3	29	15.3	16	8.5	70	37.0
H. 政府工作人员	35	18.5	31	16.4	55	29.1	62	32.8	6	3.2
I. 保姆/小时工	17	8.9	1	0.5	1	0.5	1	0.5	170	89.5
J. 其他成员	6	28.6	1	4.8	1	4.8	缺失	缺失	13	61.9

（4）急难情况下，失独老人帮助来源主要包含经济支持和心理慰藉两个方面。调查发现，在急难情况下，61.7%的老年人获得了经济支持和解决实际问题方面的帮助；获得了经济支持与解决实际问题方面帮助的老人占61.7%；获得了心理慰藉方面援助的老年人占84.1%，其中，心理慰藉表现为安慰与关心两个层次。（见图5-5）

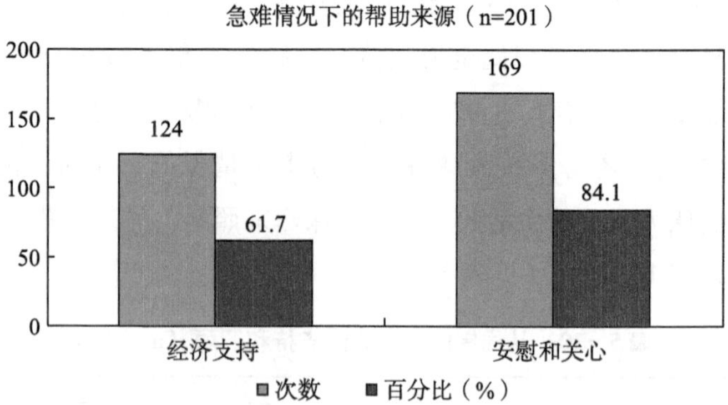

图5-5　急难情况下的帮助来源（n=201）

调查数据显示，急难情况发生时，失独老人的经济支持和解决实际问题的主要来源为配偶、党团工会及其他家人。其中，配偶占43.8%，占比最多。此外，得到宗教、社会团体等非官方组织援助的人也占5.5%。（见图5-6）

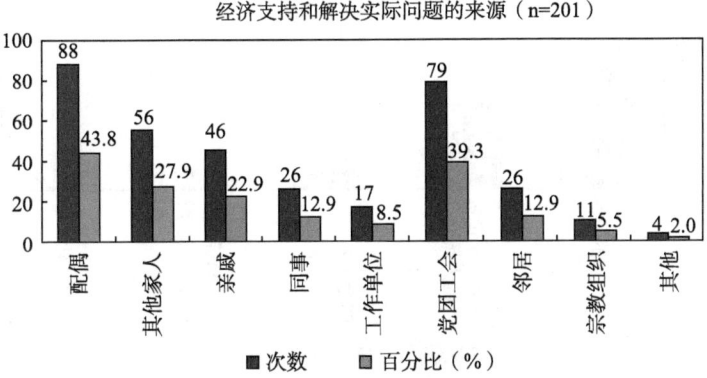

图 5-6 经济支持和解决实际问题的来源（n=201）

调查发现，当急难情况发生时，失独老人依次通过其他家人、配偶、党团工会、亲戚、邻居、同事、宗教组织以及其他途径来获得安慰和关心，其中，来源于其他家人的占比最大，约有 55.7%。另外，还有一小部分老年人（1.0%）通过新潮的网络方式获得安慰和关心。（见图 5-7）

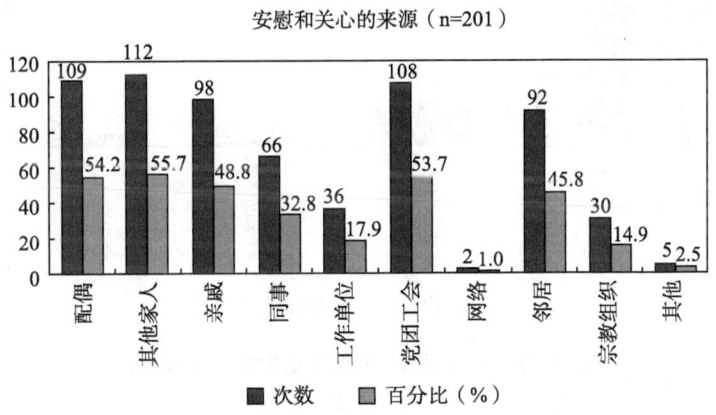

图 5-7 在急难情况时得到的安慰和关心来源（n=201）

（5）遇到烦恼时，失独老人很少向他人倾诉，大多靠自己解决。调查数据显示，有烦恼时，从不与他人倾诉的老年人占 50.2%，会与关系亲密的人倾诉的老年人占 28.9%，要朋友主动询问才会告知的老年人占 13.4%，而仅仅只有 4.5% 的老年人会主动通过向他人倾诉来获得理解与支持。（见图 5-8）

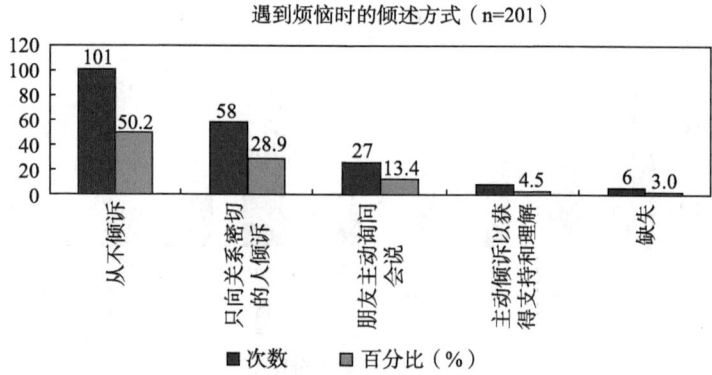

图5-8 当碰到烦恼时的倾诉方式（n=201）

调查发现，有烦恼时，完全靠自己解决的老年人占69.2%，多数靠自己、很少求助于他人的老年人占21.4%，而仅仅只有6.5%的老年人会主动向家人、亲友以及组织求助。（见图5-9）

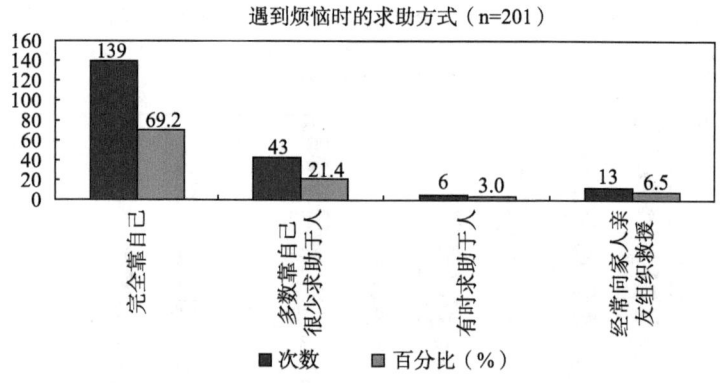

图5-9 当碰到烦恼时的求助方式（n=201）

（6）在日常生活中，多数失独老人会积极主动参加团体活动。通过对数据的分析，我们发现：偶尔参加团体活动的老年人占11.4%，经常参加团体活动的老年人占22.9%，积极主动参加团体活动的老年人占44.8%。但也有19.9%的从不参加团体活动，究其原因，身体状况是影响失独老人不参加团体活动的重要因素。（见图5-10）

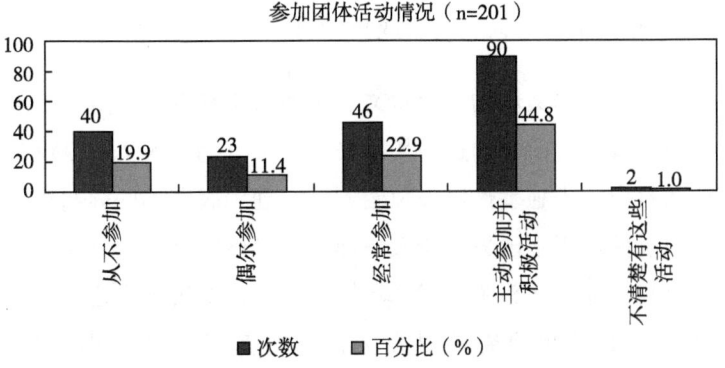

图 5-10　参加团体活动情况（n=201）

（7）失去独生子女时，给予失独老人最大帮助的是配偶、兄弟姐妹及父母，有近一半的人得到过政府/计生人员的安慰。调查数据显示，孩子去世时，给予失独老人帮助最大的人排名前三的是：配偶、兄弟姐妹和父母，其中它们所占的比重分别是 57.2%、43.3% 和 16.9%。其中，得到父母帮助最少的原因主要是因为老年人的父母也多数年老体衰甚至已离世。（见图 5-11）

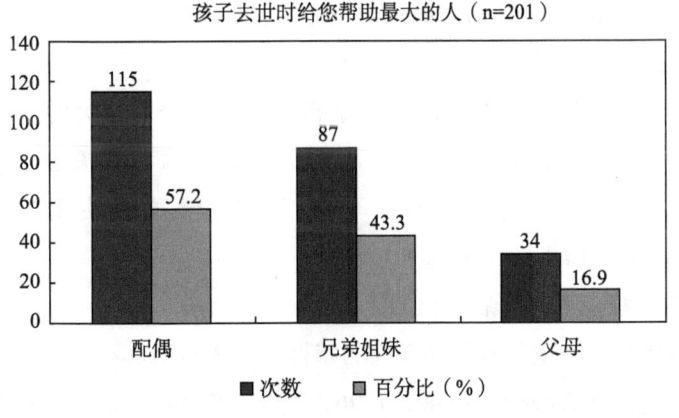

图 5-11　孩子去世时给您帮助最大的人（n=201）

调查数据显示，在孩子去世时，政府/计生工作人员对失独老人的安慰起到重要作用，有 46.3% 的失独老人得到过他们的帮助，体现了政府的人文关怀，政府的作为是人民的福祉。

5.2.3.2 社区失独老人创伤后成长状况

在中国,孩子代表父母的生命意义、生活希望和老年保障,如果失去唯一的孩子可能意味着失去所有的这一切。失去孩子可能是人生中最痛苦之事,甚至是毁灭性的打击。失独事件对失独老人的心理到底有哪些影响?只有少数研究调查了失独事件对于中国失独老人心理影响(Liu, X., & Chen, J., 2006; Lee, C., 2014),至今还没有研究探讨失独对于失独老人心理的积极变化。但在西方国家,有不少研究探讨失去孩子对其父母的心理与情感的影响(e.g., Engelkemeyer Marwit, 2008; Song, et al, 2010; Xu, et al, 2013; MurPhy, et al, 2014)。在众多的研究中,大多数是探讨失去孩子的消极心理,如悲伤、沮丧、内疚、失控、看破红尘、低自尊、幸福感降低和创伤后应激障碍等。最近,西方研究者开始探索失去孩子的积极心理效应,例如,Engekemeyer 和 Marwir(2008)发现,一些个人在失去孩子之后经历了一些心理的积极成长。还有人也发现了一些失去孩子的父母,他们的心理韧性(Bonanno, et al, 2005)和生活意义(Dokken, 2013)有所提高,这些积极的心理变化被称为创伤后成长(Tedeschi and Calhoun, 1998)。

1. 创伤后成长的内涵

大多数文献认为"创伤后成长"是指一个人在经历重大的生活挫折之后发生的积极性改变(Tedeschi and Calhoun, 2004)。这些积极心理改变包括欣赏生活、人际关系、新可能性、个人力量、精神改变等方面的增强(Tedeschi, Park, Calhoun, 1998)。

2. 影响失独老人创伤后成长的因素

大量研究显示,主要有创伤事件的特性、个人资源和社会支持等三个因素影响创伤后成长(Tedeschi et al., 1996, 2004; Pratii, 2009)。对于失去孩子父母的创伤后成长有其独特的影响因素,比如,导致孩子死亡的原因,如生病而亡的比意外死亡(事故、自杀和他杀等)失孩父母创伤后成长要快些(Matthews, 2003; Lichtenthal, et al, 2013)。其中个人资源因素包含生理健康、人口统计学变量以及应对方式等因素。已经有研究表明悲伤父母对创伤的心理调适可以通过人力因素去预测,例如,在社会经济地位上,有一些实证研究发现社会经济地位越高,则创伤后成长也越高(Bower, et al, 2005; Andrykowski, et al, 2013); 身体健康与创伤后成长有显著的相关 (Barskova Oesterreich, 2009; Vaziri, et al, 2014); 还有一些研究认为来自家庭和社区的社会支持对创伤后成长有很重要的影响 (Derya et al, 2012; Morris, et al, 2012; Schaefer and Moos, 1998; Tedeschi and Calhoun, 2004), 认为社会支持能更有效地激发应对效应和重整旗鼓的希望 (Schaefer Moos, 1998)。对于哀伤的父母,配偶是这支持系统中最重要的力量,有研究结果表明,在失去孩子的人群中处于婚姻状况的父母比单身老人 (独身、离异或孤寡) 有更高的创伤后成长 (Polatinsky and EsPrey, 2000)。

3. 失独老人创伤后的成长状况

表 5-11 中调查数据显示,来自 201 个失独老人样本的创伤后成长平均值是 67.73 (标准差为 11.27),相对于量表的平均值 54 分而言,这意味着被调查的失独老人在失去孩子之后都有积极的心理改变。通过观察创伤后成长的四个维度的均值可知,得分最高的是欣赏生活维度 (M=4.07, Sd=0.72),80% 的失独老人在经历创伤事件后能对生活充满热爱;最低分是新可能性 (M=3.6, Sd=0.69),但从单个题项来看,91% 的反映"能做好生活中能做的事",也有 27.7% 的发展了一些新的兴趣。在与他人关系维度上,得分处于中等 (M=3.81, Sd=0.66),但从单个题项来看,90.5% 的"能做到努力协调人际关系",仅有 42.3% 的情愿表露自己的情感。在人格力量维度上,平均得分为 3.67,每个题项的认同率在 61~79 之间。总体上看,失独老人创伤后成长测量题项的三分之一的题项认同率在 80% 以上,只有"发展新的兴趣""建立了新的生活路径"和"情愿表露自己的情感"这三个题项的被试反映率未达到 50%。

表 5-11 失独老人创伤后成长修订版量表的项目与维度

维度与项目	平均数	标准差	不同意 %	不确定 %	非常同意 %	α
修订量表的总状况(18~90)	67.73	11.27				0.87
维度1:与他人的关系(1~5)	3.81	0.66				0.65
Item5:困难时更依靠别人	3.60	1.30	21.9	14.9	63.2	
Item6:与他人更亲近	3.64	1.18	15.5	24.5	60.0	

续表

维度与项目	平均数	标准差	不同意 %	不确定 %	非常同意 %	α
Item7：更愿意表达感受	2.93	1.41	41.8	15.9	42.3	
Item 11. 对人有更多的同情	4.32	0.87	3.5	7.5	89	
Item 12. 和别人处好关系	4.35	0.84	3.5	6.0	90.5	
Item 15. 接受自己需要他人	4.02	1.09	11.0	10.0	79.0	
Item 16. 对世界的看法变了	3.74	1.29	16.5	25.5	58.0	
维度2：新可能性(1~5)	3.60	0.69				0.59
Item1：调整生活目标	3.09	1.04	22.9	41.3	35.9	
Item3：有新的爱好	2.73	1.23	46.2	26.1	27.7	
Item9：做更多善事	4.44	0.85	3.5	5.5	91.0	
Item13：努力做能做的事	4.14	0.98	6.5	9.0	84.5	
维度3：人格力量(1~5)	3.67	0.91				0.77
Item4：有更多的自力更生	3.51	1.21	19.4	24.4	56.2	
Item8：能更好地处理问题	3.72	1.08	12.0	26.9	61.1	
Item14：比想象的要更坚强些	3.98	1.10	10.0	11.4	78.6	
Item18：面对子女亡故事实	3.46	1.35	23.4	13.9	62.7	
维度4：欣赏生活(1~5)	4.07	0.72				0.40
Item2：正确面对每天的生活	4.13	1.00	7.5	9.5	83.0	
Item10：更珍惜现在的生活	4.19	0.87	5.0	10.5	84.5	
Item17：注意力放在生活中重要的事情上	3.88	1.28	17.9	15.4	66.7	

（1）在经历了丧子事故后，失独老人很难摆脱其阴影，主要表现为言语减少，郁郁寡欢，而行为上则表现为多积德行善。表5-11中数据还显示，41.8%的人非常不愿意表达自己的感受，有23.4%的人依然无法接受孩子亡故的事实，他们时刻遭受着丧子之痛的煎熬。与此同时，表示要做更多善事的人占91%，这不失为一种转移注意力的好方法。古语云"赠人玫瑰，手留余香"，助人即助己，行善积德总是百益而无害的。除此之外，89%的人对他人

富有了更多的同情心；90.5%的人能与他人处好关系；甚至84.5%的人自力更生的能力增强，努力的去做自己能够做到的事；78.6%的人要比人们想象中更加坚强些；能正确面对每天的生活（83%），更珍惜现在的生活（84.5%），三分之二的能把注意力放在生活中重要的事情上（66.7%）。

（2）历经子女事故后，失独家庭的老年人不但会变得更易情绪化，而且孤独感和抑郁感均会增加，因此，大部分人都将变得不再快乐。

数据调查显示，一半以上的失独老人出现了常常对原来不烦心的事而感到烦心的现象，他们大多都感觉很痛苦，尽管有亲友的帮助也无法改变，从而做事时注意力难以集中，做事吃力，没有精神。40.3%的人觉得不再快乐，唯一能使他们快乐的可能就是子女健在，近三分之一的人出现情绪低落。（见表5-12）

表5-12 情绪变化状况（n=201）

	从无/偶尔		有时		经常		持续	
	频次	%	频次	%	频次	%	频次	%
1. 烦一些原来不烦的事	17	8.5	75	37.3	102	50.7	7	3.5
2. 觉得痛苦	29	14.4	65	32.3	88	43.8	19	9.5
3. 不能集中精力做事	17	8.5	69	34.5	80	40.0	34	17.0
4. 感到情绪低落	60	30.2	57	28.6	34	17.1	48	24.1
5. 觉得做每件事都费力	20	10.0	38	18.9	87	43.3	56	27.9
6. 感到未来有希望	60	30.2	57	28.6	34	17.1	48	24.1
7. 感到害怕	44	21.9	70	34.8	55	27.4	32	15.9
8. 睡不安稳	31	15.4	66	32.8	61	30.3	43	21.4
9. 感到快乐	81	40.3	71	35.8	35	17.4	13	6.5
10. 觉得孤独	32	16.1	53	26.6	64	32.2	50	25.1
11. 生活愉快	79	39.5	69	34.5	41	20.5	11	5.5
12. 感到悲伤难过	22	11.1	64	32.3	67	33.8	45	22.7
13. 提不起劲儿来做事	24	12.1	40	20.1	73	36.7	62	31.2
14. 容易生气发火	31	15.5	66	33.0	65	32.5	38	19.0

4. 失独老人创伤后成长的多元影响因素的实证分析

检测失独老人的创伤后成长与损失特性、个人资源和社会支持的关系，采用多元线性回归分析，其结果见表5-13。

表 5－13　失独老人在创伤后成长的多元回归分析（N＝201）

	Model 1		Model 2		Model 3		Model 4	
	Beta	SE	Beta	SE	Beta	SE	Beta	SE
孩子的性别	2.48	1.97						
死亡时年龄	－0.34**	0.11					－0.41**	0.20
失去孩子以来的时间	－0.27＋	0.16					－0.37＋	0.23
死于意外/自杀/谋杀（相对于病死）	－4.59**	1.58					－3.03＋	1.57
经济状况很穷/穷/一般(对比/好/很好)			3.56*	1.78			2.84	1.80
教育(相对于：高校及以上)								
中学			－6.49**	2.12			－6.05**	2.08
小学及以下			－4.51*	2.18			－3.31	2.30
身体健康自评差/很差（对比：很好/好/一般）			－4.21*	1.80			－3.38*	1.75
自理困难			3.18＋	1.74			2.47	1.75
已婚(对比：鳏寡/离异)					－1.90	1.79		
家庭支持					1.32	0.94		
社区支持					1.88＋	1.00	2.21*	0.87
年龄							0.10	0.21
男性(对比：女性)							2.55	1.75
农村(对比：城市)							－1.78	1.84
常量	79.04***	4.34	71.08***	1.89	64.73***	1.78	76.40***	8.00
R^2	0.072		0.084		0.047	0.18		

注：$P<0.10$　*$P<0.05$　**$P<0.01$　***$P<0.001$。

表中的模型1表明，与孩子死亡有关损失事件的特性因素解释了失独老人创伤后成长7.2%的变异。孩子去世的年龄与致死原因与失独老人创伤后成长有显著负相关，越是年轻的意外去世，失独老人的创伤后越难成长。模型2中数据揭示个人资源能解释失独老人创伤后成长8.4%的变异，其中经济状况、受教育程度和身体健康及生活自理能力都与创伤后成长相关显著。模型3表明社会支持解释了失独老人创伤后成长 4.7% 的变异，其中只有社区支持较显著地能预测创伤后成长。模型 4 是将所有的自变量纳入分析，它们解释失独老人创伤后成长 18.4% 的变异，其中孩子死亡时的年龄（B = -0.412，SE = 0.196，P < 0.01）、哀伤的时期（B = -0.374，SE = 0.225，P ≤ 0.10）和意外致死（B = -3.027，SE = 1.574，P ≤ 0.10）等因素与更低的创伤后成长显著相关，受教育程度越高（B = -6.052，SE = 2.079，P < 0.01）、身体健康水平越差（B = -3.383，SE = 1.748，P < 0.05）的失独老人的创伤后成长越低。但社区支持与创伤后成长有显著的正相关（B = 2.211，SE = 0.874，P < 0.05）。

5.2.3.3 社区对失独老人的生活服务和心理健康服务状况

目前社区对失独家庭开展服务的情况如下。

（1）各大社区都给失独家庭提供有日常生活照料服务，能及时反映这些家庭的诉求。调查发现，在生活照料服务方面，各大社区都直接或间接地给这些老人提供服务。

表 5-14 社区（村）对失独家庭开展养老服务

	具体服务项目	直接提供		帮助联系组织相关机构		提供相关信息	
		频次	%	频次	%	频次	%
生活照料服务	A. 上门送餐、送菜、送奶	1	5.0	3	15.0	3	15.0
	B. 帮助购物、搬重物	9	45.0	2	10.0	缺失	缺失
	C. 陪同去医院看病	6	30.0	4	20.0	2	10.0
	D. 资金托管服务	缺失	缺失	2	10.0	3	15.0
	E. 紧急呼叫服务	7	35.0	3	15.0	3	15.0
	F. 陪同出行、休闲、旅游	4	20.0	2	10.0	1	5.0
	G. 陪着说话、聊天	10	50.0	3	15.0	2	10.0
	H. 提供心理健康咨询服务	7	35.0	4	20.0	4	20.0
	I. 老人院，养老院等养老机构	1	5.0	5	25.0	4	20.0
	J. 家政服务（打扫卫生、买菜做饭）	8	40.0	2	10.0	1	5.0
	K. 组织文体活动辅导	2	10.0	5	25.0	2	10.0
	L. 组织老年人社团活动	8	40.0	4	20.0	1	5.0

续表

具体服务项目		直接提供		帮助联系组织相关机构		提供相关信息	
		经常		偶尔		很少	
		频次	%	频次	%	频次	%
政策倡导	M. 反映诉求	14	70.0	4	20.0	2	10.0
	N. 提供政策咨询	19	95.0	1	5.0		
	O. 宣传政策	20	100.0				

如表5-14所示，在陪同说话以及聊天方面，50.0%的社区会直接提供服务，直接向老年人提供搬重物、购物等服务的社区占45.0%，但目前暂无一个社区向老年人提供资金托管的服务。在政策倡导方面，几乎所有的社区都提供了政策宣传和咨询服务，绝大部分社区也能及时反映老年人们的需求和困难。

（2）为失独老人做心理辅导的专业团队等专业人员短缺。调查数据显示，仅有25.0%的社区请专业团队（心理医生）为失独家庭的老年人做过心理辅导。而其余社区为失独老人进行心理辅导时，聘请的专业化服务人员较少，更多地采用其他方式（如社区干部陪聊等）。如此可见，加强社区专业化心理辅导服务迫在眉睫。（见图5-12）

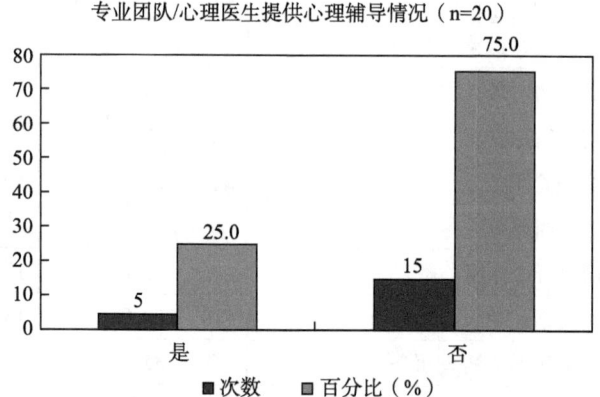

图5-12 专业团队/心理医生提供心理辅导的情况

（3）社区组织对工作人员的培训，大部分都与失独家庭有关。调查发现，过去两年，在社区组织对工作人员的培训中，心理咨询和老年保健都占据了

80.0%的比重，75.0%的社区组织了关于社会工作服务的培训，沟通交流技巧的培训最少，可能是因为相关组织认为社区工作人员无时不刻都在与人交流，也时刻在交流中学习，因此，用不着专门培训。心理咨询、老年保健、社会工作服务、沟通交流技巧都是与失独家庭工作息息相关的。只有对社区的工作人员实行这些方面的专业培训，才可以让他们更好的解决失独家庭人员的问题。详见图5-13。

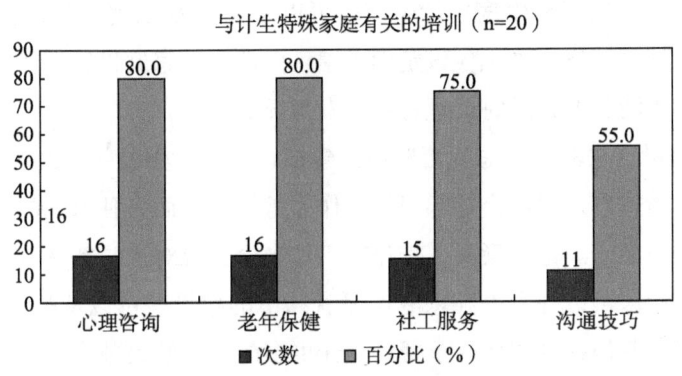

图5-13　与失独家庭有关的培训

（4）社区在开展失独家庭养老关怀服务方面存在不少困难。调查过程中，当被问及"社区对计划生育而产生的特殊家庭开展养老关怀存在的困难"时。表示工作人员缺乏专业的知识和技能的社区占90.0%；认为志愿者人数太少的社区占65.0%；并且，不少于50.0%的社区还表示缺乏工作人员。目前没有发现，社区工作人员不愿意提供服务的情况。详见图5-14。

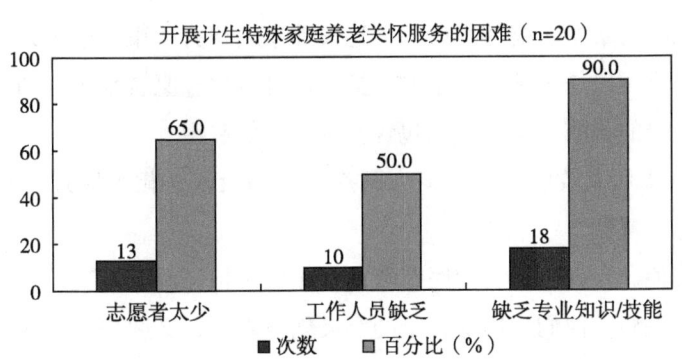

图5-14　开展失独家庭养老关怀服务的困难

5.2.4 对策与建议

5.2.4.1 针对失独老人健康状况及照料情况方面的对策与建议

1. 提高失独家庭的医疗保障水平并增加探访的频率

调查数据显示，大多数失独老人的身体状况都不好，加之行动不便，免疫力和抵抗力弱，较容易生病。计生部门可以定期请专家到社区"爱心出诊"，计生协会、社区工作人员也应该定期对辖区内的失独家庭进行探访，以了解他们的困难和生活状况，及时处理各种突发情况。

2. 加大社区失独家庭志愿者队伍的建设，以缓解相关部门的工作压力

社区、街道以及居委会等部门的工作非常繁多，而失独家庭的人员仅仅是他们工作对象之一。毫无疑问，难免在工作中会造成对这一特殊群体疏忽。针对这一点，社区可以加大失独家庭志愿者队伍的建设，可以从相关慈善组织、公益机构以及其他社区团体寻求帮助。让更多的人了解失独家庭这一特殊群体的存在，给予他们多一分关怀，多一分理解。比如，重庆北碚区计生协会与西南大学文化与社会发展学院合作，将该学院的社会工作专业的大学生（含研究生）组建成志愿者队伍，分别与相应的失独家庭对接并进行上门服务。该合作获得了实质性的效果，不仅赢得了失独家庭的欢迎还赢得了上级领导的好评。

3. 每个社区设一个失独老人联络人，定时负责联系这些老人

每个社区都可以选择一个人专业负责联系失独家庭的老人。这样既能随时了解老人们的需求，也能够很好的传达失独家庭相关政策。这个人可以是社区工作人员，也可以是失独家庭中的一员，还可以由志愿者承担。同时，社区也需要支付一定的报酬，至少应该包含基本的通信费用。

4. 进一步加大政府对失独老人医疗服务的投入，相关医疗机构应该给予适当的优惠或减免

很多失独老人面对昂贵的医疗费用已无力承担，调查发现，86.6%的老人都患有慢性疾病，他们在饱受丧子的心灵创伤之后，又迎来了不同程度的生理创伤。政府和国家应该给予他们特殊医疗报销政策，相关医疗机构也应该给他们一定的优惠政策，减免烦琐的身体检查环节也不失为一种好的办法。针对经济特困的失独老人，政府可免费提供治疗或者给予购买养老保险方面的补助。

5.2.4.2　针对养老服务现状及需求方面的对策与建议

1. 社区应该多组织失独老人参加活动，以丰富他们的晚年生活

经过调查我们发现，看电视为失独老人的主要的休闲方式。针对这一特点，社区可以定期组织老人们观看"社区电影"，有条件的社区还可以开办养生讲座，让老人们懂得更多的养生知识。还可以成立"社区计生特殊老年协会"，由专人来负责组织社区的团体性活动，比如，可以组织大家一起健身锻炼、跳坝坝舞、郊游、玩电游，等等。

2. 推广失独老人集中养老模式，加大失独老人公寓建设投入

在调查过程中，我们发现绝大部分的老人都期望政府能够集中养老，从而使得这一特殊群体能够相互扶持。在这方面，政府可以做几个试点，由政府出资修建失独家庭养老院，集中这一特殊群体，为老人们配备紧急呼叫设备，并聘请专业的养老机构工作人员为老人们提供服务。如果试点可行性较高，即可全国范围内大面积推广。

3. 政府应该购买专业团队对失独老人进行心理辅导和情绪疏导等方面的服务

政府应该列专项资金购买社区心理健康服务或社工服务，如委托社区聘请社会学、心理学、社会工作等专业的学者，或有相关资质的团队，对失独家庭的老人进行心理辅导或社工服务。以便帮助他们尽早走出丧子的阴霾，而针对具有极其严重心理问题的老人，可让专业的心理医生对其进行个案的辅导。例如，经北碚区计生协会协调创办的真情会所，聘用了具备专业技术职称的计生志愿者，不仅为会员们每月开展一次法律咨询，每季度举办一次健康讲座，还开通了心理咨询热线，在成立的半年内，来会所参加过活动的会员达到了90%，会所会员活动高达4000多人次，除此之外，接待了21位本市其他区县的失独父母和江西瑞金等全国4个省市以及本市10余个区县的参观与学习，得到了《重庆日报》、国家人口计生委宣教中心、重庆电视台等10余家媒体的采访与报道以及上级部门的称赞。

5.2.4.3 针对社会支持方面的建议

1. 建立特殊家庭互助网络，加强社区特殊家庭之间的联络

失独家庭的老人大多年事已高，获得支持和帮助的朋友也很少。因此，社区可以建立一个特殊家庭互助网络，加强这些特殊家庭之间的联络。他们都经历了相同的情景，都更加能够体会那种丧子之痛，也可以加深彼此之间的理解。这也有助于缓解这些老人心中的郁结。比如，重庆市北碚区计生协会组织的"真情互动联谊会"，搭建"真情会所"为失独老人提供交流平台。这个平台取得了非常可观的人际沟通与互助的成效。

2. 对失独家庭政府应该增加照料投入，提倡社会各界要给予他们帮助

失去独生子女之后，失独老人一般是与配偶相依为命，但更为不幸的是，有些失独老人只能够孤独终老。于此，政府对失独家庭应该加大照料投入，给这些特殊家庭投入多一点关怀。党以及国家机关还需要拍摄一些和失独老人相关的公益广告、公益电影，使他们得到社会各界的关注与支持。解决该问题的根本路径就是要立法，保障有稳定的帮扶资金和政策。

3. 创建失独家庭的专项基金，在急难情况下用于紧急救助

调查数据显示，遭遇急难情况时，有一部分人无任何的经济支持和帮助来源，也没有安慰和关心来源。为了更好地扶助失独老人，国家相关机构需要为失独家庭创建专项基金，由专业慈善机构进行打理。该基金只用于对失独老人的紧急救助上。每个社区也应该成立一个应急小组，制订出一个适合本社区的应急预案，并在实际工作过程中逐步完善应急预案。

4. 社区工作人员应该加强与失独老人的沟通交流

在日常生活中，社区工作人员应该多关心本社区失独老人的生活状况。可定期探望，与他们聊聊日常生活，及时的清楚在生活中他们所遇见的难题。对于他们的诉求，需要及时上报相关部门。倘若碰见的是一些能自己解决的问题，必须立即帮老人处理。

5. 在节假日、重大节日，社区工作人员应该给老人以慰问和祝福

在传统的重大节日，政府机构工作人员应该给失独家庭送一些必须生活用品，以表达党和国家对他们的关怀和慰问。在一些重大节日，比如老人的生日或者是子女的忌日，他们肯定会触景生情，悲痛欲绝。在这些节日，社区工作

人员需要亲自前往探访这些家庭，给他们送去一份温暖，也可以发起志愿者陪同老人过生日。例如，北碚区龙凤桥街道在"母亲节"及第十六届"幸福工程救助贫困母亲活动日"与第十四个全国"会员活动日"到来之际，依照实际的工作，各级计生协会认真广泛的举办了围绕"为党旗增辉，为国策添彩，以优异成绩迎接党的十八大胜利召开"为主题的活动。此次活动的形式丰富多彩，掀起了关怀服务高潮。又如街道计生协会组织开展游览"园博园"活动及"计生赶场"宣传活动；龙车村计生协会举办了庆"5.29"的文艺演出活动；燎原社区举办健康知识讲座与义诊的活动；龙凤社区举办"关爱空巢老人、安装爱心门铃"的活动；龙凤社区开展"关爱留守儿童"送温暖、献爱心等活动取得很好的效应。

6. 在失独家庭补助金发放的年龄要求方面，政策需要适当完善

针对失独家庭的父母，重庆市政府实施了特别扶助金制度，对尚未离异且年满49岁的失独母亲和已经离异且均满49岁的失独父母给予扶助金每人每年3120元。调查发现该项政策落实非常到位，99.5%的被调查对象都领到相应扶助金，仅有一位没有领到，其中，这位被调查对象没有从政府领取补助金的原因是由于其年龄没达到要求。对于此种情况，今后可通过适当完善政策来得以解决。针对虽未到达年龄却又选择不再生育的父母，国家应对他们给予一定的扶助。并依照社会物价和国家财力使补助的比例逐年增加，以确保失独老人基本生活的需求。

7. 在医疗保障方面，政府应当给予独生子女一定的倾斜性保障，定期开展老年健康知识宣传活动

在回收的样本数据中，我们发现大多独生子女死于疾病。真正能够解决失独家庭问题的有效措施，就是要尽可能地减少失独家庭的出现。独生子女家庭应被给予一定倾斜性的医疗保障，政府可通过给独生子女提供定期的免费或有一定优惠力度的体检，加强独生子女疾病预防能力，有效降低其因患病去世的风险。

老年人身体抵抗力和免疫力都会逐年减弱，很多老人都缺乏老年健康方面的养生常识。定期开展老年健康知识宣传活动是刻不容缓的，这种宣传活动可以有效地帮助老年人维护身心健康。例如，2013年3月27日，北碚区蔡家岗镇在居家养老试点社区开展老年健康知识宣传活动，活动中向辖区老年人重点

宣传提高和维护心理健康的重要性，传播改善心理健康、提升心理素质的知识；同时，开展适合老年人的趣味游戏，引导老年人参加社区活动，建立新的人际交往圈。通过此次宣传活动，使更多老年人了解老年健康知识，增进了对老年人的理解和帮助，取得了良好的社会效果。

8. 加大对农村失独家庭帮扶的投入，让这些家庭的老人重拾生活信心

我们国家正处于转型的关键时期，城乡统筹发展是我国建设工作中的重点。由于城乡差距、区域差距在不断增大，所以政府部门更应该加大对农村失独家庭帮扶的投入，以进一步弥补城乡差距增大带来的一些不利因素。比如，北碚区政府相关部门采用发展生产项目的方式对农村失独家庭进行帮扶。对于农村失独父母失去唯一的依靠。他们对依靠子女养老的期望彻底破灭，因此，大部分人对未来的生活失去信心（李仁主，2007）。比如蒋禄远、吴光群夫妇，儿子因为在打工的过程中不幸意外烧伤，为救儿子的性命，他们不但用尽了所有积蓄，还负债数万元，甚至将自己遮风避雨的住房都卖掉了，但却没有挽回儿子的命。夫妻俩一度没有了生活的信心，也曾想随儿子一起走，所幸的是，计生协会及时对他们实行了安抚与救助，不但通过协调政府，使宅基地得到落实并修建了住房，还帮助他们规划了养鸡项目，发起机关干部与会员捐款以及组织协会干部义务劳动等，让他们摆脱困境，走出阴霾，增加收入，重建家园（李仁主，2007）。

当前，位于北碚区的农村失子家庭，家家都有项目规划，人人均有事做，大多家庭通过劳动再次体验到了生活的幸福，淡化了丧子之痛，进而鼓起勇气生活，对创造新的生活充满了自信。

5.2.4.4　针对心理健康方面的措施和建议

1. 建立社区心理健康服务体系，完善心理慰藉相关服务

调查发现，大部分老人在经历了子女的事故后，都比以前更不愿意表露自己。他们更倾向于沉浸于仅有自己的思想世界中。更令人担忧的是他们大多数有不同程度的心理创伤，孤独、抑郁、寡欢和无希望等是他们的主要心理表征。针对这种情况，社区应该请专业团队对其做心理状态评估，实施相应的心理辅导，必要时开展针对性的心理治疗，以便让他们度过安详和幸福的晚年。

2. 建立社区失独家庭档案，有专人进行个案管理并做好实时跟进日志

调查数据显示，失独家庭的老人在失去子女之后，普遍容易情绪化，孤独感、抑郁感也有不同程度的增加，这些症状都是老年痴呆的前兆。社区应该建立社区失独家庭档案，并由专人对他们进行个案管理，有需要做心理辅导的，要聘请专业人员实时跟进处理，并做好详细的跟进日志。

3. 呼吁社会各界给予失独家庭更多的理解和关怀，成立失独老人联谊会

调查发现，失独家庭的老人对政府、社区、街道给予自己的关心与照料期望值较高。比起经济方面的帮助，他们更需要的是心理的慰藉。有时候，仅仅一句关心和问候就能让他们笑逐颜开。政府相关部门应该呼吁社会各界一起给予失独家庭更多的理解和关怀，让他们感受到人们的真情和温暖。

北碚区计划生育协会指出虽然独生子女去世的原因各有不同，但对父母造成的沉重精神打击是相同的。所以，在对这一群体进行关爱时，摆在首位的应是精神抚慰，这是四两拨千斤，以真情慰民心的德政善举。为了让精神抚慰可以有效地进行，经民政部门的批准，于 2005 年 8 月，计划生育协会真情互动联谊会在北碚区正式成立，同时还创办了真情会所，这一平台具体体现了"生育关怀行动"。在参加了联谊会以后，这些同命相怜的家庭在一起亲如兄弟姊妹。他们彼此互相安慰、互相激励、互相信任、互相帮助，一同参与集体活动，坚强地摆脱丧子的阴霾，努力创造自己的新生活（李仁主，2007）。区计生协会让联谊会成员中骨干分子的作用得以充分发挥，让他们自我管理、真情互动、自我服务、自我扶助。他们相约登山、旅游，相互祝寿、拜年，看望生病会员，帮助困难会员，安抚新会员等，使很多政府不方便出面但实际又需要人去处理的工作得到了解决，这不但使协会的作用得到了充分的发挥，还有着事半功倍的效果。

5.3 本章小结

我国的特殊老年人群体主要包括农村留守老人、城市空巢老人、失独老人、失能老人以及候鸟老人五大类。特殊老年人群体，在老年人中占据相当大的比例，他们的心理调节能力低，心理变化十分复杂，容易患心理疾病的风险

更大。对特殊老年人群体进行心理健康教育，提供心理健康咨询服务的重要性尤为突出，他们也急需社会的关注与支持。本章主要通过对社区空巢老人和失独老人进行调研，了解特殊老年人群体的心理健康及服务需求状况。研究分别选取了整个北碚区的空巢老人和计划生育特殊家庭成员作为调查对象，调查人员在经过统一培训之后，以入户的形式进行调查。在重庆北碚区按分层随机取样，在北碚区17个城市社区和10个农村社区共抽取510个家庭，每个家庭由一个人作答问卷，最后有效样本500个，调查发现大部分空巢老年人生活孤独、情绪抑郁、情感空虚，有心情低落状况的空巢老人占到了样本总量的77.3%；有孤独感的空巢老人占了总样本的74.4%，患有轻度抑郁感的为80.0%，重度为13.4%，正常的仅为6.4%。调查还发现影响空巢老人孤独、抑郁与情绪低落等心理健康问题的因素众多，其中，主要的影响因素有城乡因素、性别、年龄、有无子女、文化程度以及子女经济状况等或多种因素的交互作用。在城乡因素上，农村空巢老人比城镇的空巢老人更抑郁些；在性别因素上，女性比男性更有孤独感些；在年龄上，随着空巢老人年龄的增长，其生活自理能力会显著减弱、孤独和抑郁感显著增强；在文化程度因素上，空巢老人的孤独、抑郁的水平与文化程度成反比，即文化程度越高，其孤独与抑郁水平越低。在有无子女的因素上，无子女的空巢老人无论是在生活自理能力、孤独还是抑郁上，其情况都更糟糕。很显然，大部分空巢老人生活孤独，情感空虚，情绪抑郁。因此，迫切需要采取相应心理健康服务措施缓解以上症状，满足空巢老人的情感需求，进而使空巢老人的身心健康水平与晚年生活质量得以提高。

对于失独老人来说，失去孩子可能是人生中最痛苦的事情，独生子女的去世，造成很多老人面临着老无所伴、老无所依、心灵创伤、养老、医疗饮食困难以及抚养孙辈等问题。调查显示有超过70%的被调查失独老人有轻度或重度抑郁，其中55.7%的被调查失独老人有重度抑郁，失独老人精神状况不容乐观，在经历子女的事故后，很多老人难以走出阴影，长年郁郁寡欢，孤独感和抑郁感增加，部分老人甚至不再感到快乐，他们对心理和精神慰藉的需求极其强烈。但在走访的过程中发现虽然大部分社区都为失独家庭提供了日常生活照料服务，心理辅导和养老关怀服务功能这一块却存在不少困难，主要表现在专业人员短缺，工作人员缺乏专业知识和技能以及志愿者太少。综上可发现目前社区所提供的心理健康服务并不能满足特殊老年人群体的需求，不论是空巢老人还是失独老人或是其他特殊老年人群体，他们大多数都有不同程度的心理问题，具体表现为孤独、抑郁寡欢或对生活失望甚至绝望，这些心理健康问题已成为一个不容忽视的社会问题，需要引起高度重视。为此，建立一个完善的心理健康服务体系急需提上日程，完善心理慰藉相关服务，需要加强对特殊老人的社会关怀，增强政府的经济帮扶力度，倡导社会各界对他们给予更多的理解和关怀，加强对专业人员的培养力度，对特殊老年人群体提供心理健康咨询与服务，同时要加大志愿者队伍的建设，以满足特殊老人群体的心理健康需求，让他们也能安享晚年。

第 6 章 社区老年人心理健康服务体系建构

6.1 社区老年人心理健康宣传与教育

目前，我国的发展节奏较快，人们享受着高速发展带来便利的同时也承受着其给人们带来的压力。对于老年人来说，承受着来自子女能否健康生活的压力、配偶离世的压力、退休后经济的压力、自身身体健康的压力等。面对这些压力，老年人很容易焦虑不安，产生种种心理问题。但是，中国人受"忍"文化的影响，在遇到一些烦恼或痛苦时常常不愿意向别人倾诉，认为"忍一忍就过去了"，更不会想到寻求专业人员的帮助，再加上一些人对心理疾病患者抱有偏见，对老年人的心理疾病更是认为不需要治疗。由于我国的社区老年人心理健康服务发展缓慢，许多居民不能正确对待心理健康问题，对心理健康服务的认知存在偏差，因此，为了提升老年人对心理健康服务的认识，应加强对社区老年人进行相关知识的宣传教育，加强传播力度。

据调查显示，举行心理健康讲座与咨询、开展心理卫生知识宣传、进行心理健康状况调查是社区居民最喜欢的心理健康服务方式。就中国的现状来看，各方工作者还未充分掌握社区老年人心理健康宣传与教育工作的经验，为此，笔者从宣传内容与形式入手，欲建构一个全面而系统的社区老年人心理健康宣传与教育模式。在宣传内容方面，老年人需要知晓心理健康的标准，心理健康问题的主要表现，接受心理健康服务的方式与途径，心理问题产生的原因及干预方法等。总之，做好城市社区老年人心理健康宣传工作，传播服务意义、内容、方式、途径、干预等方面的知识，做好知识普及工作，使居民对老年人心理健康服务形成正确的认识，对整个心理健康服务体系的建构具有重要的铺垫作用。

6.1.1 社区老年人心理健康服务宣传途径

在正式开展社区老年人心理健康服务宣传工作之前，还得先做好准备工作：一是社区老年人心理健康现状调查。即了解社区老年人的心理健康水平和心理健康意识，搜集资料，以便日后有针对性地开展教育和服务工作。二是采集和分析社区老年人的心理动态信息。这些资料可以通过发放问卷、走访居民以及采访社区居委会获得。了解了老年人心理健康的基本情况后，工作人员便可开展宣传工作了，宣传途径主要有以下几个方面。

（1）举办社区心理讲座。讲座可以由居委会来邀请社区老年人参加，讲座可以寻找老人们比较感兴趣和平日比较关注的话题，内容要多样化，以通俗易懂的形式向老年人介绍心理健康知识。

（2）设立心理健康教育科普专栏。在社区的宣传专栏中粘贴海报，以图文并茂的形式，定期或不定期地宣传相关知识，也可以设立专门的科普专栏。宣传专栏具有不受时间限制，持久性强，受众面广的特点。如果社区条件允许，还可以建立老年人心理健康教育科普网站，传播心理健康知识。

（3）开展老年人心理健康咨询。社区为老年人或其他居民提供心理咨询服务的过程中，也可以宣传心理健康知识。

（4）为社区老年人进行心理健康义诊。在社区中，常常有医务志愿者为社区老年人提供测量血压等健康义诊，在义诊过程中，检查了社区老年人的身体，宣传了医务团队的所在医院，增加了社区老年人的生理健康知识。因此，举办心理义诊活动，也是可行的。由社区工作者联系专业的心理咨询机构或者高校老师，在社区内进行心理健康义诊，普及老年人心理健康知识，宣传有关老年人的心理健康服务渠道，一举两得。

（5）上门服务。即对行动不方便的或者心理疾病较为严重的老年人提供上门服务，由专业的心理咨询人员并配备志愿者上门提供咨询、康复等方面的服务。

（6）媒体宣传。在互联网技术迅速发展的时代，可借助各大媒体平台宣传有关老年人心理健康问题的表现、社区提供服务的内容、工作人员的素质、提供服务的方式、获取服务的途径等。

6.1.2 社区老年人心理健康问题及表现知识的传播

开展老年人心理健康科普活动，是做好老年人健康服务工作的第一步，由于我国城市社区中科学系统地开展老年人心理健康科普活动的非常少，老年人对心理健康知识缺乏理性的认识。老年人步入晚年后，他们的自我认同、自我尊重、家庭生活、家庭结构、工作生活、社会经济、社会地位、身体机能方面出现问题时，常常会产生一些消极的精神体验，比如焦虑、愤怒、绝望、内疚等。更有甚者将其精神体验升级为抑郁、精神错乱、痴呆、滥用药物、焦虑症等心理精神健康问题。为对老年人进行正确的引导，应开展科学系统的宣传教育活动，宣传一些科学实用的健康知识，从社区宣传的知识点来讲，首先要让老年人了解心理健康问题包括哪些内容，主要表现是什么？具体来说，老年人的心理健康问题及其主要表现有以下几个方面。

（1）精神错乱症。精神错乱症，通常也称作严重性心理障碍或者急性脑综合征。这些称谓都突出了这种病症的急性性质。虽然精神错乱症的社区患病率不是很明确，但医院里已住院的或者住院3天以内的老年病人，有15%~35%的人都患有此症。精神错乱的特点是整体认知功能损伤，意识混乱，是焦虑不安（1/3的人）或精神运动障碍（2/3的人）等症状急性发作。

一般来讲，敏感、多疑的老年人出现精神错乱问题的可能性更大。长期的精神紧张、持久而沉重的精神负担与内心矛盾、过度的悲伤也会导致精神错乱。

（2）抑郁症。抑郁症是一个全球性问题。在澳大利亚老年人年龄调整后的社区临床上，显著的抑郁症患病率为8.2%（95% CI = 7.8 - 8.6%），男性患病率为8.6%（95% CI = 7.9 - 9.2%），女性患病率为7.9%（95% CI = 7.4 - 8.4%）。

抑郁症又称抑郁障碍。主要有如下几个方面的表现，其主要诊断指标如图6-1所示。

①情绪低落。即由于生活中的种种遭遇和压力，心情常常感到郁闷和压抑，情绪非常悲观，看不到生活的希望。老年人一旦有这些情绪，很容易产生

无用感、无助感和无望感。

②反应迟缓。"脑子像生锈了的机器","脑子像涂了一层浆糊一样"。老年患者主要表现为行动反应迟缓,思路闭塞,很难与别人进行沟通对话。

③意志活动减少。主要表征是意志力缺乏,面对周围的事情非常被动,做什么都提不起精神。

④认知功能损害。即由于身体机能的衰退导致记忆力、学习能力、沟通能力、思维能力和协调力也减退,注意力不集中。

⑤躯体症状。具体表现为身体乏力、食欲不佳、体重骤减、失眠多梦、便秘等。

重郁症主要症状的 DSM-IV 诊断标准

1. 抑郁或易怒的情绪
2. 对平常的活动兴趣减弱或感到乐趣的能力减弱(快感缺乏)
3. 睡眠状况不佳(失眠症或嗜睡症)
4. 胃口和体重的变化(胃口减弱,体重下降或胃口增强,体重上升)
5. 注意力不集中
6. 体能下降或疲劳
7. 精神运动激越或迟缓
8. 感到绝望、内疚

图 6-1 重郁症主要症状的 DSM-IV 诊断标准

---

(3)痴呆症。70岁以上的老人,是患老年痴呆症风险最大的群体。相较于精神错乱与抑郁症而言,痴呆症的潜伏期较为长久。一旦病情显露,则痴呆症将会伴随患者至生命结束。

老年痴呆症的初始症状有很多种类。通常情况下,最早的现象是个性、情绪、动机或者意志出现很细微的变化,而不是明显的认知能力损伤。另外,早期痴呆症可能会发展为显著的临床焦虑症和忧郁症,他们也会经历恐慌的情绪。从临床来看,痴呆症男女患者比例为1:3,常表现为失为、失用、失认、失语、失记。大部分痴呆症患者是由生理疾病、脑部外伤或家族遗传所致,但一些外部刺激也可能诱发痴呆症,如丧偶、丧子、独居等。抑郁症、精神错乱和痴呆症的比较如表 6-1 所示。

表 6-1 抑郁症、精神错乱和痴呆症的比较

定义标准	抑郁症	精神错乱	痴呆症
发作频率	突发或逐渐发作(持续数周或月)	突发(持续数小时或几天)	缓慢或潜伏(持续几年)
病因	多种原因(基因遗传,身体上心理上)	与身体和心理状况有关	也许与基因和具体身体状况有关,如 HIV 或帕金森综合征
持续或时间	急性:2 周到 6 个月	几天到几周	直到死(数月或数年)
发展	病情自限或因未及时治疗而加重	发展快并有波动,但如果及时治疗就会是暂时的	缓慢、稳定地持续发展,活动和认知能力逐渐下降
症状			
认知的变化	没有变化	迅速变化	趋于稳定
意识	清楚	迅速变化	趋于稳定
定位力	无影响	无定位力	痴呆症的严重性不同而变化
讲话能力	一般回答:"我不知道"	无条理或不能回答	虚构,重复,在后期失语
思想内容	消极	混乱	无组织或有时妄想
(生理)感觉	可能紊乱	常见误解	偶尔紊乱
持续注意力时间	可能会有些困难	减少	有波动
情感	单调平淡	不稳定	不稳定且冷漠
记忆	基本不影响	受损	受损
自知力	可能有受损	头脑清楚时可能有些	只在早期有
判断力	差	差	差
精神活动	烦乱或迟缓	反常地增加或减少	通常正常

定义标准	抑郁症	精神错乱	痴呆症
行为	疲倦、冷漠、焦躁不安	变化无常，从焦躁到沉默	可能有或可能没有行为症状
睡眠	很早起	经常扰乱	经常扰乱
日常活动	没有倾向	不能自理	尽量自理

（4）焦虑症。焦虑是一种广泛的正常的人类经历。当它引导人们去避免危险的时候，它具有生存性的意义。适度的焦虑会产生一种激励作用，帮助人表现得更出色，但过分焦虑却会产生反作用。大多数的医学症状都伴有焦虑，比如心脏病和中风。大多数的精神健康问题也都伴有焦虑，比如抑郁症、痴呆、精神分裂。

老年人则更趋向于担忧他们的健康、经济、子孙的环境。而这些焦虑由于它们的不确定性，往往是人们无法操控的。有时广泛性焦虑障碍的患者也患有广泛性焦虑症，即无来由的焦虑。这类患者情感时常不稳定，情绪变化较大，时而生气，时而浮躁，经常担惊受怕，又由于过分警戒，精神常常处于紧张状态；这种过分紧张的状态使身体难以完全放松，肌肉紧绷，容易引发各种各样的病痛；通常表现为睡眠障碍，初期、中期和晚期失眠症和不能恢复精神的睡眠；患者会经常感到疲惫。

（5）滥用药物。老年人到了晚年，生理疾病加重，增加了他们的焦虑感，对健康的迫切追求使滥用药物的问题变得更加严重。一般而言，老年患者会否认滥用药物，并且通常使用的各药物之间都存在相互的副作用。

滥用药物的老年患者临床表现为：加大用量、使用时间加长、试图减少或控制用量、花更多的时间获取、工作和娱乐休闲活动的改变、不顾生理和心理的依赖而继续使用。药物滥用还和一系列问题有着紧密联系，如自我忽视、焦虑、沮丧、睡眠和食欲紊乱、堕落、大小便失禁、记忆力问题。

以上几点是老年人常见的心理健康问题及表现，是对社区老人开展心理健康知识宣传的基础内容。此外，在现实中，还有着一些其他心理健康问题存在于老年人群当中，比如多疑症、孤独感、人格障碍以及孤独、悲伤、焦虑、内疚、恐惧等较为轻微的精神体验。但一般而言，老年人心理问题是由于愤怒、绝望、悲伤、恐惧、内疚、焦虑与茫然等消极的精神体验过度而导致的，当然也不排除由于家族遗传或者外伤所致。通过宣传教育工作，让老年人熟知这些基本知识，及时发现心理健康问题，尽快接受心理健康咨询服务，制止其恶化的态势，防患于未然。

6.1.3　社区老年人心理健康服务方式与途径知识的传播

社区老年人出现一些消极的精神体验，发现自己心理健康问题时，应清晰地知道如何获得合适的心理健康服务，了解社区提供心理健康服务的方式和路径，从而保证老年人能够寻求正确的方式和途径。因此，有必要对社区老年人心理健康服务方式与路径的相关知识进行传播。结合现有的经验成果及对未来进行展望，社区老年人的心理健康服务模式主要分为以下几类。

（1）由社区与专门的心理咨询机构合作。即由社区提供场地，由心理咨询机构提供人员与服务，为辖区内的居民提供心理健康服务，包括辖区老年人在内。

（2）在社区设立专门的心理咨询室。由社区居委会购买此服务，安排具有从业资格的专业人员为老年人提供心理健康服务。

（3）社工模式。在社区中入驻社工团队，在社工的带领下，整合社区、社工机构、心理咨询机构、医院、学校等资源，丰富老年人心理健康服务的内容，开办社区老年人兴趣培训班、临终关怀、身体康复训练等项目，为社区老年人提供居家养老服务。

（4）成立有心理学基础的居民志愿者队伍。就现状来看，专业的老年人心理健康服务在职人员相对缺乏，发展一批具有心理学基础的居民志愿者，可以缓解专业人员短缺问题。此外，以同辖区的居民志愿者身份去服务居民，更容易获得居民的信赖，具有更好的沟通效果。

（5）向网络求助。在互联网时代，实现"秀才不出门，便知天下事"已不是什么难事。网络上的资料和案例十分齐全，有计算机基础的老年人可以在网络上进行学习。向网络求助模式相较于前面几种模式来看，有两个缺点：一是网络求助对老年人的文化起点要求高；二是网络上虚假信息很多，许多商家为了商业利益干扰老年人的判断力，老人们容易对号入座，把一些较轻微的负面情绪夸大为心理疾病。

通过将以上几种服务模式告知老年人，深化社区老年人对心理健康教育与咨询的印象，让他们知道开展老年人心理健康服务的工作人员包括哪些，哪些组织是属于这一领域的，提高老年人对心理健康服务方式的认识，以便他们能够更快捷地寻求帮助，把科学知识真正转化为老年人的行动指南。

6.1.4 社区老年人心理健康服务内容知识的传播

除了了解心理健康服务方式外，老年人还需要了解具体的服务内容。总体而言，社区为老年人心理健康提供的服务主要有老年人情绪辅导、人际关系的改善、压力的应对、危机的干预、心理健康护理等。

（1）老人情绪问题。人到老年，从原有的工作岗位退下来，从前紧张、有序的生活状态变得闲散，无规律，他们的子女由于家庭、工作的原因不能与老人住在一起；老伴离世，老人独处时间增多，思想出现偏离后，便有"被抛弃感""无价值感"等感受，陷入孤独、悲伤、恐惧的境地。在社区心理健康服务中，鼓励老人多读书、看报，参加社区活动，锻炼身体，减少老人独处时间的同时，鼓励老人子女抽出时间多关心老人。

（2）人际关系问题。总体而言，除了老伴外，老人与其他的家庭成员互动频率不如其他年龄阶段的频繁。不管男女老少，都需要社会互动，都需要在一个群体中生活并扮演角色。良好的人际关系会使人身心愉快，提升人的自信，增进人与人之间的感情；相反，不良的人际关系会使人心情压抑，人际交流不通畅，从而引起身心疾病。老年人也如此，可以通过人际交往，扩大朋友圈，丰富其晚年生活，获取更多的社会信息。比如在老年人的生活中，过去的同事以及他们的牌友、棋友也占据着非常重要的位置。在社区心理健康服务中，需要调解的是与老年人晚年健康生活群体有关的人际关系。首先要调解的是老人与子女间的关系。彼此要换位思考，老人转变"为子女而活"的观念，子女则摒除点嫌弃老人的思想，彼此相互理解。其次是老人与老伴之间的关系。一般而言，人到老年后不易与老伴出现矛盾，出现矛盾后，老人也积极探寻解决途径，当解决失败时，应寻找社区老人心理健康服务人员，为其解决问题。最后需要关注的是老人与邻居间的交往问题，处理好此问题，更利于老人走出去与其他人交往，结交更多的朋友，并结交到很多的晚年生活中的"老伴"。

（3）压力应对。大多数老年人退离社会后，主要活动局限于社区中，且不工作后便没有了主要的经济收入。此外，部分老年人仍需要为子女的生活操劳，并且不可避免地要面对配偶离世的压力。当老年人无法应对这些压力时，社区的有关部门可以提供一些解决压力的心理健康服务，如放松神经和肌肉训练、情感宣泄、休假旅游、构想未来美好画面等，减轻老人心理压力使老人身心愉快。

（4）危机干预。危机分为突发性危机和偶然性危机。突发性危机是指如地震、洪水等不可人为阻挡的事件所引发的危机。针对这样的危机，社区心理健康服务部门可提供紧急性心理辅导，以及事件发生后的心理创伤辅导。偶然性危机是指当压力长期积累并无法解决时，给老人所造成的危机。在面对偶然性危机时，不能只关注事件的表面现象，而要追其根源，发现隐藏在其背后的心理问题，积极应对危机，进行危机干预。

（5）心理健康护理。即对老年心理疾病患者提供居家养老服务，进行日常康复照料。

6.1.5　社区老年人心理健康服务干预知识的传播

我国精神卫生工作坚持"预防为主，防治结合、重点干预"的原则，对心理健康问题的干预在整个服务体系中占据着重要位置，是建立以保健、治疗、康复为目标的社区老年人心理健康服务体系中不可缺少的一个重要环节。因此，社区老年人心理健康服务队伍除了做好干预工作外，前期宣传教育工作也同样重要，让社区居民（老年人）知晓有哪些干预措施和路径可进行选择，对社区老年人心理健康服务干预的相关知识进行传播。

1. 预防理论的传播

社区心理健康服务活动起源于西方国家，其进行服务活动遵循"三级预防理论"。第一，初级预防理论。指的是为使老年人保持心理健康，运用一些措施来预防心理问题的产生，尽可能消除产生心理障碍的一些环境因素，如空巢、丧偶等。第二，次级预防理论。指及时发现社区老年人的心理健康问题和精神疾病，尽早采取措施并实行干预治疗。对社区老年人的身心健康要做定期调查，根据调查结果诊断出老人的心理健康状况，对已经处于心理危机早期阶段的老年人进行及时干预，以免情况恶化。第三，三级预防理论。指为社区老年人创造一个舒适的生活环境，以减少老年人精神疾病患者的数量（郭梅华，张灵聪, 2009)。

2. 预防方法的传播

与三级干预阶段相对应的干预方法分类有如下几点:

(1) 预防性干预。预防性干预是指把心理健康问题控制在萌芽状态,不让它进一步恶化。预防性重点干预人群主要为空巢老人、丧偶老人、刚退离社会的离退休老人等。预防性干预的第一步是定位有需求的老人,紧接着要定期排查、登记在案、跟踪辅导、形成档案、跟踪反馈。其操作流程如图6-2所示。

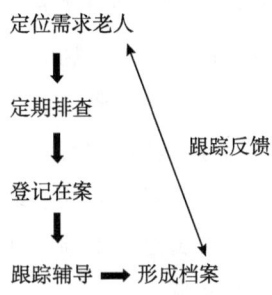

图6-2 预防性干预流程

任何心理问题都会或多或少地通过老人的外部行为表现出来,如性格温和的老人性格突然变得暴躁或整日不语等。在预防性干预阶段,社区工作者或者心理工作者会为老年人建立一个心理问题预防网络,即发动老年人的亲人、朋友、老人自身、社会资源等,给予老人心理问题监督以及预防支持。在这个心理问题干预网络中,工作者通过开发老年人的兴趣潜力,吸引老年人参与、充实其生活,预防抑郁症、精神错乱、痴呆症等;老年人自身也需要转变意识,积极努力丰富自我老年生活,减轻精神压力,集结同辈群体,共度老年生活;老年人的子女学会换位思考,抽出时间关心老人,并理解老人与以前生活相异的行为。

(2) 矫正性干预。矫正性干预也称矫治性干预,是指专业人员运用心理学、医学、社会学、教育学等专业知识,通过各种措施和手段,使患有心理健康疾病的老年人得到思想上、心理上和行为上的矫正治疗,帮助他们调整心理状态,能够安稳地度过晚年生活。矫正性干预采取的主要措施有:

①系统脱敏法。这种方法主要是对老人恐惧、焦虑的心理进行调适。它是设定老人在一个充分放松的心境下让老人逐渐接触所恐惧、焦虑的事物,直至

老人对这种事物的恐惧感、焦虑感完全消除。一般而言，系统脱敏法分为三个步骤，即排列恐惧（焦虑）等级层次表——进行放松训练——进入系统脱敏法。老年人的承受能力有限，在使用此方法对老年人进行矫治时，要充分考虑到老年人的接受程度。

②厌恶疗法。厌恶疗法主要是对老人的某种不适行为添加刺激，当老人出现这些行为时便会伴随出现厌恶感，使老人不得不终止和放弃原有的不适行为。厌恶疗法更适合于患有强迫症的老年患者。在对老人实施厌恶疗法之前必须经由老人及其家属同意，并且其疗法是对老人身体无害的。

③药物治疗。药物治疗也是治疗心理疾病的一种有效方式，部分较严重的患者在需要使用药物治疗配合心理干预的服务。

（3）康复性干预。康复性干预是指综合地、协调地运用有关心理学、医学、社会学、教育学的相关知识，减轻老人的心理健康问题，使老人能够得到整体康复，重返正常的老年生活。康复性干预以社区为基础，可动员家庭和社会的力量共同帮助老人进行心理康复。

①社区。通过整合社区现有的资源，发动社会力量，在社区建立心理康复站，安排专业的康复培训师进行指导培训，及时评估老人的情况，观察他们的症状，然后对老人进行一定时间的训练，帮助老人逐渐恢复心理健康。

②家庭。家庭是人类进行社会化的第一个场所，是每个人心理发展的摇篮，因此家庭治疗对老年人的心理康复具有独特的优势。家庭可以提供足够的情感支持，以抵抗心理疾病的不良影响，同时家庭的关心和照顾对老人的心理康复起促进作用。

③社会。社区的心理康复工作除了社区和家庭的努力外，还需要社会各方面的支持和配合，为保障社区老年人心理康复工作的顺利开展，需要政府建立一个完善的筹资模式，配套的政策支持以及社会成员的积极参与。

6.2 社区老年人心理健康咨询与治疗

6.2.1 社区老年人心理健康问题咨询服务与诊断

人进入老年期后，无论是生理还是心理，都会出现一系列的变化，生活从动态转为静态。在离退休前,生活以工作为重心,以单位为核心,接触到很多的人和事,处于一种积极又紧张的状态。离退休后,生活环境发生了一些微妙的转折,生活变得松懈、清闲,思想状态很容易变得消极,再加上身体各个组织器官的逐渐衰老,记忆力逐渐下降,感知觉也逐渐减退,智力结构发生变化,情绪波动较大。因此,老年人在精神上会产生某种无依赖感、无用感,在生活、情绪、思想、人际关系方面出现种种的不适应。

随着我国人口老龄化日益加剧,老年人的心理护理问题也变得迫在眉睫,如何使老人能安度晚年,在生理变化的情况下维持好心理状态的平衡,是老年人心理咨询的重要突破点。在现代社会,以社区为基点作为老年人心理咨询的重要场所具有很强的可操作性。在正式开展社区老年人心理健康服务之前,已经形成了一些非专业化的系统,有社区原有的初级行政组织,即居委会,有由社区居民自发组织的娱乐团体,社区居民产生心理困扰时常常向这些组织寻求帮助,开展老年人心理健康服务可以将这些资源加以整合利用(邢学亮,汪莹,2008)。

社区老年人心理咨询服务的主要目标是:帮助老年来访者正确认识心理健康问题,纠正以往的错误观念;帮助老年人正视自己的健康问题;鼓励老年人勇敢面对现实问题,采取有效行动来调适自身烦恼,化解矛盾,从而促进个人的社会发展能力,促进社区居民的心理健康和幸福。

老年人心理咨询的主要内容包括丧偶、离退休、空巢、代际关系等一系列社会适应性问题;老年人情感障碍的咨询;长期与慢性躯体疾病抗争所带来的身心困扰等各种心理健康问题的咨询治疗。

6.2.2 社区老年人认知问题咨询与治疗

老年人认知能力的变化,集中表现在视听能力上。视听能力的减退,会阻碍老年人对外部世界的认识,近而会影响到老年人心理健康从而造成消极的影响。大量心理学实验研究表明,老年人的记忆力变化趋势与年龄的变化成反比,即随着年龄的增长,记忆力在下降。人到了老年,学习能力随着思维能力的退化大不如前。

社区可以为老年人提供娱乐学习的场所,丰富娱乐生活,坚持学习,积极开展脑力活动,参与体育锻炼,可以延缓和推迟衰老,尤其是通过品种多样的兴趣爱好提高老年人的心理活动，减缓记忆力和智力的衰退，让老年人保持一种向上的活力。在老年人的认知问题上，社区可以针对以下几个方面的问题进行治疗与咨询。

1. 感知问题

在视觉上，老年人的视力水平会在60岁后急剧下降，其中就远距离视力而言近距离视力的减退会更加明显，因此需要佩戴老花镜。在听觉上，老年人对声音的辨别能力明显减弱，尤其是在比较嘈杂的环境中，其中老年人的高音听力比低音听力衰退得更严重，所以许多老年人更喜欢听低音或中音音乐。听力的减退也会使老年人的理解能力下降。从味觉上看，老年人常会感到食之无味，原因是他们味觉的敏锐度也减退了。此外，嗅觉的敏感性也会有所下降。

2. 记忆问题

在日常生活中，老年人常常对周围的人和事产生混淆，主要源于记忆力的衰退，老年人的记忆力变化主要呈现以下几个特点：对进入老年后所发生的事情遗忘较快，对年轻时的事件却记忆犹新，中年时发生的事件也能较完整地回忆起来，瞬时记忆衰退较快，短时记忆变化较小。在记忆内容方面，老年人对意义类的内容记得较好，机械类的内容则记得较差。

3. 情绪情感问题

情绪情感是一种态度和体验。人进入老年期后，生活环境角色发生着一系列重大的变化，离开了原来的工作岗位，子女们也纷纷独立并逐渐成家立业，再加上自身健康状况每况愈下，老年人的情绪情感呈现出新的特点，主要表现为更加关注自身的健康状况并会为之产生较大的情绪波动，在情感流露和情绪的表达方面更倾向于控制并常常伴有消极悲观的情绪。

4. 老年智力弱化

智力是多种能力的综合体现，主要包含了观察、想象、注意、实际操作、思维和适应能力，其核心为思维能力。人们的认识和实践活动需要靠智力来得以运行，并在具体的行为活动中显示出来。

老年人的智力，是人们十分关心的问题。人从出生到死亡，大脑细胞是一个不断死亡的过程，但是，因为其他细胞的代偿作用，尽管脑功能在逐渐衰退，却仍可维持大脑的活动功能，使老年人的智力维持正常。科学研究发现，智力作为一种综合能力，分为液体智力和晶体智力两种，前者与人的生理结构和功能有关，比如大脑神经系统、感觉和运动系统，主要表现为反应速度、记忆力和注意力等，这种智力减退得较早并且速度很快。但晶体智力是由后天行为活动来获取的，与其有关的是知识文化的学习与经验的累积。老年人步入晚年后，如果阅历非常广泛、经验非常丰富，在 80 岁以后，晶体智力才会有明显的减退。因此，老年人的智力有着很大的可塑性和提升的空间，只有持之以恒地学习、积累和锻炼，活到老，学到老，才能够让老年人保持得更好、更充分的智力水平。综上所述，老年人认知能力的减退是一种客观存在，老年人应该不断更新自己的认知结构以适应心理结构的变化，以一种接纳性的心态去接受这种变化，正视它，正确对待它。这样可以使老年人保持较平稳的心态，避免产生一些焦虑感和失落感。

6.2.3 社区老年人行为问题咨询与治疗

有目的、有动机的行动就是行为。伴随着老年人身体的老化和衰退，其行为往往会出现异常。

1. 行为协调问题

人的意识与行为应该是相统一的。就心理健康的标准而言，言行、表里一致，在类似的情境下表现出相似的行为，是符合行为协调标准的。行为协调的人，在日常生活中说话做事有条不紊，逻辑清晰。而心理不健全的人，说的与做的不一致，常常产生矛盾，做事无头绪，三心二意。

随着智力和体能的进一步衰退，老年人对周围环境的感知与行为产生之间出现不协调问题。往往表现为反应迟钝，答非所问，对新生事物的接触变得缓慢。但这并不代表老年人的行为协调完全失控，整体上来讲，大部分老年人仍能保持在健康水平上。

2. 学习行为问题

俗话说活到老学到老，老年人可以通过学习活动来延缓大脑的衰老。勤用脑、多动脑，通过读书和学习活动，促进大脑运动，主动去思考也能提高思维与记忆能力。学习的过程是一个不断接受新事物的过程，在这个过程中，大脑在不断更新目标，人体的细胞也跟着在不断更新，生命自然会得以延长。老年人也要科学合理地用脑，注意节制，劳逸结合，避免过度疲劳，使大脑得到充分休息。

老年人坚持学习可以有效防止脑衰、脑萎缩，是延年益寿的秘诀，读书学习可以增加老年人的安全感，读书学习可以缩小老年人与年轻人的代沟，找到老中青之间的共识。

3. 生活自理行为问题

国际上，通常根据日常生活活动能力量表来对老年人的自理能力进行评定，这些指标包括吃饭、穿衣、上厕所、上下床、洗澡、室内走动。如果能够不费力地完成这六项活动则代表生活能够完全自理，如果只有前三项不能完成则表示轻度失能，不能完成后三项是重度失能，如果都不能即完全失能。我国60岁以上的老年人在晚年生活中，三分之二的时间处于"带病状态"，即无法通过自己的能力来照顾自己的生活起居。老年人需要正确对待和适应这种身体和心理变化。同时，家庭的护理和关心也极其重要，一套完整和有效的护理流程往往可以为老人带来便捷和信心。

4. 社会适应行为问题

老年人的社会适应能力由于受到性别、年龄、地域的影响有着显著的差异，并且，社会适应的差异性在不同方面也存在。社会适应能力的差别对主观幸福感有着不同的影响，有些老年人，社会适应能力强，精神生活丰富，具有较强的主观幸福感，因此他们对生活的满意度也较高。总的来讲，老年人的生活自理适应能力、角色转换适应性和人际交往适应能力对其主观幸福感具有显著影响，而社会整体变化的适应性对老年人的主观幸福感没有明显的预测效果。

5. 自杀行为问题

临床研究发现，老年人自杀的主要原因之一是抑郁，但还有许多其他方面的原因。越来越多的老年人步入晚年后感到寂寞，期盼的生活与现实之间存在较大差异，再加上身体和心理的病变，在遭受某种刺激时会选择自杀道路，所以，身体病变、心理和社会等因素交织在一起促使老年人自杀。丧偶、丧子、经济问题等重大生活事件对老年人的精神打击更为严重，留下的不止是心灵的创伤，还可能会诱发一些身体疾病，如心脑血管疾病、突发心脏病等。老年人在这些精神折磨下，会加速衰老的过程，甚至是死亡（杨纾加、温玉洁，2003）。据相关调查显示，经济萧条时，老年人的自杀率最高，离退休期间自杀者也较多。在我国，大多数时候，老年人是由子女抚养的，如果子女不提供健全的保护和关注关心，那么各种问题叠加自杀率会大大提高。

除此之外，慢性疾病也是老年人自杀的又一重要原因，许多研究均表明严重的躯体疾病对老年人自杀事件的发生率有重要影响。一些精神疾病，如抑郁症、老年痴呆症、疑病症、情感障碍、睡眠障碍等也是老年人自杀的重要原因。因此非常有必要通过对老年人开展心理咨询工作，对其心理问题进行调适。

6.2.4 社区老年人心理障碍咨询与治疗

老年人心理障碍是指老年人由于生理、心理方面的衰退以及受生活所累或遭遇不良刺激时所引起的大脑功能紊乱，在语言、行为、思维、意志上表现异常。心理障碍是由生物因素、心理因素和社会因素等相互作用所导致的。认知障碍和思维障碍是老年人常见的两种心理障碍，认知障碍来自于对知觉的障碍；思维障碍来自于内容、速度的变化导致的思维联想过程的障碍。

老年人心理疾病的主要症状有抑郁、焦虑、孤单、死亡恐惧等。老年人的情感较脆弱且波动较大，即使外界并无明显的刺激，老年人也很容易情绪低落，感到忧伤，也会因为过分担心自己的身体健康状况而感到焦虑。总的来说，心理情绪障碍和情感障碍是社区老年人的两大主要问题，主要的表现形式有对周围环境的变化丧失情感反应、情感淡漠、情感活动减退等。身体机能的老化，心理情感的变化和社会角色的改变，使老年人很容易产生失落感、抑郁感、孤独感等消极情绪，对生活失去希望，觉得活着没意思，长期得不到调整，便积怨成病，威胁身心健康（位新建，2012）。

1. 抑郁症的咨询与治疗

抑郁症，或称抑郁性神经症，主要特点是情绪抑郁，对生活中通常的活动和娱乐完全或几乎完全失去兴趣。身体上和情绪上主要表现为躯体不适、睡眠质量差，失眠焦虑，但一般的生活不会受到严重影响。

近年来，患抑郁症的老年人在逐渐增加，诱发该疾病的行为因素很多，有来自生理的、遗传的，也有由伤残性疾病所引发的。从生理因素来看，老年人躯体机能逐渐衰弱，行动力和灵活性各方面都大不如前，这种力不从心的感觉难免使老年人产生自卑、失落等消极情绪，诱发精神疾病。如果老人在退休前一直是个能力很强，兴趣爱好广泛的人，退休后，受年龄的限制，活动范围和方式有限，对老年生活感到不适应，就容易产生无用感和孤独抑郁的情绪。老年时期是严重事件发生率最高的一个阶段，所以老年人是患抑郁症风险较大的一类群体。

老年人抑郁症的治疗主要来自于心理的预防。一是早期要形成健全的人格。二是要注重家庭环境营造，家庭是老年人的生活栖息地，家庭氛围以及家庭成员间的和谐程度对老年人的情绪具有重要的影响。三是及早发现老年人的一些心理障碍，并及时纠正。对待老年抑郁症患者，应给予他们更多的关心，对其进行情感疏导，帮助他们解决内心的困惑和矛盾，鼓励他们与多与外界的人沟通。

Kim 等人（2004）报道显示：抑郁症已成为老年人的第二大杀手，在总自杀人群中，65 岁及以上的老年人占 19%，在未经选择人群的尸检研究中，重度抑郁症占自杀死亡者中的 13% ~ 70%。因此，在社区内营造一个适合老年人生活的环境极其重要，这个大环境里可以提供老年人与他人之间交流的机会，提供发展其兴趣爱好的机会。让老年人积极参与其中，感受生活的美好，消解内心的压抑。

2. 焦虑症的咨询与治疗

焦虑症是老年阶段常见的一种心理障碍，是一种精神疾病，以突如其来的反复出现的莫名恐惧和焦虑不安为主要特点。该病有两种表现形式，一是反复出现惊恐发作，二是持续的慢性焦虑状态，一般会伴有植物性神经功能障碍。

对于患上焦虑症的老年人来讲，首先要消除心理上的疑虑，正确看待该疾病，清楚它是一种功能性疾病而非器质性的，是可以治愈的。焦虑症的主要治疗方法是改变认知增加自信，在对老年患者进行心理治疗时，要让他们认识到时间的不可逆转性，鼓励老年人合理安排退休后的生活，充分享受晚年生活，多做一些有益的活动来排解心中的焦虑。在治疗的过程中，可以多使用鼓励性和赞扬性的话语，增加患者自信，摆脱焦虑。

3. 老年痴呆的咨询与治疗

老年痴呆是脑的老化引发的脑萎缩性心理障碍的一种疾病，主要有两种类型，一种是原发性的，主要指老年性痴呆；另一种是继发性的痴呆。老年痴呆不仅会让老年人的身心遭受疾病的折磨，对老年人的活动和行为造成很大的影响，也会给老年人的家属和看护人员带来沉重的心理负担。随着我国人口老龄化的加剧，老年痴呆症的发病率也在逐年加剧，该病症应当早发现，早预防。

治愈老年痴呆是极其困难的也可以说是不可能的，它的治疗过程也极其复杂，所以通过预防来降低老年痴呆症的发病率是非常重要的。目前，只能通过控制衰老速度，保证营养的摄入来预防老年痴呆症的发生。蛋白质是大脑活动的重要物质，蛋白质的缺乏会使大脑变得迟钝，增加患病风险，不利于大脑的健康运作。然而，人到了中年后，大脑结构和功能不可避免地会出现退化和衰老，大脑开始出现萎缩，但锻炼大脑活动可以延缓退化的过程，所以老年人不仅要保持心态的年轻，更要保持大脑的年轻。老年人平时要勤学好动阅读各类书籍，培养积极的兴趣爱好，还要健脑强身，参加有益身心的体育运动。同时，还可以对大脑进行按摩。老年人在日常生活中，要注意营养的摄入，注意劳逸结合，保证充足的睡眠，保持乐观的情绪，学会自我管理，生活变得有规律，烦恼也会随着减少。

4. 死亡恐惧的咨询与治疗

相关研究指出，老年人在面对死亡时一般要经历五个心理变化阶段，这五个阶段不总是前后相继，有的阶段会提前，也有的会延后。第一阶段是震惊或否定。老年人在刚知道自己将要去世的消息后，不愿意相信这个事实，感到很震惊，极力否认。第二阶段是愤怒，在老年人不得不接受即将去世这个事实后，情绪上开始变得焦虑不安，怨天尤人，常常感到愤怒和烦躁不安。第三阶段是讨价还价，在这一阶段老年人会变得安静而有礼貌，与第二阶段的表现完全不一样，但其实是通过表面的镇静去掩饰内心的痛苦及其对生命的渴望。第四阶段是抑郁或悲伤，到了这一阶段，老年人又变得怨天尤人，开始着手为自己准备后事，容易感伤，整日以泪洗面。第五阶段是接受，这一阶段，老年人已经能够控制住情绪，坦然接受命运的安排，平静的等待死亡的来临。

在人生的轨道上即将到达终点，迈向死亡，对许多老年人来说，这常常使他们感到不安，无法正视这一问题。但无论是谁，死亡都是一个必须面对的问题，它也是生命的一个重要组成部分，成年人应该学会正视死亡，以一种成熟的态度去面对这一现实。在社区里专业的社会工作者或家庭成员面对有死亡心理恐惧的老年人时，具体护理方法有：倾听临终前老人的需要，搞清楚老人在临终前能处理的事物，并解释给他们听；分担他们的疑惑和焦虑，帮助老年人与亲朋好友保持联系，而不是将他们隔离开来；帮助临终老年人攻克由于即将离开现实世界而产生的过度悲伤,让他们能够勇敢地面对死亡,承认死亡的必要性;同时,要帮助老人保持自我尊严,不要让他们有自行惭愧,一文不值的感觉。

6.3 社区老年人心理健康服务人员培养与提升

尊老爱幼是中华民族代代相传的传统美德,孟子曰"老吾老,以及人之老;幼吾幼,以及人之幼",庄子说"挟泰山以超北海,此不能也,非不为也;为老人折枝,是不为也,非不能也",这些都体现了我国尊老的传统,同时也体现了老年群体在社会中的重要地位。21世纪,我国对外开放和工业化进程不断加深,老龄人口呈现出绝对数量大、老龄发展速度快、国民经济相对不发达的特征。加强对老年人群的关注,是建设民生工程的必经之路,不仅顺应时代的要求,也有利于社会主义和谐社会的建设。

在老年人心理健康问题服务方面,合理的人员组成、较高的素质培养和专业的操作技能等是至关重要的,这样才能利用社区老年人心理健康问题服务的有效进行,弥补传统服务方式的不足之处,增强在老年人心理问题上的关注度。

6.3.1 社区老年人心理健康服务人员构成

随着我国经济的快速发展和社会的转型,人们生活的社会环境也随之改变。现代人的生活和工作方式等都冲击着以家庭为主的传统养老方式,这为传统养老方式的改革提出新的要求:跟上社会的发展步伐,解决好老年人的养老问题。目前,我国对传统养老方式的改革,最实际可行的方式是社区养老。社区养老是集中养老的一种形式,需要有完整的服务设备和专业的服务人员,只有这样才能让社区的养老服务走上专业化轨道。本节将对社区服务人员的结构组成进行讨论,其中包括:心理咨询专业人员、社会工作专业人员、医务护理专业人员、街道与社区工作人员、非正式组织与志愿者等。服务人员的结构安排以老人心理健康服务的需求为依据,着力考虑服务的开展和进行所涉及的不同领域及国家社会政策的方向等因素,使服务得以有效进行。

1. 心理咨询专业人员

心理咨询（counseling）是指运用心理学的方法，帮助前来咨询的人解决心理问题，为其进行心理调适的一个过程。将提供咨询服务的专家人员称为咨询者，前来寻找帮助的人称为求询者或来访者。求询者通过语言、文字等交流媒介，将自身的心理不适或心理障碍向咨询者进行述说、咨询与讨论，咨询人员帮助求询者分析心理问题的原因，寻求解决问题的方法，逃离困境，从而让求询者恢复到心理健康的状态。

心理咨询是心理学的一个分支，它起源于临床心理学。通过出版心理咨询的期刊和专著，心理咨询在不断的发展中逐渐成熟起来，慢慢走上了专业化道路。1955年美国开始颁布心理咨询执照，心理咨询成为一类职业而出现。

通过了解心理咨询的相关特性及其发展历史，可以总结出心理咨询专业人员需要具备以下基本特征：首先，心理咨询专业人员需要有心理学的学科背景，具备心理学的专业素养，认可心理学的专业价值。这是心理咨询人员必须具备的基本条件。其次，心理咨询专业人员要具备专业咨询技能，心理咨询是一项专业服务，通过实践操作为求助者解决困难，因此必须具备专业的操作实务技能。最后，心理咨询人员自身要保持积极健康的心态，具备较高的素养，拥有健全的人格，只有具备了专业素养，才能更好地为求询者提供帮助，援助他们解决问题。

心理咨询专业人员在工作中要求持证上岗，通过不同级别执照的考取，不断进取，不断学习新的知识，同时提升自己的实际操作能力。持证上岗的要求让心理咨询专业人员同其他职业的工作者一样更具有专业性和不可替代性，比如，律师、医生、教师等。执照是一个行业的标志，将此行业区别于其他行业。社区老年人心理健康咨询专业人员的组成也不例外，需要有专业的学科背景，需要对老年人充满关爱，具备更高的人文关怀素养，这是对社区老年人心理健康咨询人员的特殊要求。

社区心理咨询专业人员是社区老年人心理健康服务队伍中的主力军，无论在质量和数量上都有一定的要求，必须符合社区发展和社区老年人服务的要求。在引进人才时需要有严格的考核制度，在工作管理中需要有规范的管理条例，在专业化发展水平上需要考虑工作人员能力的提升和发展的前途，因此需要有与此相关的培训部门和更高层级的用人单位。这样才能确保人才和事业的长远发展，不能以静止的思维来考虑问题。

2. 社会工作专业人员

作为一门专业的学科，对社会工作的定义见仁见智。不同的学者从不同的视角描述过社会工作，把社会工作看作一门艺术、一种服务、一种活动等，这些都体现了社会工作的特征。目前，我国社会工作领域的带头人王思斌这样定义社会工作："社会工作是以利他主义为指导，以科学的知识为基础，运用科学的方法进行的助人服务活动。"从这个定义中，我们能清晰地归纳出社会工作的基本特征：社会工作的理念是利他主义、坚持助人自助、以人为本；社会工作是一门专业的学科。社会工作人员就是具备这些专业理论和专业技术的工作人员，是一个新的服务型队伍，社区引入社会工作人员有其必要性。

社区在解决老龄化问题方面具有不可推卸的责任，社区是社会的重要组成部分，是人们生活的基本场所，在养老方面起着举足轻重的作用，也是养老得以实现的首选场所。老年人在心理健康方面存在许多急需解决的问题，社区是老年人生活的场所，相对外面的养老机构，社区是较为熟悉的社会环境。利用社区环境为老年人提供场所，在老年人心理服务领域引入专业的社会工作者发挥其功能非常必要。首先，从专业背景来看，社会工作者具备社会学、心理学等学科背景，有较强的综合能力，在知识方面符合社区老年人心理健康服务的基本要求。其次，在基本理念方面，一直以来，社会工作者都秉持着——"助人自助，以人为本"的理念，拥有较高的学科素养。社区老年人心理健康服务引入社会工作"助人自助、以人为本"的专业理念，更利于服务的多元化发展。"助人自助"在解决老年人心理健康问题的同时为老年人增能，"授人以鱼不如授人以渔"，这才是解决问题的长久之计。最后，社会工作者在老年人心理健康服务领域可以发挥其整合资源的功能，这是社会工作者自身的最大优势。在老年人心理健康服务的过程中，通过借助社会工作者综合资源的优势，不仅仅能为老年人解决心理问题，完善服务过程，还能调动更多的社会资源，使老年人获得更好的服务效果。

3. 医务护理专业人员

医务护理专员必须是经过严格考核获得卫生行政部门批准和承认的职业资格从业证书的专业人士。医务护理人员主要包括护理人员、药剂人员、医疗防疫人员和其他技术人员。在不同的种类下又包含了不同的专业技术人员，是一个庞大的系统。如果在社区中配备齐全的医务护理人员需要巨大的人财物力的投入，所以配备需要视社区具体情况而定。

社区老年人服务问题不仅有心理健康问题，同时也有老年人群的常见生理、精神疾病等问题，因此，需要考虑到社区自身的情况，如有无其他卫生医疗组织能为社区提供医疗服务，同时可在原有的医疗服务组织基础上重点加入老年人医务护理服务项目。目前，社区医疗服务组织较为简单，主要用于应对社区居民的紧急救助和日常疾病，这种简单粗糙的医疗设备和医疗水平是社区需要加以重视，力争突破的。完善社区医疗，增强社区医疗质量，使社区老年人在医疗服务方面更有保障。

针对社区卫生组织的现状，国家的相关政策也在往基层医疗倾斜，如加大对基层医疗的财政投入，完善基层医疗设备，重点培养基层医务人员，为基层医疗输送人才，高度重视基层医疗水平和解决问题的能力等。借着这个趋势，社区要把握好建设医疗组织的机会，使医疗水平得以提升。同时，这一时代背景对于社区老年人心理健康服务也是难得的机遇，应尤其重视，响应"以人为本"的号召，关注心理健康，关注人，关注民生。

以上是医务护理人员在介入社区老年人心理健康服务的意义和可操作性，这里需要强调的是医务护理人员在这个过程中具有不可替代的作用，医务护理能切实解决老年人存在的问题，能发挥实际的作用，是其他工作人员不能替代的，在社区老年人心理健康服务项目中加入医务护理人员是不可缺少的。

4. 街道与社区工作人员

这里所说的街道和社区工作人员是指街道和社区原有的工作人员，包括社区党组织、社区居委会以及社区服务站中从事社区管理和服务的工作人员。街道和社区工作人员一般从事社区日常管理工作和思想政治建设，在养老服务方面遵照国家政策和法律的规定行使养老服务管理，成立老龄委等组织，积极围绕老有所养、老有所依、老有所教、老有所学、老有所为、老有所乐的工作目标，完善老龄管理基础工作。这是传统街道和社区工作人员的日常工作任务，目前，社区工作人员在养老方面有更多的创新方式来完善养老系统，丰富老年生活。

街道和社区工作人员在社区老年人心理健康服务方面有自己的服务领域，可以主要通过以下形式进行：首先，街道和社区工作人员负责制定和规划社区老年人养老事业的发展和实施方案，提供可以参照的依据，引导老龄事业的开展，布局老年事业的总方向，发挥参谋作用。街道和社区工作人员是最熟悉社区的人，了解居民的需求，能够有效地发挥其功能，整合社会资源为社区谋福利。社区老年人心理健康事业的发展在一定政策的支持下才能有更多的保障，在一定规划下发展才有发展的动力和方向。

其次，街道和社区工作人员在社区指导基层文化发展，开展各种适合老年人群的文化、娱乐、体育、健身活动。这些活动与老年人心理健康息息相关的。有实验证明，老年人拥有一个良好的心理状态比服用药物来治疗疾病更加有效，所以社区工作人员通过发展社区老年文化来服务老年人群，解决老年人心理健康问题是很有必要的。

最重要的是街道和社区工作人员作为社区的管理人员，在老年人心理健康服务方面可以发挥自身的优势，引导政策的方向，发展老龄事业。社区工作人员代表国家关注老年人心理健康问题，为老年人问题做实事，修建老年人活动场所，完善老年人活动设施，为老年人群事业发展增加财政支出。由此看来，只有在社区工作人员的引导和支持下，老龄事业的发展才能走上正规化道路，在有保障、有规划的前提下长远发展。

5. 非正式组织与志愿者

人们在正式组织中，因工作的原因，相互接触，会因为感情、性格、兴趣相投而形成一些小群体，这种群体就是我们所说的非正式组织。它是自然形成的一种组织，较为松散，没有正式的组织结构，也不受行政部门和管理层次的限制。久而久之，在这一组织中会产生一位领头人，形成一些不成文的规定。非正式组织最早是由管理学家梅奥通过"霍桑实验"提出的。通过非正式组织的定义，可以总结出它具有以下三个特性：第一，非正式组织没有明确的规章制度，它是自发形成的；第二，非正式组织成员凝聚力较强，行动具有一致性；第三，非正式组织内部有一个自发形成的领导，具有较大的影响力。

关于志愿者的定义。志愿工作者，即我们常说的义工，是主动为社会提供服务，不以物质利益为目的，自愿贡献自己的时间和精力，促进社会进步的人。参加志愿者活动既是"助人"，也是"自助"，在"乐人"的同时也"乐己"，既帮助了他人，服务了社会，也在传递爱心，促进社会的文明进步。志愿工作的四大特征为公益性、无偿性、志愿性和组织性，志愿服务具有强烈的人性化色彩。从非正式组织和志愿者的定义中可以得出这二者之间具有很多相似之处。

民间组织是我国主要的非正式组织表现形式，是除政党机关、企事业单位以外的社会中介性组织，主要分为三类：社会团体、民办非企业单位和基金会。具体来讲，社会团体是拥有共同意愿的人们自愿组成的一种非营利性组织，根据相关的行为准则和规范开展活动；民办非企业单位也是一种非营利性组织，主要由一些社会力量利用非国有资产建立而成；基金会主要是从事公益事业，由自然人、法人或其他组织捐赠财产而成立的非营利性组织法人。我们常常将这三类组织统称为民间组织。政府支持的慈善组织有：中华慈善总会、中国青少年发展基金会、中国少年儿童发展基金会、世界自然保护联盟等。志愿者队伍与非正式组织在形式上存在一定的差别。

非正式组织和志愿者在社区老年人心理健康服务中属于外来力量，他们的参与丰富了社区提供服务的形式，增加了服务的多样性，补充社区提供服务的缺陷。非正式组织和志愿者可以为社区老年人心理健康服务提供物质、技术等方面的支持，为社区输入资源，带来活力，同时能在关键时刻对社区进行支援。志愿者队伍在社区为老年人提供服务是一个短期的过程，在需要的时候能得到志愿者队伍的帮扶，同时也能给社区带来鲜活的力量。因此，为保证社区老年人心理健康服务能够长期有效地进行，需要发展与非正式组织和志愿者服务队伍长期的合作关系。

6.3.2 社区老年人心理健康服务人员素养

服务人员的素养直接关系到服务质量的好坏，因此，服务人员素养的培养至关重要。社区老年人心理健康服务人员素养包括以下几个方面：职业道德素养、专业理论知识素养、专业实践技能素养、专业素质与专业胜任力。

1. 职业道德素养

无论从事何种职业，具备良好的职业道德素养都是最基本的要求，都需要遵循职业道德的基本原则和规范，在从业的过程中不断进行自我提升。从业人员应重视自身道德的修养，从而使自己达到一定的职业道德境界，形成良好的职业道德。通常来说，职业道德素养即员工所拥有的从事该行业的内在修养，在思想上拥有该行业的观念，热爱、认可和对自己从事的行业充满激情。

俗话说"干一行，爱一行；爱一行，干一行"，这是职业道德素养的最好体现。每个行业都有其规范的职业道德，从业者可以在工作中感悟本行业的职业道德，从而认可本行业，拥有本行业的思维和理念。同时，职业道德包括文明礼貌、爱岗敬业、诚实守信、办事公道、勤俭节约、遵纪守法、团结互助、开拓创新等，这些都是基本的职业道德素养，也是对从业人员最基本的要求。

社区老年人心理健康服务人员的职业道德规范，除了最基本的要求以外，应该具备社区服务和老年人服务的特征。首先，要求服务人员具有扎根基层服务精神，热爱社区工作；其次，有从事老年人服务行业的志愿，在为老龄人群服务时有耐心、有爱心，热心于老年人公益事业。在社区老年人心理健康服务人员中，无论是心理咨询专业人员、社会工作人员、医务护理人员、街道与社区工作人员还是志愿者，都需要具备以上基本职业道德素养和社区老年工作的特别要求。具备良好的职业道德素养，是对社区老年人心理健康服务人员最基本的要求，是从事该项职业的基础，是使该行业得以发展的基本要素，因此必须引起高度的重视。

2. 专业理论知识素养

专业素养包括理论知识素养和实践技能素养。专业理论是指对某一领域进行系统学习，拥有一定的造诣，具备某个专业的学科背景。关于专业理论素养，首先，值得注意的一点是理论知识在运用的过程中不是一成不变的，理论知识在更新，对理论知识的掌握也要不断更新，这一点也是专业理论素养的重要体现。其次，专业理论素养要求具备专业思维和专业理念，用专业思维处理事情和解决问题。

社区老年人心理健康服务人员在专业理论知识素养方面需要符合服务领域的要求，要把握好社区服务、老年人服务和心理健康服务这三个维度，需要熟知这三方面的知识，做好自己的本职工作。比如，社区的专职心理咨询人员要在服务过程中展现出心理咨询专业的理论知识素养，就需要掌握好心理咨询领域的相关理论知识，心理咨询的专业技巧，遵循相关原则，把握好伦理道德问题。专业的社会工作人员秉持着专业理念，熟知并运用专业的理论知识与实务技巧，遵守社会工作者服务的伦理道德问题，充分发挥社会工作者的作用，这是对专业社会工作者的素养要求。社区老年人心理健康服务需要心理咨询专员、社会工作者、医务护理人员、街道社区工作人员和志愿者等组织的参与，虽然对不同领域的服务人员有不同的要求，但他们都需要具备基本的专业理论知识，服务人员必须认真学习理论知识和实践技巧，才能经得起工作的考验。

3. 实践技能素养

实践技能是服务工作中必须掌握的技能，实践技能主要表现为操作技能。同时，要求在具体操作过程中具备应对突发事故的能力，具备创新方式解决问题的能力，这些都是实践技能最基础的表现。

社区老年人心理健康服务人员专业实践技能素养因职能不同而有不同的表现。这里的实践技能除了专业规范以外，更应该强调作为一般服务行业工作人员的职业实践技能，以便更好地适应社区老年人心理健康服务这一特征。其技能包括：对社区工作的熟悉、对老年人特征的了解和心理健康常识的掌握。实践技能的培养建立在对专业理论知识的学习和掌握上，用理论指导实践，才能使实践更具备科学性和不可替代性。

4. 心理素质与专业胜任力

人们的部分心理素质是先天遗传的，但大部分是后天培养而成的，主要表现为性格品质与心理能力。其中，心理能力是由认知力、心理适应能力以及内在动力构成。从事社区老年人心理健康服务的各类工作人员要具备良好的心理素质，这是对他们工作的基本要求，对服务工作的顺利开展具有重要意义。工作人员面对社区老年人这一特殊群体，主要解决的是老年人心理健康问题，这就要求工作人员在心理素质上具备更强的能力，对老年群体有准确的认知能力，能适应老年人心理健康服务工作。

这里所说的专业胜任能力是指从事某一行业的相关人员所应具备的从事这一领域工作的能力或者说是能够处理好特定行业事项的一种能力。专业胜任能力常与某一行业所需要的特定资格相联系，在一定程度上，具备了这种特定资格的人员就可以说是具备了该行业的专业胜任能力。此外，还需要具备一些其他的社会经验。对工作人员专业胜任力的要求是在心理素质要求的基础上更进一步，直接影响到服务的质量。对社区老年人心理健康服务人员专业胜任力的要求需要结合工作的实际，根据专业胜任力获得和保持这两个阶段，在进入岗位之前拥有专业胜任能力，在服务的过程中不断学习获得新的能力以适应工作的要求。

6.3.3 社区老年人心理健康服务人员培养路径

1. 职业道德与操守培养

为了形成良好的职业道德品质,需要培养从业人员的职业道德和职业操守。对社区老年人心理健康服务人员的职业道德和职业操守的培养,需要从他们的知识、意志、情感以及在此支配下的行为入手,按照职业道德规范进行有意识的培养。

职业道德和职业操守培养的实质是良好职业习惯的形成过程,是有方法可循的。首先,职业道德和职业操守需要在日常生活中形成。借助生活这个平台培养好的习惯,"勿以恶小而为之,勿以善小而不为",从身边的小事做起,以严格的规范要求自己。其次,规范的职业道德和职业操守不仅需要自我规范,还需要经过专业的培训。专业理论知识和专业技能是形成职业道德和职业操守的前提和基础,通过对专业理论知识和专业技能的学习,培养职业道德和职业操守,形成专业思维,使工作人员自觉遵守事业规范。最后,职业道德和职业操守需要在实践工作中得到巩固。职业道德是一种修养,需要体现在工作中,在实际运用中做到知行统一,不断提升。

2. 专业理论知识更新与提升

专业理论知识的学习是一个不间断的过程,在工作中仅仅靠学习阶段获得的专业知识很难解决实际遇到的问题,这要求不断更新所学的专业知识。专业知识的更新和提升有以下几种途径。

首先,专业知识的更新和提升需要工作人员在自身的工作中通过不断总结,与所学的专业理论知识进行比较,更深刻地理解所学知识的内涵和外延,才是一种有效的自学方式。其次,工作人员还应具备一定的创新能力,灵活掌握相关知识,活学活用,在实际工作中游刃有余的运用所学的知识,不拘泥于书本中的理论知识。最后,理论知识的更新和提升需要进行一定的培训,定期的培训是必不可少的。很多先进的理论知识不是所有基层工作人员在第一时间能获得和掌握的,需要在本学科研究人员的带领下进行学习。领头学者的讲解和细化,有利于工作人员理解和内化抽象的理论知识。

3. 专业实务与专业技能培训

一方面,专业实务和专业技能建立在理论知识的基础之上,学习和掌握理论知识是提升专业实务和专业技能的前提，因此，学习专业理论知识是不可忽略的过程。另一方面，专业实务和专业技能的提升需要不断总结自己的经验，借鉴他人成功的经验，结合自身工作的实际情况正确运用。专业实务和专业技能的提升是不断尝试和总结的过程。

专业实务和专业技能的培训必须包括以下几部分：第一，通过邀请业内精英和专家进行现场指挥，指出工作中的错误行为，重点点拨关键环节，引领专业实务和专业技能的正确方向。第二，需要有奖惩措施对专业实务和专业技能的操作行为进行规范，同时也带动服务人员的工作积极性。第三，以培训服务模范为重点，通过对业内主要工作人员的培训，带动其他工作人员，这种培训模式能够更具有效性和可行性。

4. 自我心理健康与素质培养

自我心理健康与素质由先天形成和后天培养两个部分组成，包括情感、信心、意志力和韧性等。先天形成属于遗传的部分，在一定程度上决定了一个人的性格特征，但人的心理健康和素质的关键部分在于后天的培养。对于大部分人来说，性格都是通过后天的培养而形成的。

因此，对于社区老年人心理健康服务人员的心理健康和心理素质的培养需要注意以下几个方面：首先，是要了解自己的心理健康状况，认识到自己心理素质的缺陷所在，并找出自身心理健康和心理素质不符合工作要求的一面，这是培养个人心理健康和心理素质的首要步骤。其次，在认识到自身心理健康和心理素质存在不足的同时，在平时的生活和工作中总结失败和成功的经验，改正不良的生活和工作习惯，保持优良的工作和生活作风，形成稳定的个人心理素质。最后，要维持稳定的心理状态和良好的心理素质。

6.4 社区老年人心理健康服务活动管理与评价

进入 21 世纪以来，人口迅速老龄化已经成为我国面临的严峻现实问题，伴随人口老龄化过程的是老年人由于生理和心理的各种变化以及社会资源的丧失而引发的种种心理障碍、心理疾病和心理问题。在不断增长的老龄人口压力下，我国政府已经意识到老年人心理健康服务工作的重要性和迫切性，并致力推进以社区为单元的老年人心理健康服务活动。为全面提升老年人生活满意度、提升老年人生活质量、促进城市社区老年人身心健康，开展社区老年人心理健康服务活动。主要途径包括社区老年人心理健康服务宣传与教育、社区老年人心理健康咨询与辅导、社区心理健康人员培训与培养三个方面。然而，从现有实践来看，我国城市社区老年人心理健康服务活动开展中存在着不少问题，在相当一段时间均面临着经费紧张、人员配备不足、管理缺乏规范化、覆盖面较窄、政府部门因职能交叉而相互推诿等（潘孝富、潘伟刚，2012），而这与我国尚不完善的社区老年人心理健康服务工作体系密切相关。这就要求我国社区心理健康服务活动的有效开展必须有效整合已有资源，整合政府、社区、第三部门和社区居民等的力量，寻求政策、资金、人员和管理等方面的支持，最大限度地发挥现有资源的作用。

6.4.1　社区老年人心理健康服务活动管理

近年来，我国积极探索城市社区老年人心理健康服务活动管理方式，在实践的过程中，通过借鉴西方发达国家的经验，并根据我国独特的社区性质和社区变迁过程，逐渐形成了一套适合我国本土化的城市社区老年人心理健康服务活动管理模式。我国城市社区老年人心理健康活动管理模式是以政府引导、社区动员、社会力量和家庭积极参与为主，社区直接供给、社区老年人心理健康服务志愿供给和市场化供给结合，以心理健康服务活动项目制方式运行，以绩效评估、制度支持、资金筹集、人员管理在内的社区老年人心理健康服务活动管理保障机制等构成的一个管理系统。城市社区老年人心理健康活动管理模式为社区老年人心理健康活动持续有效地开展提供了制度保障，并为其提供了组织层面、运行过程和制度保障等方面的支持。

1. 社区老年人心理健康服务活动管理主体

通过借鉴国内外社区老年人心理健康服务活动管理的经验，社区老年人心理健康服务活动管理需要多元主体在一定的制度框架下积极参与、责任明晰、密切配合。根据我国国情和社区治理现状，社区老年人心理健康服务活动管理实际是以政府引导、社区负责，由第三部门（社区自治组织）、志愿者等社会力量积极参与、相互配合、紧密合作而形成的治理结构。社区心理健康服务活动管理的开展通过多部门、多主体通力合作才能切实地提高其服务质量，从而使社区老年人有一个良好的社区环境。

（1）社区老年人心理健康服务活动管理的参与主体。

政府是社区老年人心理健康服务活动管理的重要管理主体。从现阶段来看，我国社区老年人心理健康服务的发展还处于起步阶段，老年人的认同度和参与度相对不高，专业服务机构很不规范。要想我国的社区老年人心理健康服务活动能够快速、有效的开展和推广，必须要政府高度重视和大力支持。社区老年人心理健康服务其实属于一种公共文化产品，政府应扮演好监察者和指导者角色，通过制定公共政策和公共服务的目标、标准、原则、经费支持等为社区心理健康服务活动提供支持（郭梅华、张灵聪，2009）；其次，政府应当在社会上树立关注老年人身心健康的价值观念，积极提倡敬老、养老、爱老，营造尊老爱幼的社会氛围，明确老年人心理健康服务是需要国家、社会和家庭共同承担的责任。此外，政府应当制定完善的社区老年人心理健康服务工作规划，将老年人的心理健康服务工作纳入议事议程。既要掌握大权也要注意放权，既要定期对社区老年人心理健康服务活动的开展状况进行监督和评估，也要赋予街道心理健康工作委员会和社区心理健康工作中心充分的权利。

政府为老年人心理健康服务工作提供了制度、政策、资金和场地设施等的支持，但是具体的实施和落实离不开第三部门的积极参与。第三部门不以营利为目的，不属于政府的公共部门。第三部门专业化水平高，志愿意识强，社区老年人心理健康服务质量和水平的提高，都离不开它的参与（熊跃根，2001）。应积极鼓励和动员心理协会、心理健康服务中心等非政府组织参与社区老年人心理健康服务，充分发挥社区居委会的作用，调动居民参与的积极性，也可实现对心理健康知识的有效宣传。

社区是社区老年人心理健康服务活动执行层面的重要管理主体。首先，要把老年心理健康服务工作作为社区的一项重要职能，纳入社区工作规划中；其次，需要对社区内部社会工作者、心理健康服务工作人员、心理健康服务活动的组织和安排进行具体人数配置、资源配置等工作职责安排；此外，社区应完善相关娱乐健身设施，有条件的社区可专门建立一个社区老年活动中心，为老年人参加心理健康服务活动提供专业的场所。

社区老年人心理健康服务活动的服务对象是庞大的老年人群体，离不开广大心理健康服务工作人员的参与和支持。首先，积极招纳具有社会工作、心理学专业知识的社会工作者或者心理咨询师。迫于目前我国心理咨询专业人才的匮乏，可以广泛征寻社会工作专业和心理咨询专业的学生等作为志愿者来参与社区老年人心理健康服务活动；其次，为进一步充实老年人心理健康服务工作人员的队伍，应全面积极整合高校及大中专心理教师、中小学心理教师、医院的专职心理医生、心理服务机构专业人员的力量（何华敏、胡春梅、胡媛艳，2015）。

（2）社区老年人心理健康服务活动管理组织机制。

第一个层面是政府卫生部门。它是社区老年人心理健康服务活动管理的主管部门，主要职责是监督、协调街道心理健康服务工作委员会、社区老年人心理健康服务工作中心、社会组织等开展老年人心理健康服务工作，并提供制度、政策、资金、组织和资源等的支持，积极整合社会的力量加强社区老年人心理健康服务体系建设，并将之纳入社会服务体系中。

第二个层面是建立街道心理健康服务工作委员会。考虑到我国的行政体制和财政体制，可以在街道层面建立专门的街道心理健康服务工作委员会，由街道相关部门工作人员、街道党委、相关领域的非政府组织、社会公众代表、专业人士等构成，由相关政府部门监督并对其负责。工作委员会需要制定所辖社区老年人心理健康服务管理的相关决策并认真履行决策内容，制定较完善的社区老年人心理健康服务活动计划，为开展老年人心理健康服务向政府和社会筹集资金，培养一批专业的工作人员并全面监督社区老年人心理健康服务活动的开展。

第三个层面是建立社区老年人心理健康服务工作中心。社区老年人心理健康服务工作中心由社区党委、社区居委会、社区卫生机构、相关领域的非政府组织、社会自治组织、社会公众、专业人士等构成，由街道心理健康服务工作委员会监督并对其负责。工作中心主要负责人的安排和资源的配置工作，收集老年人的信息，为老年人建立心理档案，向老年人宣传心理健康知识，对老年人的一些初级心理问题进行咨询与辅导，如果发现严重的老年人心理和精神问题，应将其及时转介到区县级以上的医院或心理健康服务专业机构。

2. 社区老年人心理健康服务活动管理的运行过程

社区老年人心理健康服务实际属于一种社区公共卫生服务，应以政府主导，引导社区积极发挥主体作用，将政府的供给机制、老年人心理健康服务的市场机制以及志愿机制有效结合起来。社区要了解老年人的需求，根据心理健康发展工作规划，积极开发规范的心理健康服务流程，改变以往单一的以宣传、咨询和教育活动为主的心理健康服务项目形式，丰富活动内容，开发多元化的活动项目形式（朱媛，2013）。如开展老年人心理健康宣传教育、老年人心理健康咨询、心理建档、上门陪护、老年人健身活动、老年人娱乐活动等结合的多样化的活动项目，并根据社区的具体情况开发一些有特色的主题心理健康服务活动项目。

在以社区为单位进行老年人心理健康服务活动项目设置的时候，应以"预防保健为主、防治兼顾"为原则，要充分考虑到心理健康服务活动项目的公平性、可及性、成本、效率、质量、效益等（王小年、由旭、郭岩，2010）；同时，社区老年人心理健康中心针对老年人心理健康服务活动项目要配备好项目主管，项目主管对社区老年人心理健康中心负责，及时传达其要求并受其监督；对老年人心理健康服务活动内容的决策、心理健康服务活动效果、社区工作人员和志愿者等进行监督管理，定期检查心理健康服务项目的进度和效果，以确保服务质量。

3. 社区老年人心理健康服务活动管理保障机制

建立社区老年人心理健康服务活动的工作人员管理机制是社区老年人心理健康服务活动管理保障机制之一。由于目前我国社会工作者数量有限，心理健康服务活动开展需要依赖志愿者的帮助下才能够完成，需要加强对社区老年人心理健康志愿者的管理。要建立志愿者档案，定期对志愿者的工作方法、技能等进行培训，让他们明白作为志愿者的权利和义务。同时还要加强对社区心理健康工作人员的监督，避免其做出违反职业道德的行为。此外，需要培养社区心理健康服务人员的职业操守和职业道德，为老年人做好保密工作，同时还需要培养他们的热心、爱心和耐心，让他们对工作充满热情。

社区老年人心理健康服务活动管理保障机制之二是建立社区老年人心理健康服务工作绩效管理机制。公共卫生部门、卫生机构、社区、社区心理健康工作人员无疑是社区老年人心理健康服务的重要主体，为对这些主体进行激励和约束，需要对他们进行绩效评估，督促他们积极工作。如将社区老年人心理健康服务纳入卫生部门以及社区的工作考核体系中，接受上级部门的检查、监督；接受评估后，按照其工作绩效为其提供专业培训，并制定奖金报酬等方面的激励政策，不仅可以增强他们的工作投入度，同时也提升了工作人员的专业能力（何华敏、胡春梅、胡媛艳，2015）。不仅如此，还需要将不同主体老年人心理健康工作绩效评估结果与问责的有效结合，若出现违反规定或违反职业道德的行为进行相应的处理。

社区老年人心理健康服务活动管理保障机制之三是建立社区老年人心理健康服务制度保障。要使社区老年人心理健康服务有序地开展，需要相关的管理制度严格把控，政府要制定社区老年人心理健康服务的管理制度和管理制度以及相关的细则。近年来，国家卫生部和省市虽然出台了一系列关于老年人精神卫生政策，但目前并没有制定保障社区老年人心理健康服务工作的专项法规。因此，建议政府建立健全针对社区心理健康服务的法律法规，明确社区老年人心理健康服务工作的指导思想、基本原则、发展目标、组织领导、经费投入、人员设置、硬件建设、协作部门、服务对象、服务内容、服务标准、保障措施、评估考核与宣传推广，各地市根据本地区的情况，有针对性地制定有利于本地社区心理健康服务工作开展的地方性实施政策（魏淑华，2013）。

社区老年人心理健康服务活动管理保障机制之四是建立以政府投入为主的多渠道筹集资金机制。促进社区老年人心理健康，是政府的重要责任，需要将社区老年人心理健康服务纳入公共卫生建设的范畴中，并将其纳入财政预算中，进行统筹规范，拨付资金。为老年人心理健康的宣传和教育工作，病情调查检测工作以及工作人员的培养提供资金支持，从而促进社区老年人心理健康服务工作体系的协调发展。在政府投入和支持的基础上，社区应多渠道、多元化筹集资金，积极引导个人和社会资金投入心理健康服务发展领域；此外，还可以将社区的部分老年人心理健康服务市场化，挖掘社会资源投入其中（冯如、张灵聪，2010）。

6.4.2 社区老年人心理健康服务活动评价

对社区老年人心理健康服务活动的评价，能够更全面地了解和掌握社区老年人心理健康活动开展状况和实施效果，了解老年人参与社区心理健康服务活动后的心理和行为变化，并将社区老年人心理健康服务活动评价与管理紧密结合，将社区老年人心理健康服务活动评价结果应用于今后对社区心理健康服务活动管理中，有利于切实改善社区老年人心理健康服务活动效果和提升社区老年人心理健康活动服务质量。对社区老年人心理健康活动的评价应遵循绩效评价的基本理论,即一次完整的绩效评价一般包括评估内容、评估主体、评估周期、评估方法和结果应用(王艳,2012)。考虑到绩效信息采集和绩效周期确定较困难,本文主要是理论层面分析社区老年人心理健康服务活动评价问题,即围绕"谁来评价、评价什么和如何评价"展开分析。

1. 社区老年人心理健康服务活动的评价主体

负责和进行社区老年人心理健康服务活动评价的机构或个人是社区老年人心理健康服务活动的评价主体。"由谁来评价"直接影响了社区老年人心理健康服务活动评价方式的选择、评价指标的设计和评价效果的有效性,因此是社区老年人心理健康服务活动评价过程中的关键问题。从利益相关者理论角度来说,社区老年人心理健康服务活动评价主体应该包括政府卫生部门、社区、社会组织代表、专业人士和老年人本身等。社区老年人心理健康服务活动的评价主体分为内部的和外部的。其中,内部评价主体包括政府卫生部门、街道心理健康工作委员会、社区老年人心理健康工作重心、社区工作人员等,相关主体根据上下隶属关系展开自上而下和自下而上结合的评价活动。外部评价主体包括社会组织代表,如心理协会、心理专业服务机构、高校研究中心等,还包括专业人士、老年人本身,主要是对社区开展的老年人心理健康服务活动效果进行主观评价。

制定相应的政策和制度以保障社区老年人心理健康活动评价主体的多元化,这是保障社区老年人心理健康服务活动效果和质量的关键。特别是不断扩大外部评价主体在社区老年人心理健康服务活动评价主体结构中的比重,尤其是扩大老年人评价在社区老年人心理健康服务活动评价主体结构中的比重。而老年人是社区心理健康服务活动的主要受众群体,因此,老年人心理健康服务活动评价应以"老年人心理健康需求"导向为原则,政府或社区应以对老年人参与满意度调查问卷了解老年人对社区心理健康服务服务活动效果的评价与看法,从而不断地改进与完善社区老年人心理健康服务活动与管理(葛蕾蕾,2011)。

2. 社区老年人心理健康服务活动的评价内容

针对社区老年人心理健康服务活动的特点,对其服务活动进行评价主要是从投入和产出两个角度入手。具体来说,投入部分的评估重点是机构设置状况、硬件建设状况和活动经费投入状况等，产出部分的评估重点是社区心理健康服务工作的各项"痕迹"，尤其是社区老年人对心理健康服务工作的知晓率与满意度等，不仅有利于提升社区老年人心理健康服务活动服务效果和服务质量，也有助于优化老年人心理健康服务资源配置（魏淑华，2013）。

（1）社区老年人心理健康服务资源投入。

随着我国由计划经济体制向市场经济体制的转变，传统的养老方式受到了巨大冲击，家庭养老正在逐渐向社会养老转移。在此过程中，社区就成为一个连接家庭与社会的平台，政府和社会也日益重视社区老年人心理健康活动，在逐渐增加对其的投入。

第一，活动经费投入。随着中国经济的蓬勃发展以及老龄化社会的快速到来，我国政府越来越重视老年人社区心理健康服务工作，在运行经费方面在逐步加大支持力度。社区服务项目的运转，需要资金来维持，仅仅靠政府的支持是远远不够的，根据学者张瑞凯（2010）调查发现，85%社区心理健康服务的年度经费投入不超过1500元，对老年人心理健康服务活动的投入更是紧缺，经费不足已成为制约社区开展老年人心理健康服务的首要因素。近年来，随着人们素质的提高，不少企业、社会人士积极愿意捐款来支持此项目，第三部门的发展，也为社区老年人心理健康服务活动带来了足够的资金。

第二，社区心理健康工作人员的配置。一直以来，社区心理健康工作人员主要是由普通工作人员或医务人员兼任，大部分是非专业人员，兼职为主，缺乏心理学专业的专职工作人员。以重庆市为例，目前重庆市仅有6.2%的社区真正配置了专业心理辅导人员（何华敏、胡春梅、胡媛艳，2011）。另外，根据学者吴均林2010年对深圳和武汉两地的社区心理健康服务调查时发现，专职从事社区心理健康服务的人员较少，深圳的仅有4.1%的人从事心理健康服务，武汉的更少，只有3.7%，且大多是学习临床医学专业或护理专业的（吴均林、李雅妮、孙娜云，2010）。因此，社区老年人心理健康工作人员配备不足是社区心理健康活动开展需要解决的重要问题。

第三，设施配置情况。设施配置是开展社区老年人心理健康服务活动的重要物质条件，从目前实践来看，社区老年人心理健康服务活动缺乏专门的工作场地和设施，主要以建立的社区老年活动中心为主。因此，政府有必要为社区老年人心理健康服务活动提供专门的场所，使老年人能就近享受服务，这些场所应包括心理咨询室、心理健康活动室、心理测评室，此外，还要配备相关的专业工具，如心理测量表、心理统计软件、心理宣泄软件等（何华敏，胡春梅，胡媛艳，2011）。

（2）社区老年人心理健康服务活动效果。

对于社区老年人心理健康服务活动，目前政府、社会和老年人本身基本持肯定态度。社区老年人心理健康服务活动，既可以帮助老人维持身心健康，促进家庭和睦，还可以增加居民的社会责任感，增加亲社会行为，促进社会和谐。

在社区开展心理健康服务活动对老年人有许多独特的优势。通过开展心理健康咨询与辅导类活动能提高社区老年人的生活满意度（高婧，等，2011）；明显减少了一般心理问题、中重度心理障碍的发生，同时，焦虑和抑郁也得到了显著的减轻（于琪，等，2005）。通过开展的心理健康宣传与教育类活动可以使老年人了解到自己的心理特点以及变化规律，提高心理调适能力，增强积极情绪和减少沮丧、孤独、无用感等负面情绪；获得良好的人际关系，增强成就感，参加各种才艺活动可以培养兴趣爱好，丰富老人的晚年生活。

对家庭而言，开展社区老年人心理健康服务活动可以帮助子女更加了解老年人的身心健康，关心老人，也有利于维护家庭的和睦。同时，该活动的开展也在一定程度为家庭成员分担了一些负担。

对社会而言，此活动的开展，提高了老人的幸福指数、促进了家庭的和睦、维持了社区和谐稳定的发展。此外，还提高了大家对老年人的关注度，增强了大家的社会责任感，人们更愿意扬善除恶，对于建设社会主义和谐社会有着重大的意义。

3. 社区老年人心理健康服务活动评价方法

社区老年人心理健康服务活动评价是一个系统工程，评价的结果和质量会直接受评价方法的选择和使用的影响。对老年人心理健康服务活动评价的主要方法有问卷调查法、心理测量法和现场实效评估等。

（1）问卷调查法。专业人员根据评价的内容和要求，编制好老年人心理健康服务问卷，由社区工作人员将问卷发放给活动的管理者和组织者、志愿者和老年人等，来了解社区老年人的心理健康服务需求、老年人心理健康服务活动现状以及所存在的问题和老年人对心理健康服务活动的评价等。调查法在老年人心理健康服务活动的所有环节中都可以使用，但是也有明显的局限性：由于部分老年人文化层次较低或因年纪较大，不能自行填写问卷，并且对问题的理解力有限，问卷的填写需要工作人员协助；在问卷设计上，题目不能过多并且要简单易懂。被调查者合作的程度决定了问卷发放所收集到的信息的真实性，有时发出的问卷因时效原因未必能真实反映被调查者的感受，会导致可信度降低。

（2）心理测量法。心理测量法是运用科学的心理测量量表，对老年人参加活动的心理健康水平起始评价和心理健康水平终始评价进行对比，掌握老年人参加活动后心理健康水平变化，从而对老年人心理健康服务活动进行准确评价。心理测量法的优点主要是测验准确、客观和具体，而缺点是容易忽略老年人心理健康服务活动设计与组织管理中的其他环节和要素。心理测量法应注意以下几个问题：测量者必须是心理健康教育的专业人士或是通过专业培训后的工作人员；所使用的量表必须是专业的心理测量量表；对测试的结果应该加以保密和维护。

（3）现场实效评估。在活动开展现场由活动管理者或组织者直接向接受心理服务的老年人，了解活动开展的效果及需要改进的方面。这种方法可以实时了解老年人关于心理健康服务活动的主观评价和满意度，缺点是由于是对老年人心理健康服务活动的主观评价，调查的准确度、详细程度不足。

6.5　本章小结

本研究基于调查发现，目前我国社区老年人心理健康服务现状不容乐观，具体表现为专业人员缺乏、组织机构及其运行机制不完善、管理监督与评价机制尚未形成，建构一个完善的城市社区老人心理健康服务体系迫在眉睫。通过对国内外当前城市社区老年人心理健康服务现状的了解，借鉴国内外已有的较成熟的经验，探讨了我国城市社区老年人心理健康服务体系建构模式，包括宣传教育模式、咨询与治疗模式、人员培养模式和管理评估模式。每一个模式板块都发挥着各自的功能，它们之间相互联系、相辅相成、缺一不可，进而构成一个有机体系。其中宣传教育是基础，咨询与治疗是主体，人员培养是提升，管理监督与评估是保障。

1. 宣传与教育模式

提升老年人对心理健康服务的认识，正视自身的心理问题，寻求正确的途径与方式接受服务，首先应搭建一个社区老年人心理健康宣传教育模式。从宣传内容与形式入手，通过举办社区心理讲座，设置心理健康教育科普专栏，接受老人心理健康咨询，媒体宣传等途径，对心理健康问题的标准，心理健康问题的主要表现，接受心理健康服务的方式与途径，心理问题产生的原因及干预方法等方面的知识向社区居民（老人）进行宣传教育。

2. 咨询与治疗模式

进入老年期后，老年人由于生理和心理以及生活环境的一系列变化，在精神上常会出现一些消极的状态，情绪波动较大，很容易产生孤独感、寂寞感和无用感。大部分老年人都有潜在的或已经出现的心理健康问题，因此，为老年人提供心理健康问题咨询与治疗服务显得尤为重要，咨询与治疗模式也是整个服务体系的主体部分，需要引起高度重视。为老年人的认知问题（感知、记忆、情绪情感、老年智力问题）、行为问题（行为协调、学习行为、生活治理行为、社会适应行为、自杀行为问题）和心理障碍问题（抑郁症、老年痴呆、死亡恐惧）进行咨询与治疗，帮助他们正确认识自身的心理健康问题并协助他们进行心理调适，化解矛盾。

3. 专业人员培养模式

提供咨询与治疗服务需要完整的服务设备和专业的服务人员，这是专业的心理健康服务体系的必备要素。根据老年人心理健康服务的基本需求，社区服务人员的结构组成应包括心理咨询人员、社会工作专业人员、医务护理专业人员、街道与社区工作人员、非正式组织与志愿者等。这些服务人员需要具备一定的职业道德素养、专业伦理知识素养、专业实践技能素养与专业胜任力，社区老人心理健康服务才能更加专业化，服务质量也能有所提高。因此，社区服务人员要培养自身的心理健康与素质，职业道德与操守，不断更新与提升专业伦理知识，积极参加专业实务与技能的相关培训。

4. 管理监督与评估模式

社区老年人心理健康服务活动的开展，无论是组织层面还是运行过程都需要一定的制度保障和监督机制，需要建立一套完善的管理和评价模式。明确社区老年人心理健康服务活动的管理主体，管理的运行过程和管理的保障机制，然后采用问卷调查法、心理测量法或现场实效评估等方法，对社区老年人心理健康服务资源的投入状况和活动效果进行评价，有助于了解活动的开展状况和实施效果，从而进一步改善和提升服务质量。

第7章 社区老年人心理健康服务运行机制

7.1 引言

老年人的身心健康和精神慰藉问题已经成为日趋严峻的人口老龄化问题之一。老年人由于社会功能的退化,家庭功能的减弱,身体机能的下降以及个人角色的转变,会遇到各种心理困惑,产生心理问题(胡琳琳,2013;夏莉、朱坤、王明选、彭艳,2015)。人到暮年,人生境遇会发生很多改变,老伴或好友离世等负性生活事件,都会造成老年人产生心理疾病(孙颖心,2006)。有研究指出老年人存在诸多心理问题且日益严重:老年痴呆症、精神分裂症、抑郁症、情绪障碍、酗酒及滥用药物(邢学亮、汪莹,2008)。有研究指出老年人严重的自我忽视问题,直接影响老人死亡率(陈璟、蔡昭敏,2015)。老年人自杀亟须引起重视。据调查,老年人为中国自杀第二高峰年龄段(魏立和、薛德旺、费立鹏、朱凤艳、杨功焕,2005)。正如林崇德先生所说(2008),老年人面临三大挑战和四项发展任务:其中适应生理变化,再次认识过去、现在与未来以及形成崭新的生活结构为三大挑战;接受退休后的生活,促使智力提升,把精力投入崭新的角色与活动中去,构建科学死亡观为四大发展的任务。社区老人心理健康服务机制的目的就是为了帮助老年人成功地接受挑战并促进发展。

国内外无论针对什么群体进行心理健康服务都是提倡重预防(陈传锋、武雪婷、严建雯,2007),这也符合中国道家"养神"的观念,所谓"防患于未然"(戴明月,2007),也体现了中华民族的智慧,而不是把重点放在问题出现后的应对之上,即只对出现了问题的老年人提供相关服务。心理预防的概念主要使用 Caplan(1964)提出的三级预防模型(郭梅华、张灵聪,2009),属于公共卫生预防模型,这可能与我国社区心理卫生由政府卫生行政部门规划引导有关。初级预防(primary prevention)是针对社区全体居民,特别是对有心理问题危险的人群在出现问题之前进行预防。次级预防(secondary prevention)是尽早发现社区居民中存在心理障碍和精神疾患的人员并及时对他们进行干预、治疗服务。三级预防(tertiary prevention)是使得社区居民中有心理障碍和精神疾患的人数减少,为他们提供康复训练,营造良好的环境来帮助他们回归社会和家庭。继 Caplan 的三级预防之后,Gordon 在 1983 年针对预防的目标人群和经济投入及效益提出综合预防模型,包括全面性预防(universal prevention)、选择性预防(selective prevention)和指标性预防(indicated prevention)。全面性预防模式指用最少的投入产生最大的效益的,此模式着实让人眼前一亮,毕竟社会经济因素确实是中低收入国家老人心理服务专家计划的挑战(Shah A,2008)。后续美国国家医学研究所(Mrazek & Haggerty,1994)以三级预防体系为蓝本,结合综合预防体系的经济效益角度提出了心理健康干预光谱(Mental health intervention spectrum),如图 7-1 所示。

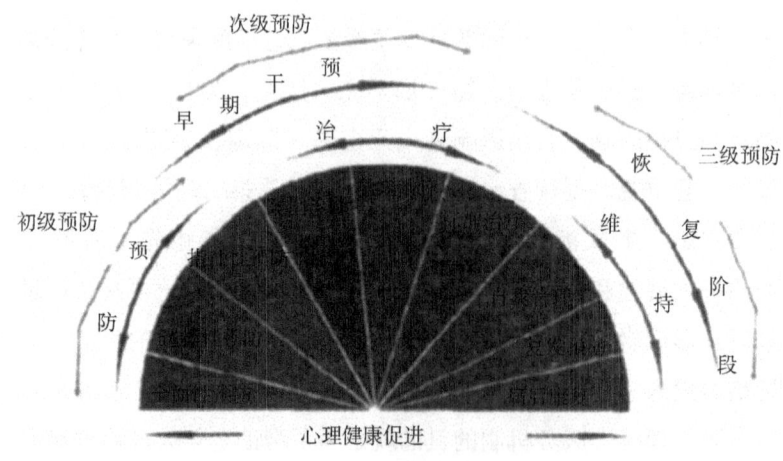

图 7-1 心理健康干预光谱

随着积极心理学的研究越来越受到学者和大众的喜爱,研究者和实践者们开始从积极心理学的角度入手,提出"心理健康促进"(mental health promotion)的概念(Ahmed, Kolder, Coelho, 1979; O'Connell, Boat & Warner, 2009;刘甜芳、杨莉萍,2012)。前三者属于消极预防,是通过改变心理健康的危险性因素达到预防的目的,而"心理健康促进"是培养和促进心理健康发展的保护性因子。结合 Gordon 提出的全面预防优越性,将积极预防即心理健康促进作为整个预防工作的基础再好不过。

总之,本书旨在根据最新的心理预防的概念和指导,结合中国特色养老模式和中国传统文化,以及国内外已有的心理预防和干预的模式,探索出适合中国社区老年人心理疾病预防以及干预的服务机制。具体思路如图7-2所示。

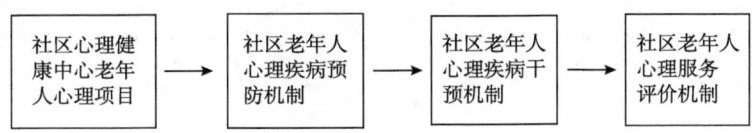

图7-2 社区老年人心理健康服务的运营机制

7.2 社区老年人心理疾病的预防机制

根据心理预防包含心理健康促进的最新含义,结合我国特色的文化背景和中国的特色养老服务体系,我们应当发挥传统文化和社区文化优势,整合政府、社区、医院、高校、家庭等各类资源,调动各行业人力资源包括社区干部、社工、心理咨询师、医生、志愿者,甚至社区群众和老年人家属及自身投入到老年心理健康服务的事业中去。随着老龄化社会的到来,社会经济、医疗等体系的改善,高龄化的趋势也警醒我们需要将老年人的心理状态看成是一个变化发展性的阶段,这个阶段的主要任务是积极应对老年化和继续进行社会化(陈璟、蔡昭敏,2015)。这就要求我们保护老年人顺利度过人格发展阶段的最后一个时期,获得完善感并避免失望和厌倦感,使有助于老年人心理健康的保护性因素的顺利发展得到促进和维护,使危害老年人心理健康的危险因子得到防止和瓦解,为老年人的心理疾病创建防预机制。根据 Caplan 的三级预防模型、Gordon 的综合预防模型和"心理健康促进"理念,本书所指的"预防机制"是指在心理健康促进工作上进行初级预防和全面性、选择性预防（见图7-3）。

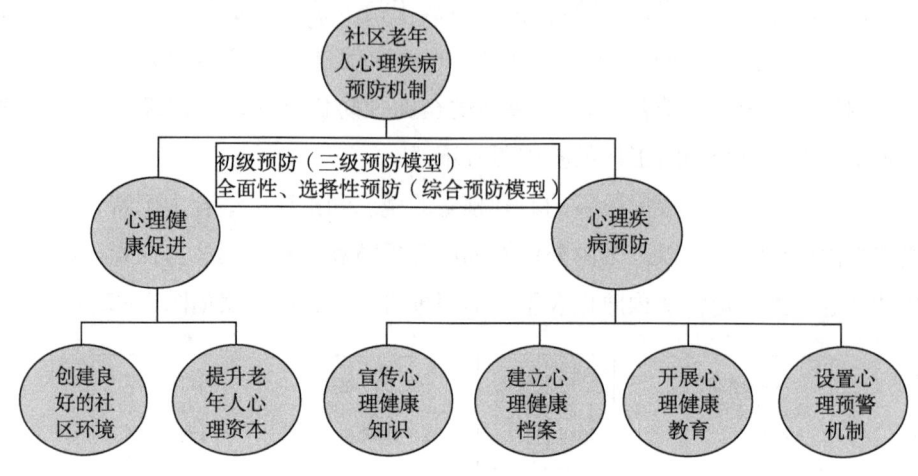

图7-3 社区老年人心理疾病预防机制

7.2.1 开展以心理健康促进为基础的积极预防机制

虽然目前国内的社区养老存在很多问题，包括政策支持没有形成完整的体系、制度不完善、经费投入不足，心理健康服务也只是在发达城市的一些社区执行。这样的现状可能导致没有充足的人力资源来保障心理健康促进工作的顺利进行，但是心理健康促进并不需要完全专业化的心理学工作者具体执行，仅需在各个部门规划老年活动与进行老年服务的过程中科学地关怀和关注老人，便能产生很好的积极引导作用。

在第三届全国老年人心理关爱研讨会上，顾秀莲指出："应从关注老年人'病态、幻觉、焦虑、狂躁'等负面的心理，转为用'兴趣、爱、满意、愉快'等积极的情绪去面对老年人的心理现象，以激发老年人自身固有或潜在的积极品质与力量，来帮他们开启通向幸福生活的大门"。王永梅（2015）提出积极心理资本（positive psychological capital）是老年人积极应对老龄化的内在驱力，心理资本包含四个主要品质：自我效能感（self-efficacy）、乐观（optimism）、希望（hope）和心理弹性（resilience）。社区老年人心理健康促进工作便可以从老年人积极心理资本入手，为老年人积极老龄化保驾护航。

1. 建立良好的社区环境，促进心理弹性保护性因素

良好的社区环境包括良好的物理环境和人文环境，赏心悦目的社区花园、综合广场都是老年人时常散步聊天的场所，体育锻炼器材是促进老年人身体健康的物质工具，社区老年人心理服务中心的设施如放松椅也是老年人放松身心的工具。同样，社区应当经常举办老少皆宜的社区活动，提倡孝顺、尊长等良好的社区风气，开设老年人艺术班、兴趣小组等活动，创建适应老年人生活的人文环境。这些都是促进老年人顺应老年化生活的方式，也是提高老年人心理弹性的方式。通过干预的方式提高老年人心理弹性属于心理弹性研究的第三次浪潮，从发展系统理论角度看心理弹性属于心理弹性相关研究第二次浪潮。发展系统理论主张将家庭和社区等生态系统纳入心理弹性的考虑范围（席居哲、桑标、左志宏，2008），且社区环境和家庭情况也是心理弹性的保护性因素（Wright，Maseten，2005）。心理弹性是老年心理资本的品质，能促进老年人应对生活中的危机和挫折。除了从外部环境来提高社区老人心理弹性之外，我们更应该从心理弹性的内部机制和老年人心理弹性的干预方案来入手，老年人心理弹性的作用虽得到了认可（郭丽娜、郭启云、高涵、张林、刘堃，2015），但是具体提高和干预方式还需进一步研究。

2. 促进老年人积极参与社会化，提高自我效能感

吴振云曾提出从五个"老有"入手，促进积极老龄化。2002年第二届世界老龄大会为积极老龄化提出"健康、保障和参与"主题，1997年国家人事部提出的人力资源二次开发，老年人参与社会发展即是"老有所为"。国家政府部门和社会提出为老年人的健康和保障做出努力，但是还需要老年人自己主动关注自身健康，积极参与到老年人重新社会化的过程中去。老年人人力资源再开发能促进老年人身心健康，特别是在老年认知方面，能延缓衰老，改善脑机能（曲江川，2007）。自我效能感是提升老年人心理资本的重要途径，往往有些老年人没有积极情绪来参与重新社会化，体验不到自我效能感，产生了厌世、无能感等消极情绪。

政府、社区、居委会相关工作人员应该宣传和倡导老年人再就业或者服务社会，并提供及时更新的社会相关信息和岗位。老年人的家属或朋友须做好动员工作，积极地投身至社会服务中去。据美国密歇根大学调查研究1200名高龄老人发现，每年做义工40小时以上的老年人比不做义工的老年人更长寿，

他们在学校、医院、活动中心、图书馆、监狱继续参与社会服务。老年人一生有许多宝贵的技能和精神财富，可以从事各种咨询服务、社会公益活动、将经验化为宝贵的书本资源等工作。医生、教师及工程师等还能寻得工作继续为社会服务。老年人社会功能再塑造也符合老人的心理需求，循环态需要层次理论（张耀庭，2013）提到的老年人的需求是由高级向低级发展，老年人心理保健要先满足他们尊重的需求，再改善他们的人际状况，最后满足他们的安全需求。

7.2.2 创建社区老年人的心理预防机制

国内在社区心理卫生服务机制方面积累了宝贵的经验，2004年新疆克拉玛依设立了三级心理健康服务中心，2006年杭州开展四级心理卫生服务发展模式，其中四级分别为"社区级、街道级、区级、市级"，2010年深圳社康中心的心理卫生项目实施率达100%。李雅妮（2010）对武汉青山区和深圳福田区的社区心理卫生服务进行了调研并提出了"以卫生局为领导，以精神病专科医院或综合医院精神科为骨干，以社区卫生服务中心为落脚点"的服务模式和组织体系，这个模式更加的偏向医疗卫生领域，应该更加注重心理学专业领域的加入，整合各项学科资源。从老年人心理健康问题的学术研究就可以看出，研究人员多为医学卫生系统，而不是心理学专业者，这样更容易使看待老年人的角度偏消极（廖红，2009）。社区心理健康服务人员存在非专业化的背景，会因技术力量薄弱，技能水平不高而导致心理疾病识别能力低下的情况（冯姝、孙娜云、张雯露、吴均林，2014）。社区建设独立的心理健康服务中心的实践案例也存在，无论怎样都要结合医学、心理学和社会学三者的优势，加强合作。

威尔士审计局提出了综合服务金字塔模式（2004），提倡居家治疗应对不断上升的社区老年人心理服务需求：最底层是早期帮助和评估，记忆力门诊和护理者支持；中间层次是社区专家团队支持，让老年人尽可能在家就得到照料；顶层是住家治疗的无法满足老年人需求的情况下进行住院治疗，康复后继续居家治疗。钟文娟（2008）曾提出建立心理档案、实施心理测评、早期发现心理问题、及时预防、有效干预的"五位一体"社区心理卫生服务模式。现将宝贵的社区心理卫生服务经验和社区老年人心理服务需求相结合，探索出社区老年人心理疾病预防和干预机制。

1. 政府设置社区的老年心理服务项目

政府需对社区养老和老年人心理保健的进行政策指导,针对社区心理服务和社区养老体系实行专项投入,划拨专属于社区老年人心理服务的项目,投入人力、物力和资金,开展针对老年人的多元化心理健康促进、心理疾病预防和心理疾病干预活动。专项资金除了用于独立的社区心理健康服务中心的基础设施、基本费用之外,还需要用于社工、居委会、志愿者等心理健康服务人员的专业技能培训。

2. 充分整合资源,促进社区老年人心理服务健全发展

以我国目前的养老体系的发展,我们应该确保现有的社区老年人服务团队在依托社区精神卫生中心或者康复中心的同时,每一个社区都应配备专业心理咨询师,可处理基本心理问题,倘若有必要亦需能转介至精神科的专业医生。利用周边高校资源,发展大学生社会养老志愿者。结合高校学者和科研机构开展学术研究并开发老年人再教育体系,包括开发适合老年人的心理训练活动及课程,如心理健康教育课程,认知训练,老年人团体辅导,心理资本提升辅导等。结合老年大学,开展各类促进老年人身心健康发展的教育课程。发动社区的居民参与其中,使之成为社区老年人心理健康服务的新动力。考虑市场机制,加强社区心理健康服务中心与社会心理机构合作,实现社区福利性和经营性的统一(杨丽娟、杨琳,2014),促进社区心理服务模式的良性发展。

3. 通过对心理健康知识的宣传,为老年人树立心理健康理念

利用宣传窗、心理健康手册、多媒体等多种宣传媒介,全方位进行心理健康知识的传播。宣传的内容可包含老年人心理健康标准,如何分辨心理疾病,如何进行自我调节以及老年人心理障碍有何表现与如何预防。也可以包括婆媳关系处理方式、离退休综合征、隔代抚养等日常困惑。宣传内容需具备心理学专业背景的人来研究与制定,内容应是积极、科学以及贴近生活的。宣传主要包含四个目的:首先是传播和老年人心理方面相关的知识,帮助那些性格内向,不愿求人的老年人打开一扇窗;其次是警醒老年人家属或子女,如何辨别、预防和处理老年人心理疾病;再次是树立老年人有心理困惑找专业心理咨询师的意识,正确认识心理咨询;最后是将积极的角度带给老年人去对待自身老龄化的问题。例如,2015年7月27日,腾讯新闻报道91岁吴合大夫退休后

义诊36年，是"老有所为"的典型代表。84岁的张仁鹏曾是一名总工程师，在武汉体育学院蹭课10年，癌症晚期仍在坚持，2015年顺利硕士毕业，是"老有所学"代表。这都是积极老龄化的正面例子，是老年人积极乐观看待老年生活的最好教材。在这里也呼吁社会媒体，多关注给社会带来积极力量的老年人事件，传播积极老龄化的健康理念。

4. 建立社区老人心理健康档案，定期进行心理普查

从2009年开始，创建居民的健康档案，实施规范管理以及定期为65岁以上的老年人提供健康检查（陈彩珍，2009）在我国正逐步进行。我们应当结合居民健康档案，建立相对应的老年人心理健康档案，定期为社区老人做心理普查。

选取合适的工具，创建心理健康档案。吴振云等人（2002）编制了我国老年人心理健康问卷，为了更适合我国的实际情况，选择从心理现象涵盖心理过程和个性心理特征的角度出发。2009年，我国老年人心理健康问卷（城市版）在前人的研究上完成并编制出常模标准（李娟，吴振云，韩布新，2009），为我国老年人心理健康档案成立提供可靠工具。老年人心理评估还有其他量表，包括症状自评量表（SCL-90），老年人抑郁量表（GDS），抑郁自评量表（SDS），焦虑自评量表（SAS）。为了考虑老年人的退化状态，还有中文版简易智力状态检查（MMSE），痴呆简易筛查量表（BSSD）。

工作人员在建立社区老年人心理健康档案的同时，需结合老年人实际生活情况，筛选出特殊老年人进行重点预防和关注，即为Gordon所提出的选择性预防做铺垫，以便后续针对特殊的老年群体进行心理健康教育等服务。这些老年人包括失独老人、丧偶老人、空巢老人、重病老人、退休老人，等等。针对心理健康高危老年人，需要后续进一步诊断，进行咨询或治疗服务，这部分将在干预部分着重强调。

5. 举办多样化的老年人心理健康教育的活动

老年人心理健康教育活动既是预防手段又是干预手段，本书的干预机制可能更多地涉及治疗和康复，故将心理健康教育放在预防机制。除了老年人自身是心理健康教育的对象，他们的家属以及子女同样也是。

（1）专对老年人举办心理健康教育的活动。

老年人心理健康可能不如其身体健康更受关注，需要找到好的切入点来开展多种多样的心理健康教育活动，可以针对不同的特殊老年人群体开展不同的

心理健康教育课程。

利用讲座的形式宣传心理健康促进和积极老龄化理念。讲座主要是从改变认知的角度来辅导老年人积极应对老龄化，普及老年人心理健康知识。老年人须了解除了消极应对老年生活的到来，还可以将暮年生活过得更加精彩，如通过培养兴趣爱好，参与义工活动和体育锻炼，可以促进身心健康。

利用心理训练对老年人进行相应的潜能开发和记忆强化训练。老年人认知功能具有一定的可塑性，如"归类复述法""联系法"和"反复训练法"（宋晋，2011）。对于老年人存在的心理机能下降的问题，比如听力、视力以及记忆力的衰退等，能够通过记忆力训练来应对。2015 年江苏卫视《最强大脑》第二季中，73 岁老年痴呆症患者吴光仁挑战背诵圆周率小数点后 5000 位震惊了观众，他自创记忆法对抗生理衰退令所有人为之振奋。这便告诉我们在面对年老带来的消极影响时要有一个积极的心态。

利用团体心理辅导、角色扮演、心理剧、文艺活动让老年人学会跳出自己角度看生活。团体心理辅导是利用团体中人际互动，改善团体成员人际关系和认知模式，提高心理弹性。离退休老年人，需要适应社会角色的转换；人际关系不良的老年人需要站在别人的角度去思考问题，包括如何处理好婆媳关系、代际关系等问题。

（2）专对老年人的家属举办心理健康教育活动。

研究表明社会养老与居家养老相比，社会集中养老者心理健康水平要明显低于居家养老者（孙颖心，2007）。空巢老人的核心特征是缺乏爱，长期没有与子女交流形成孤独感（邓俊、杨晶、孙晶晶、程海丹、田君叶、刘均娥，2008），这都说明了家庭对老年人的作用。另外，家庭是老年人心理弹性的外部保护因子，尤其是对于家庭观念很强的中国人，家庭显得更加重要。从养老体系这个角度来看，家庭与个人的加入也是延续传统家庭养老功能的现实需要（齐美胜，2009），实现老有所依，能够生活在家庭中，和子女生活在一起是依托社区资源养老最理想的状态。刘志远（2015）提出要优化大学生家庭环境，有利于精神障碍者康复和治疗。Byrne 和 Neville 就提出对于老年人抑郁症的治疗，家人的参与和关心尤其重要甚至就是治疗本身。老少同居有益于老年人心理健康，美国更是有人将幼儿园开到了养老院中，孩子们给养老院带来了乐趣和生气，老年人的精神面貌发生了巨大的变化，不再暮气沉沉，孩子们也不再害怕老年人。除了家庭角色对老年人的重要性，家属参与心理健康教育活动也可以了解心理知识，及时预防和干预老年人心理疾病。对于家属的心理健康教育工作主要可分为以下几个点。

普及有关心理健康方面的知识，使其学会分辨和预防老年人心理疾病。有的老年人随着记忆力的下降和认知能力减弱，开始表现出消极的生活态度和抑郁症状，这时候子女应该求助专业人员，有可能并不是老年抑郁症而是老年痴呆症。尤其是有老人有心脑血管疾病的情况，如何预防老年痴呆症？有研究指出搭配颜色对心理疾病的康复有影响（孟威妍，2011），家属在护理老年人心理疾病治疗和康复阶段应该注意什么？

根据老年人气质特征和性格特征，学会与老人沟通（孙颖心，2007）。太重的语气可能会导致抑郁质的老年人萎靡不振。对于胆汁质的老年人要学会冷处理，尽量事后待其冷静下来再对其讲道理。如何对待固执或者爱唠叨的老人？如何对待老年人的怀旧心理和返老还童心理？

了解老年人消费心理，以防老年人上当受骗。老年人由于身体机能下降，往往喜欢购买保健品，这个消费心理可以理解，但是还是有很多老年人容易上当受骗，甚至还有专门针对老年人进行宣传的销售团队，给老年人推销一大堆无用产品。如何防止老年人上当受骗是一个值得关注的问题。

6. 充分运用云计算，创设心理预警网络机制

钟文娟（2008）在研究了社区居民的心理健康、生活事件、社会支持以及应对方式后，创建了社区居民的心理预警模型。研究构建了生活事件、应对方式、心理健康三者的结构方程模型，认为应激源如负性生活事件是刺激心理健康异常的因子，应对方式中的问题解决为心理健康的保护性因子，但幻想与自责为心理健康的危险性因子，当应对方式中的保护性因子不足够可以抵御危险因素的时候应该建立起心理预警。研究结果显示社区居民生活事件的危险因素包括工作、家庭、社交和其他问题如自责、幻想等消极的应对方式，并根据危险性因子建立 logistic 回归预警模型，并根据具体数据值建立轻度、中度、重度三级预警机制。研究表明心理弹性在老年人心理压力和心理健康之间起到中介作用（郭丽娜、郭启云、高涵、张林、刘堃，2015），老年人的人口统计学变量中文化程度在心理健康方面有显著差异（陈天勇、李德明、李贵芸，2003），我们还可以从老年人心理品质，如心理弹性、自我效能感及文化程度

等人口学变量出发来建立数据模型来研究老年人心理预警机制。但是这样的心理预警模型是静态的，一次调查数据不能终身有效，生活是继续发展的，心理品质虽不易改变，生活事件确实是不可预测的。因此，在静态的基础上，我们应该利用互联网建立动态的心理预警机制。

在互联网时代，很多传统生活方式发生了改变，对于这个契机我们理当充分地利用。王亚军（2011）曾针对大学生所提出的动态干预系统、大数据分析、科学技术的发展进行信息收集、心理危机模型的建立，提出了自动预警的设想。以心理学为基础，对各种心理危机建立起一种模型，然后将干预对象的资料通过电脑与预先设置的模型进行比对，根据两者的匹配度来进行判断，若匹配度较高，则需要引起注意。如我们将自杀倾向的心理危机模型设置为某一个体频繁地搜集与自杀相关的资料、与周围的人交流自杀心得、流露出厌世情绪并经常发布一些遗嘱类的信息等。在收集和分析学生资料时，系统若频繁出现"自杀"字眼，将对这一学生的其他行为进行进一步的分析并创建他的模型，如与设置的自杀心理模型匹配度较高，则需要提高警惕，让工作人员立即跟进，同时对个体的资料进行进一步的获取，并分析有没有必要对个体进行干预。但是这是对于大学生这类经常使用互联网的群体而言，对于老年人来说可能使用率并不高。现阶段可以建立预警机制用于社区整体管理，随着科技更新和"60后""70后"的老龄化到来，可以逐渐起到重要作用。

基于云计算的城市社区电子政务服务的研究（王楷，2015）提示我们可以开发适合社区心理工作老年人版块的信息系统。一是进行档案记录管理。从老年人居民档案，心理健康档案，到后续的心理健康教育、心理咨询、心理治疗、心理康复、心理危机干预等一系列的追踪记录。二是对特殊老年群体进行预警制度。设置重点关注对象，采取社会工作和心理工作的方式，关心关爱老人，防患于未然。三是建立社区居民参与版块。居民共同参与社区心理健康项目对居民自己心理健康起到意想不到的效果（徐华春、黄希庭，2009），居委会负责人、居民楼领导者、老年人家属等可以在觉察到老年人危机的时候迅速进行电子上报，仅心理工作者和社会工作者能有权限查看，学习电商下订单立即有反馈的机制，立即点亮红灯反馈给心理危机工作小组。社区老人心理健康电子系统平台和预警机制能促进社区老年人心理问题信息化归类；有利于社区心理健康工作全民参与；便于社区老年人心理健康工作人员的工作安排及跟进；方便上级监督单位进行心理健康工作指导并进行政管理。

7.3 社区老年人的心理疾病干预机制

中国新精神卫生法规定心理异常的情况应该由精神科医生诊疗，心理咨询师仅能辅助心理咨询。社区老年人心理疾病的干预机制是技术上由社区心理咨询师和上级精神科医生共同完成，并由社区社工、志愿者帮助老人适应正常生活，改善心理状态，提升生活质量和回归社会（Healthcare Commission，2009）。军队提出心理咨询、心理教育和行为训练三位一体的心理教育训练模式值得借鉴（刘巨明、杨文伟、孙志辉，2015），提高社区心理咨询师针对有心理问题甚至是心理障碍的老年人所提供的服务：心理咨询、心理辅助治疗、心理康复、心理危机干预等，职业范围之外的心理疾病应转介到精神科医院进行治疗。若从三级预防机制来看，社区老年人心理疾病干预机制属于二、三级预防，从综合预防来看是指标性预防阶段，也是心理健康光谱的治疗和维持阶段。结合上一章心理健康档案建立和心理危机预警机制的建立，加上老年人自己来访和家属来访的情况的具体干预机如图7-4所示。

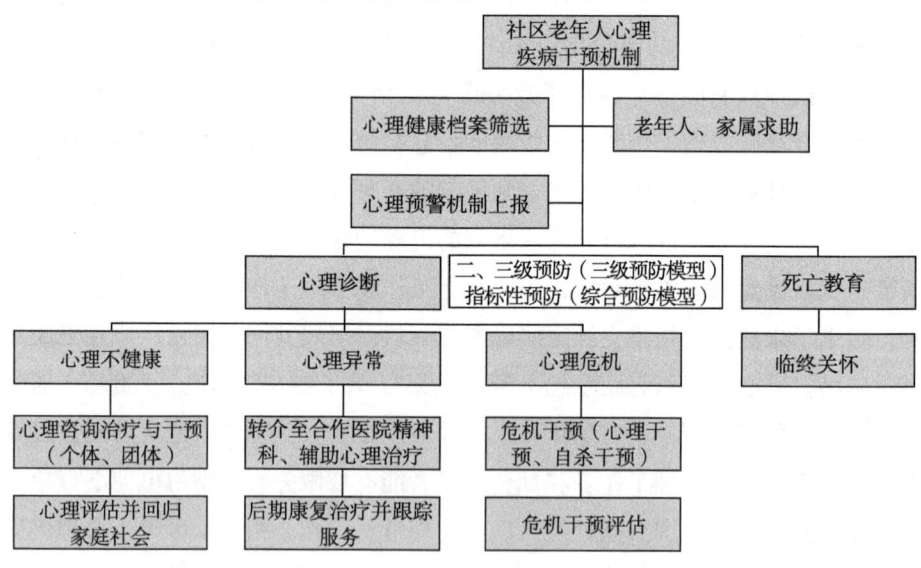

图7-4 社区老年人心理疾病干预机制

7.3.1　老年人常见的心理障碍及诊断

国外学者曾提出，老年人存有三个顾忌：贫困、孤独和疾病。特殊群体包括失独老年人、丧偶老年人、空巢老年人、重病老年人、退休老年人，这些老年人都是高危群体。我国老年人主要的心理障碍有抑郁症、焦虑症、人格障碍、情感障碍、物质依赖（烟草、酒精、药物）及身心疾病。薛海波等人（2006）指出老年精神科住院的患者中大部分都患有老年痴呆和精神分裂症，按其比例的大小依次为：精神病性障碍的占比为40.5%（其中精神分裂为40.1%，偏执性为0.4%），痴呆患者占比为38.2%，情感障碍的占比为12.1%（其中抑郁发作为10.3%，双向情感障碍为0.9%），剩余依次是酒精依赖、神经症、应激障碍等。威尔士（2004）和萨摩赛特（2009）的社区老年人心理健康存在三大问题：抑郁症、严重抑郁症以及痴呆症。

老年人由于生物遗传、躯体疾病、身体变化，生活重大变故、人际关系紧张等原因可能产生认知障碍、情感过程障碍、意志行为障碍、意志障碍等方面的心理异常现象。精神病学分类有三种：分别为世界卫生组织的《国际疾病分类》（ICD）、美国精神医学会编写的《精神疾病诊断和统计手册》（DSM）以及我国中华精神科委员会参考前两者编写的《中国精神疾病分类方案与诊断标准》（CCMD）。

老年痴呆对老年人及其家属的生活影响特别大，表现为判断、知觉和定向能力障碍，记忆障碍、情感障碍、思维障碍、言语和行为障碍，甚至有人格障碍和睡眠障碍。主要分为两类：一是原发性痴呆（阿尔茨海默症），二是继发性痴呆，多为血管性痴呆，伴随脑血管疾病。前者多由人脑老化、遗传等生物、生理因素引起，如性格孤僻、兴趣狭窄等社会心理因素以及慢性中毒等。后者主要的是由吸烟、喝酒、煤气中毒等导致。老年痴呆不可逆，故预防更重要。

老年人抑郁症是一种持久的心境低落状态，多伴有思维迟缓、兴趣丧失、自我评价过低，有焦虑、身体不适感和睡眠障碍。指首次发病期在老年期，高发年龄在50~65岁，以持久的抑郁心境为基础，有些病人会因为更多关注躯体症状而误导咨询师或者医生。无论什么年龄段，女性的抑郁症患病率都要高于男性，而且非常容易导致自杀，故心理健康的目标之一是减少自杀率。发病前有社会心理诱因，如退休后的社会适应不良，身体疾病的折磨，空巢的孤独等都可能使其产生悲观情绪。抑郁症通常有较强的隐蔽性，有的老年人虽然面带笑容，其实却有严重的抑郁症，严重抑郁症的老年人会产生自杀行为，需要采用自杀干预并住院治疗。首先，采用支持性治疗，提供给老人最基本的安全感，耐心倾听和陪伴。其次，药物治疗和认知疗法。最后，有陪伴他们的家人和温暖的家庭氛围特别重要。国外对于严重抑郁症患者甚至采用无抽搐电休克方法（MECT）。

焦虑症是老年期常见的心理障碍，是一种以突如其来的和反复出现的莫名恐惧和焦虑不安为特点的神经症，分惊恐发作和广泛性焦虑症两种，惊恐发作的症状表现为经常出现心悸、剧烈心跳、心慌、呼吸困难、胸闷、胸痛、四肢麻木、出汗以及濒死感等现象。广泛性焦虑症的主要症状为紧张、害怕、担心、易激怒、注意力不集中并伴有运动性不安，出汗、胸闷、尿频、头痛、失眠等。对于焦虑症可以进行药物治疗和非药物治疗相结合的方式更好，认知行为疗法和分析性心理治疗是在焦虑症中运用较为广泛和有效的疗法，如精神分析、沙盘游戏等，还有催眠疗法、支持疗法、系统脱敏法等方法。

2012年出台的《中华人民共和国精神卫生法》，明确规定心理咨询与心理治疗的区别，指出神经症属于精神科医生的治疗范畴。社区心理健康中心的医生在进行心理诊断的时候需要鉴别出具体情况，再决定是转介还是咨询。

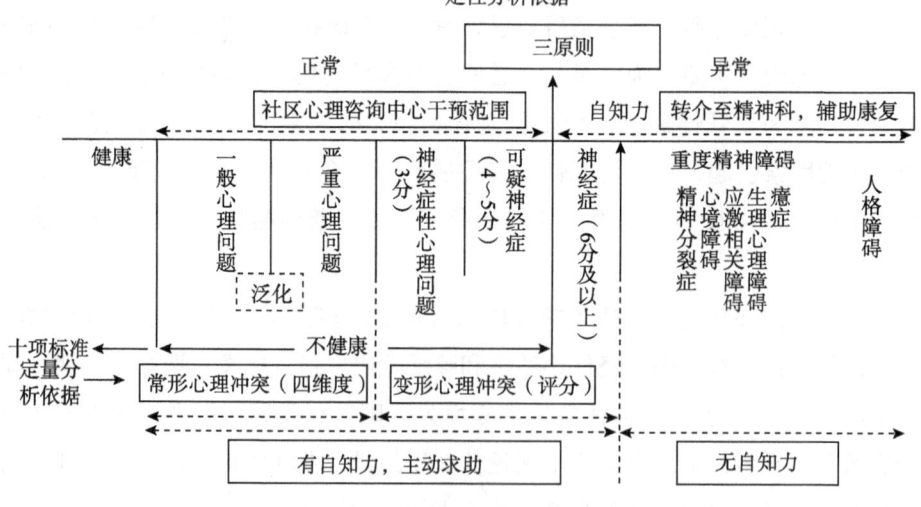

图7-5 心理诊断依据及干预范围

根据图7-5的诊断分类，社区服务中心干预的范围属于心理正常但是不健康的范畴，包括一般和严重心理问题、神经症性心理问题、可疑神经症。针对心理异常的老年人只能进行康复辅助治疗。社区心理服务中心需要在求助者来到中心后结合心理测量进行鉴别诊断，针对异常的状态需要及时转介以免耽误治疗。老年人属于弱势群体，有身体患病、行动不便、社会功能减弱等问题，需要医学、心理学、社会学工作者的共同努力。精神科医生与社区心理咨询师应该密切配合，所有的心理障碍和问题第一步就是要排除身体的疾病。需要注意的是，抑郁症和痴呆症是老年人心理疾病的两大头号杀手，两者又特别容易混淆的。对于抑郁症的辨别一般是先用老年抑郁量表测量（GDS），再用痴呆简易筛查量表（BSSD）进行辅助辨别。

7.3.2 老年人心理问题干预及辅助康复治疗

社区心理咨询中心可以在鉴别诊断后，针对老年人存在的心理问题进行个体和团体的咨询和辅导、心理健康教育与后期评估。咨询方式可以多样化满足不同老人的需求，包括面对面咨询、书信咨询、电话热线、网络咨询。

心理咨询与治疗的主要方法（高焕民、柳耀泉、吕辉，2007）有精神分析疗法、行为治疗、认知疗法、来访者中心疗法、森田疗法、催眠疗法、松弛疗法、生物反馈疗法、支持疗法、集体心理治疗、中医心理治疗。国内还有家庭治疗和表达性艺术治疗，深受大众欢迎，包括绘画、舞蹈、音乐治疗，等等。中国本土化的疗法有钟友彬的认知领悟疗法和朱建军的意象对话法。其中在老年群体当中使用较多的心理疗法有支持疗法、认知疗法、森田疗法、松弛疗法、生物疗法、中医疗法和认知领悟疗法（孙颖心，2007）。

老年人抑郁症社区合作管理模式采用药物治疗和心理治疗相结合，研究证明社区管理模式对老年抑郁患者是可行的（袁相红、吴雅芳、陈树林，2014）。冯正仪等人（冯正仪、贾守梅、胡雁、王君俏，2004，2005）认为对社区抑郁老年人支持性心理干预是有很大需求的，通过对抑郁不严重，无精神病性症状，药物有禁忌症的老年人进行支持性心理治疗干预，取得了良好的效果。此外，运动处方的干预能改善老年人抑郁、焦虑等症状，刘俊成（2013）、薛武（2010）、孙云樵（2014）采用慢跑的运动处方对老年人心理疾病进行干预，同样取得良好的效果。孙云樵（2014）指出，运动处方虽然对于若干老年人的心理疾病有治疗和调节的功效，但它不能完全代替心理医生的心理咨询治疗。心理咨询与运动处方相结合才是理想的治疗模式。虽然运动处方的最初提出者为美国的生理学家卡波维奇，但它与中医心理学中的人格体质论有着相同的思想。中医心理学中主张心主神明论、形神合一论、五脏情志论、心神感知论、阴阳睡梦论以及人格体质论，提倡气功养生、清净养神、节欲守神，以及顺时调神。八段锦和五行音乐疗法是中医形神合一的思想，两者单独或一起对亚健康心理状态的干预作用给老年人运动疗法和中医疗法的结合带来新的途径（耿元卿，2013）。同时，练习太极拳、五禽戏、八段锦、易筋经这些由国家体育总局推广练习的四大健身功法，对身处亚健康状态的老年人来说也有着很好的调节作用。

心理健康教育应贯穿于社区老人心理疾病预防和干预的整个过程，是一种群体干预的方式。心理疾病预防和干预阶段的侧重点分别是如何应对心理疾病和如何进行康复锻炼。干预阶段心理健康教育的对象同样包括老人自身和家属，针对轻度心理障碍无精神病性症状的老年人进行讲座、小组教育活动等，针对轻度老年痴呆患者进行认知康复训练等。特别是抑郁症、老年痴呆症家属，在老人患病后承受着巨大的压力和心理负担，对家属进行心理知识的普及、情绪调节和老人护理知识的传播。此阶段的心理健康教育可融合心理咨询与治疗的具体方法使用，包括家庭治疗的家庭系统排列和萨提亚治疗模式（Seiser，L.，Wastell，C.，2007）等。

根据不同的心理问题和辅助治疗的需要，使用不同的方法，对老年人进行心理咨询与治疗时，应该注意以下几个方面（孙颖心，2007）。

（1）由于老年人的年龄可能比心理咨询师或者临床医生的年龄高，在咨询与治疗的过程中需要有"尊敬长辈"的态度。

（2）老年人喜欢回忆过去，不愿意去计划将来。重心可放在"现在"和"过去"，可以让老人找回年轻时的自信，振作精神。

（3）老年人遇到心理挫折和困难，多半是因为"丧偶""孤独"，缺少"关心"，需要照顾和倾听，所以要保持亲切、同情、支持、有兴趣和轻松，使咨询与治疗过程变成一个享受过程。

（4）老年人的性格已经定型，且其反应方式比较固定。所以，不能以追求其根本的改变来制定治疗的策略，而是在顺应其原有的特点与性格的基础上，让其适应环境。

总而言之，完成了心理咨询与治疗、心理健康教育与心理康复的辅助工作之后，还要实行综合评估，以至干预的效果。

7.3.3 社区老年人心理危机干预

危机干预（crisis intervention）又称危机管理、危机调停或危机介入，多用于社会重大灾难如"9·11事件"，汶川地震事件等公众危机。目前对于国内危机干预研究多关注大学生群体（王玲，2012；王喆，2012；刘志远，2015；张馨月，2015），老年群体的危机干预研究较少。

1. 特殊老年人的心理危机干预

心理危机干预研究的鼻祖 Caplan 认为，暂时的心理困扰（psychological distress）的产生源于当一个人面对困难情境（problem aticsituation）时，他曾经的处理问题的方式及一贯的支持系统无法完全应对当前的处境，即他要面对的困境已超出他的能力范围，此种暂时性的心理失衡状态即心理危机（王亚军，2014；张海燕，2015）。从中我们可以看到，心理危机和心理疾病存在一定的差别。心理危机是由困难情境、重大事件也即由应激源引起的，具有突发性，这也是为何本书会将心理危机的干预单独作为一节内容的原因之一。同时，心理危机干预和心理咨询与治疗也存在差别，干预存在介入成分，但心理咨询与治疗的基本原则是不建议、不教育、不评价。当然根据心理咨询诊断分类，一般心理问题、严重心理问题与神经症性心理问题，神经症与前两者的区别就在于前两者有现实刺激，而后者是没有现实刺激的，故心理危机和前两者也有共同要素，这是将此节内容与第一节、第二节区别开来的原因之二。老年人可能会遇到很多危机事件，失独、丧偶、患病、丧子、退休、空巢、再婚受阻等事件都将给老人带来巨大的心理冲击，随着危机事件的发生，这将会造成老人出现心理失衡的状态。根据心理学家布拉姆（Brammer）提出的心理危机三分法，心理危机主要分为发展性危机、境遇性危机以及存在性危机。在刚退休时老年人可能会产生发展性危机，在丧子、失独、丧偶时可能产生境遇性危机和存在性危机。

危机干预的模式测评主要有四种（李建明，2011）。一是三维危机检查评估模型，从情感、认知以及行为反应进行危机评估。如老年人面对亲人离世，是否有情绪宣泄，如何看待这个打击，有哪些异常的行为举动。二是阶段性的评估模型，对即刻应对期、适应早期、适应中期、适应晚期、消退或症状发展期进行评估。这个模型辅助从工作人员及当事人的反应和发展来判断老人的危机。三是人与环境互动的评估模型，从不同类型的危机事件可能引发不同的问题进行评估。这个测评模型可以帮助干预小组或工作者从心理危机的类型判断老人可能会发生哪些危机，可以提前做好疏导准备。四是对求助者的应对机制、支持系统和其他资源进行评估，这个评估过程中要考虑当事人个人的观点和能动性。

在对老年人进行危机评估之后，再开始对老人开展危机干预，主要可依据三种危机干预模式进行，分别为平衡模式、认知模式以及心理社会转变模式。平衡模式适合在早期进行，鼓励情绪宣泄和释放，特别是男性老年人平时情绪不表露，很难处理好老伴离世的巨大痛苦。这个阶段不适合谈太多深层次的话题，避免二次伤害尤其重要。认知模式是在合理情绪理论的基础上提出的，帮助当事人纠正错误的思维方式，改变以往非理性的思维方式和自我否定，增强信心，提升自控力。比如面对退休老人的危机感采用认知模式，对亲人离世的也要调节老人的认知，帮助其树立信心，激发其继续生活的希望。心理社会转变模式是考虑老人的心理品质和外部支持系统，帮助其利用外部资源来应对危机，比如参加老年大学、老年舞蹈队转移注意力，缓解离退休综合征。大学生危机干预常常提到学校—院系—学生（班级、宿舍）三级模式，就说明了当事人身边的人及时发现非常关键（马建青、朱美燕，2014）。老年人家属和邻居的参与也相当重要，老年人应该建立家属邻居朋友—社会工作者、志愿者—社区心理咨询师的支持系统。

2. 老年人自杀危机干预

老年人在面对心理危机时，如果事件巨大而社会支持系统很少，那么就有可能产生自杀行为。这是除了抑郁之外，导致老年人自杀行为的第二大危险因子。社会对于大学生自杀群体的报道很多，其实按年龄段来说，老年人群是自杀率最高的，且农村老年人自杀率很高。

费立鹏等对卫生部1995—1999年的自杀数据进行分析，中国自杀的两个高峰人群分别是老年人和青年人，而老年人自杀的原因多为负性生活事件，特别是生病和丧偶（魏立和、薛德旺、费立鹏、朱凤艳、杨功焕，2005）。也有

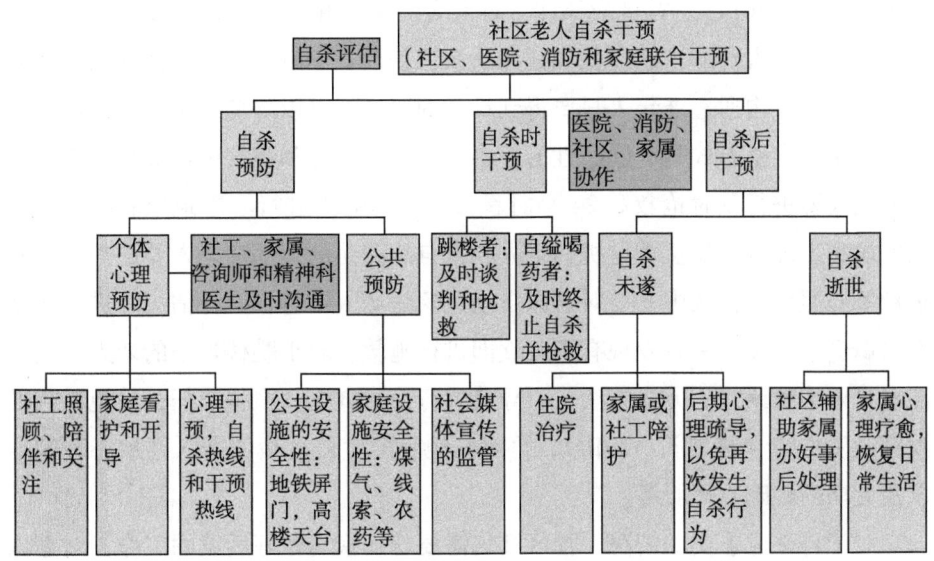

图7-6 社区老年人自杀干预

不一样的结果,深圳地区自杀高危人群是25~30岁青年劳务工(周海滨、彭绩,2011)。研究指出丧偶对老年人打击非常大,特别是男性老年人,因为他们平时的生活大部分是由老伴儿照料,老伴儿突然间离世让他们无所适从,这可能是老年人中男性自杀率高于女性的原因。其实不难理解,丧偶、失独、丧子、空巢等很多老人身边没有人照料,一旦生病,巨大的经济负担和身体疼痛无法承受,加上可能身体行动不便认为自己给家人带来了重大的负担便想结束自己的痛苦。

自杀干预专家李献云(2012)曾指出自杀预防分为个体层面和群体层面的预防,个体主要指从老年人自身出发,群体层面主要是指公共事物和设施场所安全性和群体的心理健康教育。公共预防包括:地铁屏蔽门的建立,天台楼道的封闭和防护网的设置,农村地区农药的致死性降低,煤气的脱毒处理。自杀具有易感性(邹凤梅,2014),媒体自杀的报道也要注意公众导向性。关于大学生自杀干预对策研究(陈谓,2013)提出的教育预防和社会支持,对于老年人自杀预防来说值得借鉴。魏立和等人(2005)提出干预措施对于老年人在生活方面应予以更多的关心和支持,提高其生活质量,同时加强其社会支持网络,如通过提高农村老人抗逆力即心理弹性水平,也可以达到自杀干预的效果（邓玮，2014）。社区应该注重对老人的陪伴和心理危机干预，与此同时加强老人身边人群的自杀症状和征兆的知识普及。李献云指出社区和家属尤其要多和老年人沟通，老年人只要得到日常的照料就可以降低自杀的可能。

老年人自杀方式具有隐蔽性的，多为服毒、自缢和煤气中毒等，对自杀未遂的老人要进行及时抢救和 24 小时看管，并对老人进行心理疏导和陪伴。所以家属和亲友对遭受重大危机的老人和有自杀前兆的抑郁症老人要加强轮流看护和关心照顾。社区中心要对透露自杀意象的老人进行自杀评估，并进一步联系家属进行干预，一旦发现有不测立即进行施救。对于跳楼自杀的老人一定要注意自杀干预谈判的方式方法，引导其进行情绪宣泄，取得信任，避免谈判的误区激发情绪（赫凛冽，2010），再对已经脱离生命危险的老人开展心理辅导以及后期的跟踪心理服务。

对于自杀成事实的情况，社区社工需要帮助家属做好后续的工作。对老人家属和亲朋好友甚至社区其他老人进行心理咨询、心理教育等干预，帮助家属和老人亲朋好友恢复心理能量，以防相关人士再次发生自杀事件。

3. 临终关怀及死亡教育

临终关怀（Hospice Care）是指为无法治愈、医生诊断其生命不超过 6 个月的病人（苏永刚，2013；黄京京，2013）进行人性化的护理和照料，提高生命质量，给病人家属提供死亡教育，总之使病人无憾无惧的离开人世。世界卫生组织（WHO）指出，为确保临终病人及其家属最佳的生活品质，临终关怀意在对无治愈希望的病人进行积极与整体性的照顾，其重点是控制疼痛、减缓病人其他的相关生理症状，以及消除病人心理、社会与灵性层面的痛苦，并强调在服务者为病人提供保守性的治疗和支持性的照顾下，尽量使病人有尊严地平静安详地离去，事后对病人的家属提供支持系统和哀伤辅导（阎安，2010）。

中国临终关怀起步晚，与国外的强大的政府财政支持相比，国内还处于政府政策指导，各界出力，个人出资的状态。当前比较可行的分别是李义庭提出的 PDS 模式与施榕的施氏模式。前者是将临终关怀医院、社区临终关怀机构以及家庭临终关怀病床三个方位结合起来，主要以减轻病人的痛苦为中心，建立国营集体与民营相结合的资金投入与运营模式；后者则主要针对农村的临终病人，该模式为其设计出了家庭与社区临终关怀照护的二元模式（苏永刚、马婷、陈晓阳，2012）。

我国关于临终关怀的需求研究表明，社区老年人有的多愿意选择就近和在家进行临终护理（田碧珊、陈少娜、叶瑞芬，2005；路颜羽、路雪芹、白琴、施永兴、祝友元，2009；李霞、付伟，2012）。北京上海两地老年人更愿意在社区卫生服务中心和综合医院进行临终护理，而天津老年人更愿意在专业的临终关怀机构和综合医院进行护理（张鹃、施永兴，2010）。刘素群（2009）建议建设立足社区的养老服务与临终关怀服务一体化模式，这与路颜羽等人（2009）提出的以社区为依托，开展居家临终护理模式趋于一致。而且中国传统文化很忌讳"临终"二字，对"临终关怀"这个舶来品有些适应不良，在社区进行临终护理比住进临终关怀专业机构似乎更符合中国人心理。由此可以看出，社区临终服务可能是未来我国临终服务的重要模式。和英国、美国、瑞士相比，我国临终关怀都是相对落后的状态（徐勤，2000）。英国临终关怀是生理、心理和精神并重，而中国的临终服务中心理关怀亟须提高（苏永刚，2013）。

随着临终关怀概念的提出，生死教育、临终关怀认知教育（钟宁、孙伟、王海琴，2011；黄京京，2013）以及家属的死亡教育和哀伤辅导也受学者关注。由于社会文化背景和死亡观念的不同，我国传统文化下的价值观是更加注重家庭，而西方则更加注重个体（徐云、秦伟、霍大同，2006），加上宗教对于死亡教育有着重要的影响（嵇承栋，等，2014），如何开展本土化死亡教育是需要社区老人心理服务中心认真研究和商榷的。

7.4　社区老年人心理健康服务评价机制

为了让社区老年人心理健康服务的质量得以提升，需要加强对社区老年人心理健康服务的监管与评估，建立完善的社区老年人心理健康服务评价机制，以便监督与考核从事社区老年人心理健康服务的工作人员的专业素养、业务水平和职业道德操守。评价机制的建立还有利于促使社区老年人心理健康服务体系朝着专业化的方向发展。然而，我国目前缺少对心理健康服务进行管理的专业部门，虽然社区老年人心理健康服务主要由地方政府和相关卫生部门协调管理，但在社区老年人心理健康服务的实际开展过程中，其运行机制和组织架构是否完善，服务效果如何等一系列问题尚未得到解决，还未建立科学有效的评价指标体系（王群，2010）。因此，地方政府和卫生部门需要对社区老年人心理健康服务的硬件设施、专业人员、机构数量和规模等进行标准化管理，制定相关细则、管理制度和考核机制，建立一套科学、系统的评价指标体系，促进社区老年人心理健康服务的规范化和科学化。

7.4.1 社区老年人心理健康服务评价主体

我国社区老年人心理健康服务评价主体主要由政府相关职能部门（如卫生局、老龄办和民政局）牵头组织行业专家或具有评估资质的第三方评估机构，因此，政府和卫生部门是对其进行评估与监督的主体；其次是由心理学领域的相关科研人员和专家以及医疗卫生系统的相关专家组成评估小组（或构成专门评估第三方机构）进行专业评估。因为社区老年人心理健康服务是具有较强专业性的服务，需要具有一定权威性和说服力的专业评估专家，并制定社区老年人心理健康服务评价指标体系，使评价更具科学性。最后是社区居民对其所在社区的老年人心理健康服务的现状、服务措施和效果进行评价。总之，社区老年人心理健康服务评价主体有三：一是政府相关职能部门为主导；二是心理学行业专家或第三方专业评估机构为评估主体；三是社区居民（主要是被服务对象），该评估主体主要是对服务效果及满意度的评估。

7.4.2 社区老年人心理健康服务评价的内容

社区老年人心理健康服务评估的主要内容如下：一是心理健康服务需求评估。在对社区老年人心理健康服务进行评价前，需要对社区老年人的心理健康状况、心理健康知识的知晓情况以及对社区心理健康服务的形式和内容的期望进行了解，从而更客观地对社区为老年人所提供的服务资源与老年人的客观需求是否相适应进行评价。二是心理健康服务资源评估。该服务资源包括社区老年人心理健康服务机构的设置、人员配置、运行经费、硬件设施、场地设置等，主要考核这些物力设施、人力资源和资金及技术是否能满足社区老年人心理健康服务需要。三是对心理健康服务过程及效果的评价。主要包括社区老年人心理健康服务中采取的服务内容、形式、方法以及成效的评估。此外，还需要通过调查老年人对服务人员的能力评价，接受心理健康服务的就医意向，接受服务后的满意度，心理健康状况的变化，心理健康知识改善的变化等，从侧面对社区老年人心理健康服务体系进行评估。

7.4.3 社区老年人心理健康服务评价的方法

借鉴 Aoun，Pennebaker 和 Wood（2004）提出的五种心理健康服务评估方法，结合我国社区老年人心理健康服务需求，构建我国社区老年人心理健康服务评估的三维综合评估体系。

1. 政府相关职能部门的督导评估

第一维评估是管理督导式的评估，是由卫生局、民政局和老龄办联合评估，主要考核各个社区卫生中心（站）对老年人进行心理健康服务的年度规划、实施执行计划、服务资金保障及运行规范、基础设施及人员保障等方面的监督与管理上的考评。常采用的方法是文档记录法，被考核的街道社区提供社区老年人心理健康服务规划（计划）、服务计划落实情况以及日常服务记录等材料，然后由相关考核人员进行量化评估。

2. 行业相关专家（或第三方评估机构）的服务实施过程及效果评估

第二维评估是专业化评估，主要由心理学、健康医学以及社区心理健康服务实践经验丰富的人员构成评估小组或建立专门的第三方评估机构，对社区开展老年人心理健康服务项目及活动的内容、方法、过程以及效果等方面进行专业技术达标化和规范化的评估。常用的评估方法有社区老年人心理健康服务普查法、360度综合标准化考核法和实地现场考核评估法。其一，社区老年人心理健康服务普查法是采用流行病学方法和人口普查式的方法调查社区老年人的心理健康状况以及心理健康的服务状况，并用以对社区老年人的心理健康服务状况进行评估。其二，360度综合标准化考核法是由专家在调研基础上全方位地设置社区老年人心理健康服务综合考核标准，并考察此标准的有效性和可靠性。然后根据评估标准进行自评和专家现场考核双向拟合评估，进而比较全方位地科学地考评社区老年人心理健康服务状况。

3. 接受服务对象对服务效果及满意度的评估

第三维评估是接受服务对象本人或知情家人评估，主要考核接受服务对象本人或知情家庭成员对社区开展的老年人心理健康服务效果及满意度的评估。

常用的方法是问卷调查法和访谈法。由专家或行业资深人员设置社区老年人心理健康服务满意度调查问卷或访谈提纲，并考察该调查问卷的信度和效度。然后随机抽样，调查老年人对社区开展老年人心理健康服务的形式、内容和效果进行评价。该方法是有较高信度和效度的，因为一方面调查社区老年人心理健康服务满意度问卷是经过专业化规范设置的，其效度和信度得以保障，另一方面是服务对象对其所接受的服务有最深刻的体验和感受，他们的评价是最有说服力的。

通过上述三个不同层次和不同维度的评估，并对于不同维度按其重要性予以权重，以定性化和定量化的综合考核方式进行评估，进而形成全面地、客观地、公正地和科学化地社区老年人心理健康服务评估机制。

7.5　本章小结

老年人的身体和心理健康问题是老龄化所带来的亟须解决的重要问题之一。然而无论是老年人的子女还是社会，更多关注的是老年人生理疾病的治疗与解决，老年人的心理健康问题也同样重要，解决不当，会危害到生理健康。步入老年期，由于社会角色和社会地位的转换，是各种心理困惑和心理问题的重灾区，社区需要开展心理健康服务机制，帮助老年人接受生活的挑战，积极应对问题。

本研究通过借鉴国内外已有的心理预防和干预模式，结合中国的传统文化，探索出中国社区老年人心理疾病预防和干预的服务机制。防患于未然，开展预防工作是社区老人心理健康服务运行机制的第一步，"预防机制"是在心理健康促进工作上进行的初级预防和全面性、选择性预防。开展心理健康促进，社区要建立良好的环境，促进心理弹性保护性因素，鼓励老年人积极参与社会化，提高自我效能。建立社区老年人心理预防机制需要做到政府设置社区老年人心理服务项目；充分整合资源，促进社区老年人心理服务健全发展；宣传心理健康知识，树立老年人心理健康理念；建立社区老年人心理健康档案，定期进行心理普查；开展多元化老年人心理健康教育活动；充分利用云计算，建立心理预警网络机制。社区心理咨询师针对老年人的心理问题或心理障碍的服务包括心理咨询、心理辅助治疗、心理康复、心理危机干预等，超过职业能力范围之外的需要交由专业的精神病医生进行治疗。因此，心理干预机制的第一步是诊断，社区心理健康中心通过诊断鉴别出服务对象的心理状态是属于正常范围还是异常范围，社区服务中心干预的范围属于心理正常但不健康的范畴，针对心理异常的老年人要进行康复治疗或转介到专业的精神病医院。

在鉴别诊断后，针对老年人存在的心理问题进行个体或团体的精神辅导，不同的问题采取不同的咨询方式，进一步开展健康教育与后期评估，心理健康教育应贯穿整个预防和干预的过程。老年人可能遭遇的危机事件包括失独、丧偶、患病、丧子、退休、空巢、再婚受阻等，当他们遭受此类事件时，产生心理危机的风险较大，需要对其进行危机评估，根据平衡模式、认知模式和心理社会转变模式三种模式开展危机干预。与心理咨询不同的是，心理危机干预有介入的成分。此外，对老年人自杀危机进行干预和临终关怀死亡教育也是社区老年人心理健康服务运行机制中的重要组成部分。

通过预防和干预机制后，其效果如何需要一套完善的评估机制，以便促进社区老年人心理健康服务的规范化和科学化。借鉴国外经验和结合我国社区老年人心理健康服务的实际情况，构建我国社区老年人心理健康服务评估的三维综合评估体系，即第一维评估是由政府相关职能部门主导的管理督导式评估；第二维评估是专业化评估，由行业相关专家（或第三方评估机构）组织的服务实施过程及效果评估；第三维评估是由接受服务对象本人或知情家人对服务效果及满意度的评估。最后，对于不同维度按其重要性予以权重，以定性化和定量化的综合考核方式进行全面的客观公正的评估，进而形成全面的、客观的、公正的和科学化的社区老年人心理健康服务评估机制。

总之，社区老年人心理健康服务运行机制主要由预防机制、干预机制和评估机制构成，不论哪个机制都是为了协助老年人积极应对生活压力，适应老年生活，为老年人积极应对老龄化保驾护航，让老年人拥有一个健康幸福的晚年生活。

第8章 研究结论和政策建议

8.1 研究结论

8.1.1 研究背景与意义

根据第六次人口普查的数据,60岁以上的人口已占我国人口总数的13.26%,其中65岁及以上人口占8.87%,人口老龄化的速度在不断加快。老年人对社会服务的需求也在增加,在社会的总需求中,老年人需求占据着越来越重要的位置。老年人步入晚年后,身体的各个组织器官都在逐渐衰老,大多数老年人都患有慢性疾病或更严重的生理疾病,老年人常常会为此感到困扰。在社会角色的转换上,老年人从原有的工作岗位上退下来,会有很长一段时间感到不适应,这种角色和社会地位的转变,会使他们产生一种无价值感。而子女由于家庭或工作的原因,大多数不能与老人住在一起,与父母见面的机会较少,老年人在非常需要精神慰藉的时期却缺少应有的关心,孤独感也就由此产生。此外,老年阶段遭遇丧偶、失独、再婚受阻等问题的概率更大,这些问题很容易使老年人变得消极,常常会产生一些消极的心理感受,如焦虑、愤怒、绝望、内疚等。老年人特殊的生理、心理和行为特征,使老年人形成了与其他群体不一样的物质需求和精神需求,但对于老年人来说,精神需求与物质需求相比,精神要求高得多,可以说老年人的心理健康及精神状态将对他们的生活品质产生极其重要的影响,因此,老年人的心理健康问题需要社会的大力关注。

社区是老年人日常生活与娱乐活动的主要场所，应承担起提供社会养老服务的主要责任，构建一个完善的社区老年人心理健康服务体系，是应对人口老龄化问题的重要举措之一。社区心理健康服务是帮助社区居民预防和减少心理疾病的一种服务模式，而心理健康服务体系的构建则是各种服务机构在数量、布局和经费投入等方面要达到的标准，城市化和老龄化问题的加剧也使得城市社区老年人心理健康服务得到国内外广泛的关注。在学术上和研究理论方面，国外学者对此进行了许多研究，成果丰硕，欧美等国已形成约500种心理健康服务理论。国内学者试图探究符合中国国情的心理健康服务体系，但关于老年人心理健康服务体系的研究不多，尤其是对社区老人心理健康服务体系的建构研究尚属鲜见，还未形成本土化完善的体系，缺少整体、系统的理念，没有很好地将微观和宏观、社区与家庭、政府与社会结合起来。在实践操作方面，国外社区老年人心理健康服务发展较早，已有将近半个世纪的历史，许多国家都已经发展成较完善的服务体系，目标明确，内容丰富，队伍建设完整。国内沿海地区，部分社区已经建立了社区老年人心理健康服务体系，但中西部地区仍未建立起来。从总体来看，国内的社区老年人心理健康宣传工作过于形式化，居民对心理健康问题的认识存在误区，社区老年人心理健康服务设施匮乏，专业人员短缺，资金不足，尚未形成专业的心理健康服务模式、管理和运行机制。

本研究结合了中国的传统文化和中国人的心理特征，立足本土化，以系统整合的研究取向，力图从学理上探讨社区老年人心理健康服务模式与机制，形成新的理论模式和运行机制，为老年人提供更多的心理健康服务和引导，让他们在晚年也能对生活充满信心，这不仅能解决老龄化所带来的诸多问题，对于促进社区和整个社会的和谐发展都具有重要的意义。

8.1.2 调查研究结果

通过阅读国内外大量与城市社区老年人心理健康服务相关的文献，将国内外社区老年人心理健康服务现状从法律政策、管理体系、宣传措施、服务人员等方面进行比较。采用问卷调查法和访谈法对社区老年人心理健康服务需求、服务目标、服务人员设置、服务效果评估体系和服务管理模式等问题及现状进行调研，并对社区老年人特殊群体的心理健康服务状况进行分析，主要对空巢老人和失独老人进行了调研，发现我国城市社区老年人心理健康服务体系建设过程中主要存在以下问题。

8.1.2.1 社区老人心理健康问题日益增多

经济社会的快速发展，在提高人们生活水平的同时，诸如经济危机、环境污染、阶层歧视、贫富差距等社会问题也在不断出现，城市社区居民心理健康问题也因此日益严重。老年人作为社会中的弱势群体，受其特殊的社会地位和身体状况的影响，心理健康问题更是突出。

通过对"第四次全国城乡老年人生活状况调查"中重庆市的数据进行相关的分析发现，33.3%的老年人经常感到孤单或有时感到孤单，年龄越大，老年人的孤独感越强。刘斌志（2012）对重庆主城区的社区进行抽样调查，在所获得的数据中也发现，在81.8%的处于亚健康状态的所有样本中，老年人占了22.8%，他们的心理问题主要源于经济状况、生活质量、健康状况、与子女的关系，心理健康问题的主要表征是无用感、孤独感、老年恐慌症等。城市中的老年人，子女由于工作繁忙，大部分不和老年人共同居住，即使在身边，对老年人的关注也比较少，老年人难免会感到孤单。除此之外，人到晚年，还需要面对老伴离世的痛苦，再加上身体状况越来越差，经济来源也逐渐减少，面对这些压力，老年人很容易感到焦虑不安，患抑郁症和焦虑症的风险增加，部分老年人甚至觉得活着没有意义。

老龄化的加剧和社会问题的叠加，使老年人的心理健康问题日益严重，为此，建立社区老年人心理健康服务体系，帮助老年人提升心理健康水平，政府和社区相关工作人员义不容辞。

8.1.2.2 老年人的心理健康服务意识缺乏

由于我国医疗卫生机构对老年人心理健康问题的重视程度低，媒体宣传工作的不到位以及传统观念根深蒂固的影响，我国老年人对心理健康问题和心理健康服务仍然存在较大的误区。大部分老年人不了解心理健康知识，对心理疾病都抱有偏见，不能接受自己是心理疾病患者。在遇到心理问题时，不愿意向别人袒露病情，缺乏寻求专业人员做心理健康咨询的意识，更不会主动寻求专家和服务机构的帮助。本研究调查发现，90%的老人希望在社区设立专门的心理健康服务机构，但仅有23%的人认为由他人或专门的机构来帮助自己解决心理困惑是比较或非常重要的。说明虽然老年人对社区心理服务有强烈的需求愿望，但对心理健康服务的认识还存在一些误区，再加上大部分老年人都未得到过社区心理服务机构的帮助，因此还未对其形成依赖需求。老年人在遇到心理问题时，常使用一些简单、消极的方式处理，认为"忍一忍就过去了"，或者通过与朋友聊天的方式来消解内心的烦恼，不会想到寻求专业人员做心理健康咨询，心理健康服务意识薄弱。

为弥补老年人心理健康服务意识的空缺，社区需要大力普及心理健康基础知识，帮助老年人了解什么是心理健康以及它和身体健康的关系，认识心理健康的主要症状，了解导致心理疾病的主要因素。

8.1.2.3 城市社区未建成完善的心理健康服务体系

我国目前社区老年人心理健康服务只能算是刚起步，东部沿海及一些发达城市的部分社区已建有社区老年人心理健康服务机构，但服务水平低。在本研究的调查中，仅有20.9%的被调查者回答所在社区已经建立或正在建立社区老年人心理健康服务体系。说明大部分社区还未向居民提供专业的心理健康服务，更不用说是专门针对老年人的服务体系。徐小平（2008）在对重庆市60岁以上的老年人的调查中，仅有13.3%的老人表示所在社区或单位有专门的老年人心理工作室。可看出我国社区老年人的心理健康服务缺乏专门的依托单位，未建立完善的心理健康服务体系，所存在的问题，具体表现在以下几个方面。

1. 组织机构不健全

目前，许多社区都设有老年人活动中心或老年人工作室，但很少有社区为老年人设有专门的心理健康服务项目，更没有专门的依托单位。本研究的调查结果显示73.4%的被调查者反映所在社区缺乏专业的心理健康服务体系，社区老年人心理健康服务基本上都是被划分到公民教育和医疗卫生中，没有专业的服务机构和队伍，更谈不上专业的体系和运行机制。

部分提供社区老年人心理健康服务的社区，也存在服务形式和内容单一的问题，大多以心理咨询的形式进行，主要是事后调节，并未将预防机制纳入服务范围。也有的社区主要是开展一些老年娱乐文化活动，鼓励老年人参加各种活动和锻炼；开展讲座宣传心理保健知识，鼓励老年人走向社会，保持与人交往，均无法充分发挥社区心理健康服务的功能。不健全的组织机构不能为老年人提供专业的服务，远不能满足老年人的心理需求。

2. 政府职能缺位

社区居委会是社区老年人心理健康服务的主要力量，是群众进行自我管理、自我教育、自我服务的基层群众性的自治组织，社区老年人心理健康服务的运行经费主要依靠政府的支持或社会力量的捐款，但目前政府并没有设立专门用于城市社区老年人心理健康服务体系的拨款。财政资金的缺乏导致配套设施不完善，难以聘请专业人士等问题，社区心理健康服务机制难以有效运转。此外，政府对社区心理健康服务的重视程度不够，缺乏引导和积极建构，并未将社区老年人心理健康服务体系的公共管理机制、宣传教育模式、人员培养模式、预防干预机制以及评估机制提上议事日程。据调查显示，仅有不到10%的街道和上级政府部门对心理健康服务工作制定有系统的工作规划。

3. 缺乏专业的服务队伍

本研究调查数据显示，仅有13.2%的社区曾经开展过心理健康知识宣传活动；仅有20.9%的社区已经建立或正在建立社区老年人心理健康服务体系。在有相关心理健康服务社区当中，从事社区老年人心理健康服务的人员仅有31.6%为心理学专业人士、社会工作者或心理咨询师，而对于社区心理服务人员的专业技能，仅14%的居民表示较为满意。何华敏（2011）在对重庆市社区的调查中也发现，仅有6.2%的社区配置了专业的心理辅导人员，其他大多都是一些兼职人员；在徐小平（2008）的调查中，只有6.7%的老年人认为自己所在单位或社区有专业的心理咨询师。在发达国家，许多社区均配有专业的心理健康服务人员，平均每3000人就有1名心理咨询师，心理服务者和人口配比合理，服务人员比较充足。而我国心理咨询师的人均拥有量远低于发达国家，社区老年人心理健康服务属于社区卫生工作的范畴，多数由医学专业人员从事，他们对生理健康问题的诊断和治疗方法较为熟知，但并不具备专业的心理知识和技能，往往只能提供一些简单的情绪疏导帮助。一方面，我国老龄化的加剧使社区老人心理健康服务的工作人员需求量越来越大，另一方面，为社区老年人提供心理咨询服务的专业人员的数量和质量远远滞后于老龄化的发展速度，供需矛盾突出。

总而言之，我国目前社区老年人心理健康服务人员的队伍建设尚不完善，从业人员严重不足，素质低，在服务的过程中，缺乏专业技能，不能够提供满意的心理服务，无法担当起为老年人提供优质服务的重任。

4. 宣传工作不到位

目前，社区开展的老年人心理健康服务宣传工作流于形式，宣传形式过于单一，在宣传内容方面，大多社区仅仅停留于基础层面，宣传一些基础性的保健知识，或提倡敬老爱老思想，内容不深入、不全面、不专业，实质性的关于社区老年人心理健康的服务内容较少。据调查结果显示，仅有13.2%的老年人表示所在社区曾经开展过心理健康宣传工作，老年人获取心理健康知识的渠道不够畅通，再加上部分媒体对事实的歪曲报道，混乱概念，扰乱大众的认知，导致老年人对心理健康问题存在误解，不清楚获取服务的方式和途径，耽误了病情的治疗。就当前的情况来看，各方工作人员还未掌握十足的有关社区老年人心理健康宣传与教育工作的经验，社区老年人心理健康知识的传播没有科学方法的引导，缺乏固定的传播模式。如此一来，老年人对心理健康服务机构不了解，不相信机构能帮助他们解决问题，心理健康服务机构便无法发挥它应有的功能。

5. 缺乏相应的管理措施和评估机制

我国社区老年人心理健康服务体系发展缓慢的一个重要原因，是社区缺乏心理健康服务管理制度、管理机构和督导体系。调查结果显示，建立了比较完善的心理健康服务管理制度的仅占到被调查对象的4.4%，仅有7.3%和9.2%的建立了心理健康服务评估体系和制度，22.0%的人认为没有领导机构，53.5%的人表示不太了解，专门的领导机构缺失。

首先，一方面，政府对心理健康服务的资金投入不足，对老年人的心理健康服务就更谈不上了；另一方面，我国的精神卫生服务由行政、公安、民政和中残联来管理，这种条块分割的管理模式影响了现有资源的利用和整合，弱化了服务体系的服务能力。对老年人的心理健康也未设有专门的管理机构来进行系统化管理，服务体系混乱。其次，在法律层面，国家已经对国民的精神问题给予重视，并系统地规划了全国的精神卫生体系，但只涉及精神卫生领域，并没有出台专门针对心理健康的国家性法规，也没有对心理健康服务人员的职业道德伦理进行明文规定。没有以法律的形式推行，缺乏一定的影响力和推动力。最后，对提供心理健康服务的从业人员没有严格的职业认证和能力评估机制，对培训机构也缺乏有效的监管和明确的资质认定，导致心理咨询员的准入门槛低，服务质量良莠不齐。对于已经获得心理咨询从业资格证书的人员没有严格监督制度和评估机制，导致从业人员安于现状，整体素质不高，社区老年人心理健康服务的发展速度缓慢。

8.1.2.4 社区所提供的心理健康服务并不能满足特殊老年人群体的需求

我国老龄化问题的加剧，使得特殊老年群体的数量也在增加，尤其是农村留守老人和城市空巢老人，据相关数据显示，从2000年到2010年，中国城镇空巢老人的比例从42%上升至54%，预计到2030年中国空巢老人的数量将增加到2亿之多。空巢老年人由于长期缺乏亲情关怀，他们对情感慰藉的需求强烈，在调查中，有74.4%的空巢老年人常常会感到孤单，77.3%的老人在日常生活中有心情低落的状况。城市中还有一类特殊老年群体——失独老人，这类老年群体由于失去了唯一的孩子，给他们带来了巨大的心灵创伤，很多老年人都难以走出丧子的阴影，在调查中超过70%的被调查失独老人有轻度或重度抑郁，其中55.7%的被调查失独老人有重度抑郁。空巢老年人、失独老年人以及其他特殊老年群体，或多或少都有一些特殊的境遇，与其他老年人相比，他们的心理健康问题更突出，都有不同程度的心理问题，具体表现为孤独、抑郁寡欢或对生活失望甚至绝望，他们对社会的帮助和关爱的渴望，对心理健康服务的迫切需求，使社会必须重点关注这一脆弱的群体，为他们提供完善的心理健康服务来缓解这些症状。然而，无论是空巢老年人还是失独老年人或者是其他特殊老年人群体，我国目前社区所提供的老年人心理健康服务由于运行机制不完善，专业人员短缺，所具备的专业知识和技能并不足以满足特殊老年人的心理需求。

8.1.3 城市社区老年人心理健康服务体系构建的观点

对我国城市社区老年人心理健康服务的现状进行调查研究后，不难发现，我国目前急需建立一个完善的社区老年人心理健康服务体系和运行机制，以满足老年人的心理需求，提升老年人的心理健康水平。本研究在掌握国内外当前城市社区老人心理健康服务现状的基础上，结合当前我国社区心理健康服务发展的现状，构建了一个针对老年人的城市社区老年人心理健康服务体系和运行机制。

服务体系包括对社区老年人心理健康的宣传与教育，咨询与治疗，服务人员的培养与提升，服务活动的管理与评价。宣传与教育模式既包括宣传的形式也包括宣传的内容，尤其是要丰富宣传的内容，改变以往流于形式的宣传方式，对老年人进行心理健康知识的科普，这些心理健康知识要涵盖心理问题产生的原因，主要表现，接受心理健康服务的方式与途径及干预方法等。咨询与治疗是整个服务体系的主要部分，针对社区老年人潜在的或已经存在的心理问题和心理障碍，为他们提供专业的咨询与治疗服务，解答他们的困惑，帮助他们正确认识自身的心理健康问题并通过科学的方式进行心理调适。老年人特殊的心理健康问题，需要更专业的咨询人员和服务人员为他们提供服务，因此需要充足的人力资源来保障心理健康工作的顺利进行并对社区心理健康服务人员的专业伦理知识、专业实践技能、专业胜任力、职业道德素养进行培养与提升，为老年人提供更优质的服务。建立社区老年人心理健康服务活动管理保障机制则是为了对以上工作和活动的开展进行监督与评估，完善管理措施，有效提升服务的质量和水平。

运行机制主要包括预防机制、干预机制和评估机制，通过对最新的预防概念和国内外已有的预防和干预模式进行深入分析，结合中国的养老模式和传统文化，探索出中国社区老年人心理疾病预防和干预的服务机制。社区首先需要对老年人心理健康问题的预防工作引起重视，建立良好的社区环境，促进心理弹性保护性因素，鼓励老年人积极参与社会化，提高自我效能。建立完善的社区老人心理预防机制，政府要提高重视程度，设置社区老年人心理服务项目，充分整合社会资源，重视心理健康知识的宣传教育工作，帮助老年人树立健康理念，为老年人建立社区老年人心理健康档案，定期进行心理普查，防患于未然。社区老年人心理疾病的干预机制，首先要对老年人的心理问题进行诊断，做出科学的判断后，针对老年人存在的心理问题进行个体或团体的精神辅导，不同的问题采取不同的咨询方式，进一步开展健康教育与后期评估。

8.2 政策建议

民众心理健康问题对国家经济的发展和公共卫生问题具有重大的影响。老年人心理健康问题不仅是影响老年人个人生活品质问题，而且影响一个社会家庭的幸福感。为了积极应对老龄化，提升老年人生活品位，根据《精神卫生法》《老年人权益保护法》《"健康中国2030"规划纲要》和《关于加强心理健康服务的指导意见》等相关政策，依据本研究结果，现就加强老年人心理健康服务、构建城市社区老年人心理服务体系提出如下对策建议。

8.2.1 充分认识构建社区老年人心理健康服务体系的紧迫性

心理健康是人在成长和发展过程中，认知合理、情绪稳定、行为适当、人际和谐、适应变化的一种完好状态。心理健康是健康的重要组成部分，居民身心健康如何关系到个体人生幸福和影响社会的和谐发展。加强民众心理健康服务、健全社会心理服务体系是改善人民心理健康水平、促进社会心态稳定和人际和谐、提升国民幸福感的重要举措。加强老年人心理健康服务，为社区老年人构建心理健康服务体系，以社区为场域来进行系统的心理健康服务，一方面能够帮助社区老年人提升心理健康水平，改善老年人晚年生活质量；另一方面，能够帮助社区老年人家庭化解家庭矛盾，建立和谐的人际关系，缓解家庭负担，提高家庭成员主观幸福感。这对积极应对老龄化，提升老年人生活品质，构建和谐社会和持续社会稳定具有重要意义。

截至2017年年底，60周岁及以上人口24090万人，占总人口的17.3%，其中65周岁及以上人口15831万人，占总人口的11.4%。据预测，到2050年前后，我国老年人口数将达到4.87亿人，占总人口的34.9%，即将会占到我国总人口数的三分之一。重庆市在籍老年人口677.41万人，占总人口比20.09%，高出全国平均水平近4个百分点；65周岁及以上454.39万人，占总人口的13.48%，高出全国平均水平近3个百分点；80岁以上的高龄老年人93.22万人，占总人口的2.76%（重庆市统计局，2015）。毋庸置疑，重庆老龄化形势严峻。

基于"第四次全国城乡老年人生活状况调查"重庆市数据分析结果显示，重庆市老年人少子无子独居现象明显，65 岁以下老年人的子女数量只有 1.78 个。在未来的一二十年内，随着更多的"一孩"政策下的计生夫妇迈入老年，一个孩子或者无孩的老年人比例将会继续增加。调查还显示老年人空巢的比例已经超过 57%，33.39% 的老年人有时或经常感到孤独。谢颖，陈小异（2017）对重庆市的各区县 1187 位老人幸福感、抑郁、焦虑水平和孤独感状况进行调查。结果显示重庆市老年人的抑郁检出率为 57.2% 和焦虑检出率为 40.8%，经常感到孤独的比例 17.9%；有 43.8% 的主观幸福感处于较低水平，其中 6% 的老年人觉得自己比较不幸福或者非常不幸福。老年人在身体日渐衰老的过程中，很容易出现抑郁、沮丧、悲观、厌世等情绪，再加上晚辈由于工作等原因不能长时间守护在老年人身边，对于精神慰藉的需求日益增强。老年人期盼在情感上有所寄托，能够有可以倾诉的对象，获得更多的情感交流的渠道，老年人对家人慰藉和心理咨询服务的需求最迫切。特别老年人刚脱离工作岗位后，与社会的接触相对减少，难免会产生孤独感和寂寞感，此时，家庭亲人、社区朋友和邻居的精神慰藉和情感交流成为他们的迫切需求。老年人希望在社区能够建立老年人心理辅导中心，有专业的社区心理咨询师为他们进行心理辅导和防预，帮助他们解除心理困扰，无疑，构建社区老年人心理健康服务体系迫在眉睫。

然而，重庆市社区心理健康服务体系尚未形成，社区老年人心理健康服务更是滞后，徐小平（2009）调查发现仅有 13.3% 的社区表示有涉及老年人心理健康活动，50.6% 的表示无；仅有 3.9% 的为老年人开展过心理咨询活动，7.8% 的为老人建立过心理健康档案。我们于 2012 年调查 74 个社区访问 272 户居民，仅有 13.6% 的社区有心理健康服务机构。即便是现有的一些心理健康服务，也存在诸多问题，如社区心理健康宣传工作不到位，居民对心理健康服务存在认识误区，社区老人心理健康服务设施匮乏，专业队伍短缺，资金不足，尚未形成符合我国国情的心理健康服务模式、管理和运行机制。在问及"当您家老年人遇到心理困扰时是否需要社区提供心理健康服务？"回答为"比较需要"和"非常需要"的占 56.9%，"不需要"的仅为 12.1%。刘影与张灵聪（2010）对我国 6 个沿海大城市调查发现约 60% 的居民需要社区心理健康服务。周指明等人（2004）深圳市有 86% 的社区居民对社区心理健康服务有较大的需求。很显然,我国社区老年人心理健康服务需求旺盛,这就要求我们要尽快建立健全社区老人心理健康服务体系,为社区老龄居民提供高质量的心理健康服务。

总而言之,重庆市是中西部地区的唯一一个直辖市,是国家的中心城市,老年人口基数较大,老龄化程度深,老龄人口心理健康问题不乐观,老年人心理健康服务需求旺盛,但提供老年人心理健康服务的渠道窄,在与老年人朋友生活最密切的社区几乎没有形成心理健康服务体系。据此,在重庆及城市社区构建社区老年人心理健康服务体系具有十分的必要性和紧迫性。

8.2.2 构建社区老年人心理健康服务体系的目标和基本原则

1. 构建城市社区老年人心理健康服务体系的目标

以社区卫生服务中心(或卫生服务站或社区中心卫生院)为主要依托,在各级政府的财政支持下,协同各地心理援助专业机构、社会工作服务机构、志愿服务组织和心理援助热线,特地为有需要的老年人开展心理危机干预和心理援助服务,逐步形成社区老年人心理健康服务网络体系。通过该服务体系向社区老年人宣传和传播心理健康知识,提高社区民众心理卫生知识知晓率,为社区老年人开展心理健康咨询服务和心理危机干预服务,对社区有严重心理疾病的老年人进行诊断、转治和回归社区康复矫治,最终全面提升社区老年人及其家庭成员生活品质和主观幸福感。

2. 构建城市社区老年人心理健康服务体系的原则

城市社区老年人心理健康服务体系构建的主要原则是"依托社区、政府主导、多方协同、预防为主、防治结合"。

依托社区——以社区的服务中心或卫生服务站为依托。在各个社区卫生服务站或服务中心设立专门的老年人心理健康服务室,负责本社区管辖范围或邻近社区方便区域内的老年人心理健康服务工作。比如,重庆市各个区县共设有社区卫生服务中心 182 个,卫生服务站(或社区中心卫生院)409 个,共计城镇社区卫生服务机构 591 个。截至 2015 年,重庆市城镇老年人口 362.57 万人,平均每个社区卫生服务中心(站)服务老年人员幅度大约 6000 人,按 10%的就诊率计算,每个社区服务对象约 600 名老人。

政府主导——在构建社区老年人心理健康服务的制度、规划、筹资、服务、监管等方面以政府负责，并落实专项经费。在老年人心理健康服务的资源配置方面，政府可以充分发挥其市场机制，调动起社会力量的积极性和创造性，保障社区心理健康服务体系营运顺畅，满足社区老年群众多层次、多元化的心理健康服务需求。

多方协同——协同心理健康服务专业机构、社会心理咨询服务机构、老年人心理健康研究机构和行业协会、社会工作者和相关志愿者组织等多方面力量，联合协力对社区老年人心理健康服务网络进行构建。

预防为主——以全面宣传心理健康知识，提升心理健康知识知晓率及心理健康自我保健意识为主，预防和减少个人极端案（事）件发生，比如，避免老年人重度失智、抑郁、孤独、焦虑和自杀等恶性事件发生。

防治结合——预防的同时对社区老年人心理健康问题进行力所能及的适当的心理咨询、心理危机干预与治疗矫治。

8.2.3 构建社区老年人心理健康服务体系的主要措施

1. 建构社区老年人心理健康服务的专业机构与专业队伍

建构社区老年人心理健康服务体系，首先要建立专业服务机构和明晰或理顺管理机制。根据我国和重庆市目前的情况，可以在已有社区医疗卫生服务体系的基础上建立社区老年人心理健康服务体系，将社区心理健康宣传与教育、咨询与辅导、诊断与治疗、培训与管理、监督与评价等多方要素协同起来，利用社区卫生服务中心的已有资源。此外，对具有社区心理健康服务能力的社区社会组织要进行充分的利用，构建中国化的社区老年人心理健康服务体系。具体措施如下。

第一，在社区卫生服务中心（站）建立专门的社区老年人心理健康服务中心（站）。每个社区老年人心理健康服务中心（站）配置一定数量的专业工作人员（专业心理医生、心理咨询师和社会工作者）专门负责社区老年人心理健康的宣传和协调工作，提升居民心理健康知识的知晓度，增强心理保健的意识，并帮助有需要的社区老年人接受心理咨询或治疗服务。在目前专业人员匮乏的情况下，也可以将社区卫生服务中心的全科医生进行心理健康服务专业知识和专业技能培训，然后专业心理医生（心理咨询师）与经培训后的全科医生在设有老年人心理门诊的社区卫生服务中心（站）为社区老年人提供心理咨询服务。依据社区的经济条件和政府支持力度,可以在社区建立老年人专门心理健康宣传窗、心理治疗室、失智老人康复室、身心放松训练室等,或设立心理信箱、心理热线、心理健康网站等,为社区老年人提供形式多样的心理健康服务。

第二,充分发挥社区所在地综合医院的资源共享。在当地综合医院或精神科专科医院开设老年人心理健康服务门诊。在现代的综合医院,特别是精神科专科医院大多数设有心理门诊,配有比较专业的心理健康服务人员,包括专业心理咨询师或治疗师,也配备了较好的心理测评、心理咨询或心理治疗仪器。政府与社区应该积极主动地链接这些资源,将社区老年人常见的心理问题交由综合医院心理门诊进行治疗,为社区老年人提供心理健康服务,对较严重的患者,及时联系精神科专科医院或高级的有治疗干预能力的综合医院进行转诊,让社区老年人能及时获得心理援助和治疗。

第三,在没有综合医院也没有社区卫生服务中心(站)的社区,可以在街道办事处或居委会设立老人心理健康咨询室。可以将街道办事处或居委会的部分工作人员接受一定的心理健康服务知识和技能培训,让他们参与社区老年人心理健康服务队伍,充分发挥他们的优势,比如,社区工作人员与社区居民接触比较紧密,最能了解居民的生活情况,因而他们开展社区老年人的心理健康服务活动也比较容易被认可和接受。此外,也要加大社区工作的专业化和职业化,保障他们稳定的工作待遇和职业发展晋升渠道。鼓励心理咨询师或社会工作者到一线社区开展相关工作,将老年人心理健康服务的需求在自家门口得以满足。

2. 建构社区老年人心理健康服务的管理体系与运行机制

依据社区心理健康服务体系建构基本原则,构建社区老年人心理健康服务"双轨运行"和"三级"管理的服务体系,即政府行政服务与行业技术督导的"双轨运行";社区卫生服务中心(站)为基层具体实施与落实社区老年人心理健康服务活动的责任单位;区县(自治州)的卫生局、民政局和老龄办,市辖二三级综合医院的心理门诊或精神专科医院以及市级心理健康服务行业协会或高校心理健康服务研究院(所)为督导执行机构,主要负责社区老年人心理健康服务设计规划、指导实施、专业培训和监督与考评;最高层级是由市政府直属的市卫生局、市民政局和市老龄委办公室组成的决策层,主要职责是为全市社区老年人心理健康服务体系做顶层设计、发展规划、资金预算、服务项目招标、监督管理和政策制定。其整个社区老年人心理健康服务管理体系与运行机制如图8-1所示。

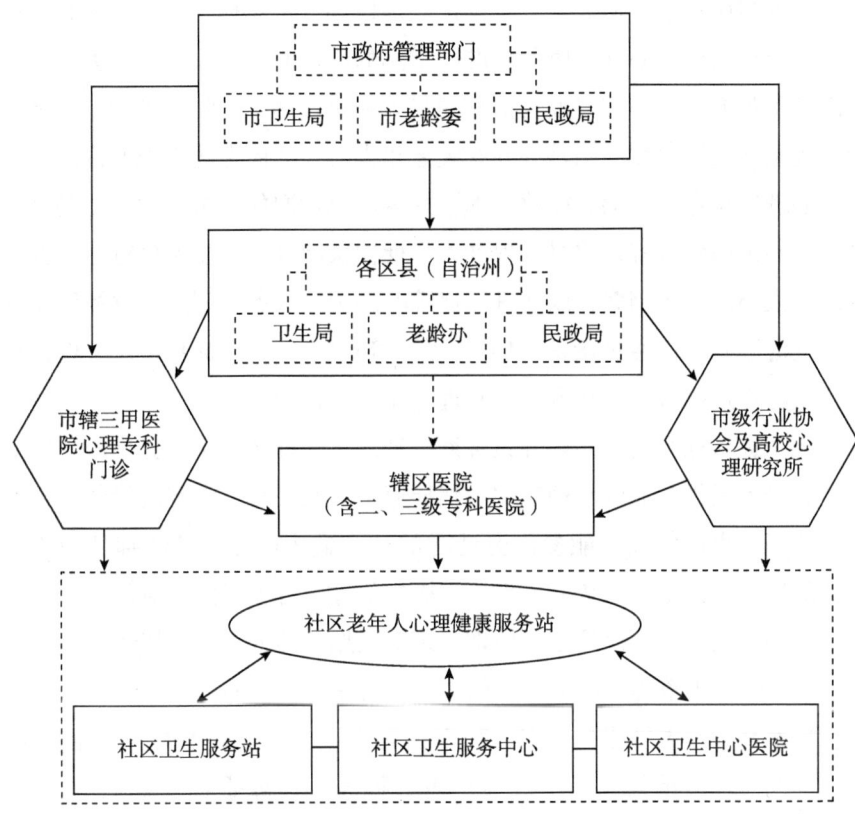

图8-1 社区老年人心理健康服务机构及管理结构图

3. 开展形式多样的社区老年人心理健康服务活动

开展社区老年人心理健康服务的活动包括社区老年人心理健康的宣传教育、社区老年人心理健康的咨询与辅导、社区老年人心理健康问题的治疗与干预以及社区老年人心理健康服务人员的培训。第一，开展社区老年人心理健康宣传教育服务活动。由于社区老年人心理健康服务的重点在于心理保健，以心理疾病预防为主；加上我国社区老年人心理健康服务起步较晚，部分家庭和居民对老年人心理健康的认识不足甚至不了解，认可或接受心理健康服务。因此，提升社区老年人心理健康保健知识与技能，加强社区心理健康宣传与教育服务就显得十分必要。据本研究的社区居民心理健康服务需求调查研究发现，开展心理卫生知识宣传、进行心理健康状况普查、举行心理健康讲座与咨询是居民最喜欢的心理健康服务方式。为此，对社区老年人心理健康服务的宣传教育可以采取居民喜欢的形式，一是设计心理保健宣传专栏，通过图文并茂的方式向居民或老人讲解心理健康的标准，常见的心理问题的表征，心理问题的产生原因及干预方法，心理咨询与治疗的步骤和路径等，增强居民对社区老年人心理健康服务的知晓度。二是举办有关老年人心理健康专题知识的讲座，也可以举办心理知识竞答活动、播放心理影片等居民欢迎的宣传活动。三是开展社区老年人心理健康普查，及时发现老人早期健康问题，改变不良行为，并建立社区老年人心理健康档案，以便进行追踪心理健康服务。四是建立社区生活网站和心理健康专栏，通过微信、QQ、陌陌等社交平台传播老年人心理保健知识、预防心理疾病方法和获取社区心理健康服务途径。

第二，提供社区老人心理健康咨询与辅导。在社区卫生服务中心，为有需要的社区老人提供专业的心理咨询与辅导服务。其心理咨询与辅导的主要普及内容是老年人离退休或不能参加劳动时的社会适应问题、情绪抑郁与孤独问题、老龄退行性问题（如失智问题）、失去亲朋的创伤事件应对问题、生命教育问题、亲子关系问题以及家庭婚姻心理等问题。另外，也要因人而异，对症下药，针对特殊人群提供有的放矢的进行心理辅导，如对城市社区中心理健康问题发生率高和易感性强的人群，如空巢老年人、失独老年人、失能老年人、特殊生理期女性、重大应激事件经历者、特殊心理障碍者（如焦虑、抑郁、孤独等情绪障碍和自杀行为者）提供专门咨询与辅导。心理咨询与辅导的形式可以多样，既可以开展个体咨询与辅导，也可以是团体辅导；可以采用门诊咨询，还可以是电话咨询、网络咨询以及上门服务等各种方便居民的咨询形式。

第三，开展力所能及的老年人心理危机干预与援助活动。首先是老年人随着年龄的增长，身边的亲人和朋友逐步离世，留给老年人丧亲的心理创伤与阴影是老年人较常见的心理危机，对于哀丧心理危机干预和情感慰藉是社区老年人心理健康服务的重点内容之一。其次是老年人自杀危机的心理干预。老年人受重度抑郁与孤独、对生命意义淡化和重病缠身等因素的影响，易于发生自杀行为。因此，老年人自杀行为干预也是社区老年人心理健康服务重要内容之一。最后是老年人的重度失智、失能的心理危机干预。

第四，大力推进社区老年人心理健康服务人员的培训。我国当前社区老年人心理健康服务专业队伍一方面是相对短缺，另一方面专业能力不足（甘怡群，2007）。可通过培训来提升服务人员的专业能力。据调查，我国现有的心理健康服务人员培训，主要是对心理咨询师的培训，还缺乏对社区老人心理健康服务从业人员的系统培训。为此，应该将社区老年人心理健康服务从业人员培训作为社区心理健康服务的常规项目与活动。比如，首先，对社区卫生服务中心（或街道办事处或居委会）的心理健康服务人员，采用心理健康服务常识和基础培训，以普及心理学理论知识为主要内容，让社区老年人心理健康服务掌握普通心理学、老年心理健康学、临床心理学和咨询心理理论与实践等基础知识。其次，对心理门诊的老年人专科心理医生提供有关老年心理学等相关知识和老年人心理健康服务技能的培训，以提高针对老年人心理咨询和心理健康服务技能。最后，对于综合医院或精神科专科医院的医生，可提供继续教育或学历教育的机会，增加老年人心理健康临床实践经验。此外，发挥培训机构培训专长。比如在开设心理学与老年学的高校，可以利用其理论研究优势，为社区老年人心理健康服务人员提供理论和方法的培训；开设有老年人心理健康服务专科的医院可提供临床和实践操作训练，将其专科心理门诊的心理健康服务成功案例进行案例教学和专场经验交流会等。

4. 增强社区老年人心理健康服务的监管与评估

加强社区老年人心理健康服务监督与管理，开展多方评估。最有效的办法是将老龄事业作为各级政府绩效考核指标之一。通过政府相关职能部门和卫生部门来协调各社区老年人心理健康服务机构开展各项工作。比如，在社区老年人心理健康服务机构的设置上，地方政府和卫生部门要制订社区老年人心理健康服务规划和相关管理细则，按照居民人口数量和经济发展状况来确定社区心理服务机构的数量、规模、资质以及服务内容。在专业人员配置上，制订社区老年人心理健康服务人员准入标准，并做好人员的招聘、工作流程、工作考核、薪酬激励、晋升和培训工作。特别是要制订社区老年人心理健康服务管理制度和考核操作体系，采取灵活多样的形式，如家属或患者反馈、专家或督导评定、疗效追踪、自我评价等方式，全方位考核社区老年人心理健康服务从业人员工作的科学性、规范性和有效性（潘孝富、潘伟刚，2012）。

8.2.4　构建社区老年人心理健康服务体系的主要保障

社区老年人心理健康服务体系的构建和有效运行，需要有组织领导、专业人员、专项资金、过程管理和评估考核等一系列的保障。

1. 组织领导保障

关注老年人身心健康和精神慰藉，积极应对老龄化，切实做到能让所有老年人都能老有所养、老有所依、老有所乐、老有所安。这不仅是每个家庭的责任，也是社区、政府和社会的责任。据此，构建社区老年人心理健康服务体系必须是以政府为主导，作为一项国家民生工程自上而下地推行。很显然，政府强有力的组织与领导是构建社区老年人心理健康服务体系的坚强后盾。因为社区老年人心理健康服务的制度、规划、筹资、服务、监管以及发挥市场机制在老年人心理健康服务中的资源配置，充分调动社会各方力量的积极性和创造性等方面都需要政府这支看得见的手予以保障。在西部重镇的重庆市的社区老年人心理健康服务体系构建的具体组织领导保障措施是由市委市政府牵头，专职分管老龄事业的市委市政府领导为主导，以市卫生局、市民政局和市老龄委办公室为职能管理监督部门，具体负责社区老年人心理健康服务体系的系统规划、专项资金配置使用和政府购买服务项目的招标与考核管理、服务机构的资质审核与登记管理等全过程监督与管理。此外，组织和协同市辖专门医院及综合医院老年人心理健康专科门诊以及市级专业行业机构和协会等专业人员构成强大的专业技术监督队伍、第三方评估机构等，形成强大的组织管理与监督保障。

2. 专业人员保障

社区老年人心理健康服务活动是专业性和技术性都强的活动，对服务人员的专业性要求高，因此，建构社区老年人心理健康服务体系，必须有专业人员保障。加强专业人员保障路径有三种：一是整合和盘活现有专业人才资源。现有社区心理健康服务专业人才有多少，整个社区卫生服务中心有多少，需要多少专业人才，目前缺乏多少专业人才等问题，要做一个基本衡量，然后整合现有资源，将能充分利用的资源尽可能盘活，比如要整合好社区医疗卫生工作人员、社会工作者以及高校心理健康专业学生志愿者等多方力量，通过专业培训，不断增强专业队伍力量。二是加大专业人才培养力度，不断扩大社区老年人心理健康服务专业队伍新生力量。高校和有培养能力的有关科研机构，加大老年学和老年心理学专业人才培养力度，培养从事社区老年人心理健康服务各层次人才；三是提升社区老年人心理健康服务人员福利待遇，完善他们的职业生涯晋升渠道和激励机制，以便稳住现有专业的人才队伍。

3. 专项资金保障

社区老年人心理健康服务体系建构是一项既有公益性又有民营性，既是社会的又是家庭的服务项目，因此支撑这项服务的资金相应地是多元的。其中政府设立的专项资金是主体，家庭自助和社会募集等资金是辅助。要落实专项资金到位，并有保障，那主体资金应该是经常性财政支出。为此，一方面政府应该设立财政专项养老基金、养老福利彩票基金和养老保险金等多种专项资金，以确保社区老年人心理健康服务营运常态化；另一方面是从家庭老年人个人积蓄、退休金、子女的赡养费以及老年人财产中的增值红利中设立一定比例的心理健康服务账户，以确保社区老年人心理健康服务专项资金有保障。此外，老年人工作单位或社区的集体经济中设立心理健康养老专项基金。总之为确保老年人心理健康服务能够正常运行，需要多方位多渠道的筹集专项资金。

4. 过程管理与考核监督保障

加强服务营运过程管理是社区老年人心理健康服务体系有效运行的基本保障。据此，首先是要做好社区老年人心理健康服务过程策划，市政府相关职能部门（如市卫生局、市民政局和市老龄办）组织行业部门和专门医院以及专业机构制订全市社区老年人心理健康服务工作规划，将社区老年人心理健康服务项目纳入全市精神卫生工作计划和社区卫生服务中心年度工作计划。其次是实施并落实好社区老年人心理健康服务工作计划，并根据工作开展情况进行督导、评估和总结推广，定期向政府和社会公布社区老年人心理健康服务项目开展情况。最后是监督检查和整改，通过制定服务地方标准和考核指标体系，定期或不定期抽查，对社区老年人心理健康服务项目实施不好的，或是服务对象投诉的社区卫生服务中心限期整改，达到过程监测和过程改进的目标与保障。

8.3 研究不足与展望

本研究通过文献法在较全面地系统地分析国外社区老年人心理健康服务体

系建构的经验基础上，通过问卷调查法调查我国社区老年人心理健康服务状况，发现我国社区老年人心理健康服务存在的问题和成因。通过借鉴国外的相关经验，针对所存在的问题和原因，对构建我国城市社区老年人心理健康服务体系提出了对策和建议。本研究获得的研究结果和提出的相应对策为我国各级政府、社区和家庭积极应对老龄化，尤其是积极应对老年人心理健康问题，提升老年人身心健康水平和晚年生活品位，其意义与价值是不言而喻的。

然而，由于影响社区老年人心理健康及其心理健康服务的因素众多，涉及的层面多元复杂，以往研究的碎片化较重以及本土化可借鉴的经验较匮乏，加上本研究的人力和财力等多方面的原因，本研究有不少局限性和不足。

（1）在研究内容架构上相对宏观与宽泛，涉及的研究变量众多。在有限的研究资金、人力、时间和研究经验的前提下，对涉及研究内容的方方面面就难以做到研究的深入和透彻。

（2）在研究方法上，尽管本研究采用了文献法、问卷调查法、田野调查法和个案法等多种方法，但获得的数据受样本和研究横切面的影响，难以得到较全面和较完整的研究素材与数据，其研究结果的实证效度和生态效度是局限性的。

（3）在研究结果与对策上，由于缺乏前后对照试验的追踪式纵向研究，缺乏实验数据的验证。因此，本研究结果与对策的推广性是有一定的局限性的。

在未来的研究中，首先，要将研究的内容和范畴界定得更精细，以便更深入细致地研究；其次，尽可能地扩大研究样本，以便获得更具有代表性总体研究数据，进而获得更有普适性的研究结果；最后，尽可能地采用准实验法，通过前后对照或将研究结果与对策措施采用纵向追踪式的研究方法，验证研究结果与对策的有效性、普适性和推广应用性。

参考文献

I 中文文献

[1] 包江波,汪涛. 我国社区老年精神卫生服务现状分析 [J]. 中国卫生资源, 2006, (5): 211-212.

[2] 陈彩珍. 关注老年心理健康,推进"积极老龄化" [J]. 学理论, 2009, (2): 47-48.

[3] 陈成文,孙秀兰. 社区老年服务:英、美、日三国的实践模式及其启示 [J]. 社会主义研究, 2010 (1): 116-120.

[4] 陈传锋,武雪婷,严建雯. 国外社区心理健康服务研究综述 [J]. 宁波大学学报(教育科学版), 2007, 29 (5): 10-14.

[5] 陈璟,蔡昭敏. 老年人自我忽视研究:现状与展望 [J]. 心理发展与教育, 2015, 31 (3): 377-384.

[6] 陈亮. 上海市徐家汇社区空巢老人心理现状分析. 上海医药, 2010, 31 (1).

[7] 陈天勇,李德明,李贵芸. 高学历老年人心理健康状况及其相关因素 [J]. 中国心理卫生杂志, 2003, 17 (11): 742-744.

[8] 陈星宇. 农村空巢老人生活状况和政策建议——基于厦门市的调查. 前沿, 2009, 07.

[9] 陈譜. 大学生自杀干预研究——基于高校学生工作的视角 [D]. 福建:福建师范大学硕士论文, 2013.

[10] 陈先华. 社区老年人多维健康功能评定及其影响因素的研究 [D]. 华中科技大学, 2009.

[11] 重庆市2015年老年人口信息和老龄事业发展状况报告 [R]. 2015: 1.

[12] 戴明月. 传统道家心理养生之道与存在主义心理治疗之比较 [J]. 社会心理科学, 2007, 22 (5-6): 139-144.

[13] 邓俊, 杨晶, 孙晶晶, 程海丹, 田君叶, 刘均娥. 我国城市空巢老人心理健康状况研究综述 [J]. 中华护理杂志, 2008, 43 (5): 457-459.

[14] 邓玮. 农村老年人自杀风险的社会工作干预模式——以抗逆力视角为例 [J]. 中国农业大学学报 (社会科学版), 2014, 31 (1): 36-40.

[15] 丁瑾靓, 叶一舵. 美国社区心理健康服务的发展及启示 [J]. 福建医科大学学报 (哲学社会科学版), 2010, 11 (3): 26-29.

[16] 冯如, 张灵聪. 中国沿海社区心理健康服务现状分析与构想 [J]. 宜春学院学报, 2010 (6): 176-178.

[17] 冯姝, 孙娜云, 张雯露, 吴均林. 社区心理卫生服务人员心理疾病识别能力分析 [J]. 中国公共卫生, 2014, 30 (5): 563-565.

[18] 冯正仪, 贾守梅, 胡雁, 王君俏. 社区老年抑郁病人心理干预效果及其可行性分析 [J]. 护理学杂志, 2004, 19 (24): 55-57.

[19] 付春胜, 杨建军, 杨桂英, 魏悦. 社区老年人心理健康服务模式的实践与探索 [J]. 北京国际康复论坛, 2013.

[20] 付艳芬. 中国心理健康服务理论现状及对策研究 [D]. 西南大学, 2011.

[21] 付艳芬, 黄希庭, 尹可丽, 等. 从心理学文献看我国心理咨询与治疗理论的现状 [J]. 心理科学, 2010 (2): 439-442.

[22] 甘怡群, 等. 中国心理健康服务从业者的职业压力现状及影响因素 [J]. 心理科学, 2007 (5): 1046-1051.

[23] 高婧, 冯辉, 袁群, 等. 怀旧团体心理干预对社区老年人抑郁症状和生活满意度的影响 [J]. 中国老年学, 2011, 31 (3): 386-388.

[24] 高焕民, 柳耀泉, 吕辉. 老年心理学 [D]. 北京: 科学出版社, 2007.

[25] 高月霞, 徐程, 刘国恩, 等. 社会支持对老年人健康相关生命质量影响研究——基于南通的实证 [J]. 人口与发展, 2013, 19 (4): 73-81.

[26] 葛蕾蕾. 多元政府绩效评价主体的构建 [J]. 山东社会科学, 2011 (6): 156-160.

[27] 耿元卿. 八段锦和五行音乐对心理亚健康状态干预作用的研究 [D]. 南京: 南京中医药大学博士论文, 2013.

[28] 葛琴, 吴均林, 陈晶. 美国心理卫生服务人员发展现状 [J]. 医学与社会, 2008, 21 (1): 30-33.

[29] 郭丽娜, 郭启云, 高涵, 张林, 刘堃. 心理弹性对社区老年人心理压力与心理健康的中介效应 [J]. 护理学杂志, 2015, 30 (3): 60-63.

[30] 郭梅华, 张灵聪. 国外社区心理健康服务及其对我国社区心理健康服务的借鉴 [J].

社会工作, 2009, (1): 58-61.

[31] 国务院办公厅. 关于进一步加强精神卫生工作的指导意见 [OL]. 2004年9月20日, http://www.gov.cn/xxgk/pub/govpublic/mrlm/200803/t20080328_32404.html.

[32] 韩慧琴, 曾勇, 刘彩萍, 赵旭东, 谢斌. 昆明市社区居民精神卫生服务需求调查与分析 [J]. 中国健康心理学杂志, 2008, 16 (11): 1258-1260.

[33] 韩剑. 关于老年社区心理咨询室建设的探讨——以北京市X社区以及Y社区为例 [J]. 学理论, 2012 (25): 81-82.

[34] 韩雅煌, 朱庆文, 王晓芳, 等. 英国、日本社区养老服务经验对我国的启示 [J]. 中国初级卫生保健, 2016, 30 (4): 5-6.

[35] 何华敏, 胡春梅, 胡媛艳. 重庆市不同地区居民社区心理健康服务现状评价 [J]. 中国公共卫生, 2011, 27 (3): 293-296.

[36] 何华敏, 胡春梅, 胡媛艳. 城市社区心理健康服务体系的构建 [J]. 中国健康心理学杂志, 2015 (7): 1114-1118.

[37] 赫凛冽. 轻生自杀干预谈判的表达方法与谈判误区 [J]. 公安学刊——浙江警察学院学报, 2010, 117 (1): 47-50.

[38] 贺立平. 睦邻组织运动: 社区社会工作的先驱 [J]. 中国社会工作, 2009 (6): 62-62.

[39] 华红琴. 论社区心理健康服务推进: 需要、路径与策略 [J]. 学习与实践, 2010 (11): 111-117.

[40] 黄京京. 瑞典临终关怀工作过程和沟通技巧研究——以拉尔森先生个案为例 [D]. 山东: 山东大学硕士论文, 2013.

[41] 黄觅, 叶一舵. 国外社区心理健康服务发展概况及其对我国的借鉴意义 [J]. 福建医科大学学报 (哲学社会科学版), 2010, 11 (3): 23-25.

[42] 黄容. 关于我国社区心理健康服务发展的研究 [J]. 经营管理者, 2014 (2): 382-382.

[43] 黄雪薇, 项中, 王凤仪, 陆小莲. 有关开展社区心理咨询的探讨 [J]. 中国初级卫生保健, 1999, 13 (7): 27-28.

[44] 黄希庭, 郑涌, 毕重增, 等. 关于中国心理健康服务体系建设的若干问题 [J]. 心理科学, 2007, 30 (1): 2-5.

[45] 华杏珠. 社区心理健康服务模式探讨 [J]. 中国民康医学, 2010, 22 (2): 206-206.

[46] 胡琳琳. 养老院老人心理疾病预防和干预机制初探 [J]. 江苏经贸职业技术学院学报, 2013 (4): 68-70.

[47] 蒋伯钧等人. 上海市黄埔区某社区城市老年人心理健康影响因素分析研究 [J]. 中国初级卫生保健, 2005, 19 (2): 26-28.

[48] 姜曼,刘天平.空巢老人的孤寂问题及对策研究[J].现代交际,2011,9.

[49] 嵇承栋,崔明,钱洁,李超全,王鹏飞,马瑜,许畅.佛教在临终关怀中应用的探索[J].医学与哲学,2014,35(6A):38-47.

[50] 季卫东,周国权,方文莉,等.社区心理危机应对干预实验模型的初步建构及其作用[J].中国健康心理学杂志,2010,18(2):162-164.

[51] 赖运成.试论我国社区心理健康服务模式的构建[J].医学与哲学,2011,32(13):62-64.

[52] 廖红.对老年心理健康研究的几点看法[J].中国老年保健医学杂志,2009,7(3):65.

[53] 李德明,陈天勇.认知年老化和老年心理健康[J].心理科学进展[J],2006,14(4):560-564

[54] 李建明.国外心理危机干预研究[J].中国健康心理学,2011,19(2):244-247.

[55] 李健,张川.心理问题困扰大众,中国人呈"灰色"[N].中青在线——中国青年报,2004-08-26.

[56] 李娟,吴振云,韩布新.老年心理健康量表(城市版)的编制[J].中国心理卫生,2009,23(9):656-660.

[57] 李娟,吴振云,许淑莲.北京城区老年人心理健康状况及其相关因素分析[J].中国老年学,2002,22(5):336-338.

[58] 李建新,张风雨.城市老年人心理健康及其相关因素研究[J].中国人口科学,1997(3):29-35.

[59] 林崇德,杨治良,黄希庭.心理学大辞典.上下册[M].上海:上海教育出版社,2003.

[60] 林崇德.发展心理学[M].北京:人民教育出版社,2008.

[61] 李仁主.重庆北碚计划生育协会创办真情互动联谊会[OL].http://www.sina.com.cn.2007年4月25日15:49中国广播网.

[62] 刘巨明,杨文伟,孙志辉."三位一体"心理教育训练模式初探[J].空军预警学院学报,2015(3):211-214.

[63] 刘俊成.社区老年心理疾病的体育运动疗法管理探究[J].武魂,2013,11:3.

[64] 刘斌志.城市社区心理健康问题的现状及对策:以重庆市为例[J].中国精神卫生服务:挑战和前瞻,2012(4).

[65] 刘素岑,杨纲.关于开展社区老年人心理健康服务的探讨[J].医学争鸣,2016(1):62-65.

[66] 刘素群. 临终关怀在我国的实践应用及发展对策研究 [D]. 山东: 山东大学硕士论文, 2009.

[67] 刘甜芳, 杨莉萍. 心理预防概念的更新及其对实践的指导意义 [J]. 心理科学, 2012, 35 (6): 1513-1518.

[68] 刘影, 张灵聪. 中国沿海大中城市社区心理健康服务需求现状调查 [J]. 内江师范学院学报, 2010 (6): 88-91.

[69] 刘志远. 大学生心理危机干预工作的困境与对策 [J]. 高校辅导员学刊, 2015, 7 (1): 73-76.

[70] 刘金华. 基于老年生活质量的中国养老模式选择研究 [D]. 西南财经大学, 2009.

[71] 鲁龙光. 心理疏导疗法 [M]. 南京: 江苏科技出版社, 1996.

[72] 李献云. 预防自杀近在眉睫. 心理与健康 [J], 2006 (10): 13-14.

[73] 李霞, 付伟. 老龄化背景下社区老年人群对临终关怀的需求及对策研究 [J]. 健康研究, 2012, 32 (2): 143-146.

[74] 李雅妮. 我国社区心理卫生服务组织体系研究 [D]. 武汉: 华中科技大学硕士论文, 2010.

[75] 李志菊. 空巢老人心理健康状况研究进展 [J]. 中国老年学, 2011 (4).

[76] 龙女, 傅丽萍, 甘心静. 社区居民需要什么样的心理健康服务 [J]. 社区, 2010 (3): 21-23.

[77] 栾文敬, 杨帆, 串红丽, 等. 我国老年人心理健康自评及其影响因素研究 [J]. 西北大学学报 (哲学社会科学版), 2012, 42 (3): 75-83.

[78] 罗鸣春, 苏丹, 孟景. 中国传统文化中心理健康思想传承的四个途径 [J]. 西南大学学报 (社会科学版), 2009, 35 (3): 7-12.

[79] 罗鸣春. 中国青少年心理健康服务需求现状研究 [D]. 西南大学, 2010.

[80] 罗鸣春, 黄希庭, 苏丹. 儒家文化对当前中国心理健康服务实践的影响 [J]. 心理科学进展, 2010, 18 (9): 1481-1488.

[81] 路颜羽, 等. 城市社区老年人护理意愿及临终关怀需求调查分析 [J]. 护理学杂志 (外科版), 2009, 24 (20): 82-84.

[82] 吕林, 杨建辉, 吕牧轩. 不同养老模式对老年人心理健康状况影响调查分析 [J]. 中国老年学, 2011, 31 (17): 3343-3344.

[83] 马建青, 朱美燕. 大学生心理危机及其干预现状的调查分析 [J]. 学校党建与思想教育, 2014, 494: 73-75.

[84] 孟威妍. 色彩艺术教育对心理疾病的预防及治疗 [J]. 艺术生活—福州大学厦门工

艺美术学院学报，2011（1）：268-268.

[85] 潘孝富，潘伟刚. 和谐社会视野中的社区心理健康服务体系之建构[J]. 求索，2012（11）：209-211.

[86] 潘孝富，朱新田. 城市社区居民心理健康服务需求状况分析[J]. 湘南学院学报，2012，33（4）：28-31.

[87] 彭慧，傅华. 上海城区老年人组织参与及社会支持调查[J]. 医学与社会，2009，22（7）：50-51.

[88] 齐美胜. 人口老龄化与老年社会服务——基于转型社会背景下的探析[J]. 经济与社会发展，2009，7（3）：77-80.

[89] 曲江川. 老年社会学[M]. 北京：科学出版社，2007.

[90] 宋洁，石作荣，王迎春. 空巢老人生活自理能力现状及其影响因素分析[J]. 护士进修，2009（6）.

[91] 宋晋，梁婷，黄静. 社区老年人心理健康及完善方式[J]. 中外医学研究，2011，10（3）：69-70.

[92] 孙俊芳. 心理咨询职业化发展中的问题[J]. 青年与社会，2014（7）：362-362.

[93] 孙颖心. 老年人心理护理与康复咨询[M]. 北京：经济管理出版社，2006.

[94] 孙云樵. 运动处方对社区老年人心理疾病干预效果分析[J]. 中国农村卫生事业管理，2014，34（6）：711-713.

[95] 苏永刚，马娉，陈晓阳. 英国临终关怀现状分析及对中国的启示[J]. 山东社会科学，2010，（2）：48-54.

[96] 苏永刚. 中英临终关怀比较研究[D]. 山东：山东大学博士论文，2013.

[97] 陶裕春，申昱. 社会支持对农村老年人身心健康的影响[J]. 人口与经济，2014（3）：3-14.

[98] 滕丽新，黄希庭，陈本友，等. 英国老人心理健康服务体系的现状及启示[J]. 西南大学学报，2009，35（3）：18-23.

[99] 田碧珊，陈少娜，叶瑞芬. 社区家庭临终关怀现状[J]. 护理管理，2005，5（9）：24-26.

[100] 田原. 日本城市社区养老服务的经验与启示[J]. 当代经济，2010（9）：40-41.

[101] 王大华，肖红蕊，祝赫. 老年人心理健康服务模式——社区层面的实践与解析. 老龄科学研究，2014（12）：59-65.

[102] 王芳，潘远根. 中医心理疗法研究若干问题与发展趋势思考[J]. 湖南中医药大学学报，2007，27（1）：42-43.

[103] 王福兴,徐菲菲,李卉. 老年人主观幸福感和孤独感现状. 中国老年学, 2011 (31).

[104] 王楷. 基于云计算的城市社区电子政务服务研究 [J]. 软件导刊, 2015, 14 (2): 8-10.

[105] 王玲. 大学生心理危机干预机制初探 [D]. 湖南: 湘潭大学硕士论文, 2012.

[106] 王萍,张辉,张斌,等. 国内外社区心理健康服务的比较研究 [J]. 中国医药导报, 2015 (29): 151-155.

[107] 王群. 社区心理健康服务评价指标体系研究 [D]. 上海: 复旦大学硕士论文, 2010.

[108] 汪婷. 重庆城市社区老年人心理健康服务需求调查 [J]. 重庆科技学院学报, 2009 (s1): 35-38.

[109] 汪向东,王希林,马弘,等. 心理卫生评定量表手册 [M]. 北京: 中国心理卫生杂志社出版, 1999.

[110] 王小年,由旭,郭岩. 对社区卫生服务项目设置的思考 [J]. 中国初级卫生保健, 2010 (2): 24-26.

[111] 王亚军. 大学生心理危机干预系统构建研究 [D]. 西安: 西安科技大学硕士论文, 2014.

[112] 王艳. 国外绩效评估研究的演进与启示 [J]. 现代管理科学, 2012 (11): 104-106.

[113] 王永梅. 老年心理资本研究述评 [J]. 老龄科学研究, 2015 (1): 59-68.

[114] 王喆. 积极心理学视阈下医学生心理危机干预的研究 [D]. 广州: 南方医科大学硕士论文, 2012.

[115] 魏立和,薛德旺,费立鹏,朱凤艳,杨功焕. 中国老年与青年人自杀死亡特征的分析 [J]. 临床精神医学杂志, 2005, 15 (5): 305-306.

[116] 魏淑华. 社区心理健康服务的现状与发展策略———以山东省济南市为例 [J]. 济南大学学报 (社会科学版), 2013 (4): 76-80.

[117] 位新建. 浅析社区心理服务在应对老年心理危机中的作用. 法制与经济 [J], 2012 (7): 119.

[118] 伍小兰,李晶,王莉莉. 中国老年人口抑郁症状分析 [J]. 人口学刊, 2010 (5): 43-47.

[119] 吴均林,李雅妮,孙娜云. 不同地区社区心理健康服务比较研究 [J]. 中国卫生经济, 2010, 29 (10): 79-80.

[120] 吴振云,许淑莲,李娟. 老年心理健康问卷的编制 [J]. 中国临床心理学, 2002,

10（1）：1-3.

[121] 夏莉，朱坤，王明选，彭艳. 老年病人常见心理问题及护理对策［J］. 现代养生，2015（10）：262.

[122] 谢丽琴，张静平，焦娜娜，彭芳，叶曼. 农村空巢老人抑郁状况与社会支持、应对方式关系的研究［J］. 中国老年学，2009（19）.

[123] 谢颖，陈小异. 重庆市老年人心理健康及影响因素［J］. 中国老年学，2017（37）：3060-3062.

[124] 席居哲，桑标，左志宏. 心理弹性（Resilience）研究的回顾与展望［J］. 心理科学，2008，31（4）：995-998.

[125] 邢学亮，汪莹. 老年心理问题与社区老年心理服务［J］. 宁波大学学报（教育科学版），2008，30（1）：60-63.

[126] 熊跃根. 转型经济国家中的"第三部门"发展：对中国现实的解释［J］. 社会学研究，2001（1）：91-102.

[127] 薛海波，于欣，肖世富，张明园. 中国老年精神科服务现状调查［J］. 临床精神医学杂志，2006，16（1）：11-13.

[128] 薛武. 运动处方对老年心理疾病的干预作用［J］. 中国老年学，2010，30：1644-1645.

[129] 徐华春，黄希庭. 国外心理健康服务及启示［J］. 心理科学，2007，30（4）：1006-1009.

[130] 徐勤. 美国临终关怀的发展及启示［J］. 人口学刊，2000（3）：52-54

[131] 徐小平. 城市社区老人心理健康服务现状调查——来自重庆主城区的调查数据［J］. 社会工作，2008（12）：33-36.

[132] 徐小平. 论城市社区老人心理健康社会工作服务体系的建构［J］. 学术评论，2008，6（12）：26-29.

[133] 徐云，秦伟，霍大同. 临终关怀中的心理支持系统的现状与问题［J］. 医学与哲学，2006，27（23）：41-42.

[134] 阎安. 中国临终关怀：现状及其发展探索［J］. 科学·经济·社会，2010，28（3）：82-89.

[135] 严建雯，李安彬. 空巢老年人心理健康影响因素的模型建构［J］. 浙江社会科学，2008（3）：115-119.

[136] 杨丰宁，班晓娜. 英国为老服务措施及启示［J］. 学理论，2014（25）：106-108.

[137] 杨丽娟，杨琳. 论社区服务福利性与经营性的统一［J］. 赣南师范学院学报，2014

(2): 78-81.

[138] 杨丽君, 严庞. 社区心理健康服务模式构建探析 [J]. 武警后勤学院学报（医学版）, 2010, 19 (2): 155-156.

[139] 杨纾加, 温玉洁. 影响老年人健康相关因素的研究进展 [J]. 华夏医学, 2003 (16): 61.

[140] 杨文杰, 陈丽莎, 韦玮. 日本社区老年服务体系及其对中国的启示 [J]. 当代世界, 2010 (6): 61-63.

[141] 姚萍, 钱铭怡. 北美心理健康服务体系的培训与管理状况 [J]. 中国心理卫生杂志, 2008, 22 (2): 144-147.

[142] 姚若松, 蔡晓惠, 蒋海鹰. 社会支持、自尊对老年人心理弹性和健康的影响 [J]. 心理学探新, 2016, 36 (3): 239-244.

[143] 姚若松, 郭梦诗, 叶浩生. 社会支持对老年人社会幸福感的影响机制: 希望与孤独感的中介作用. 心理学报, 2018, 50 (10): 1151-1158.

[144] 叶芳. 关爱老年人的心理健康 [J]. 中国卫生, 2002 (9): 30-32.

[145] 尹可丽, 黄希庭, 付艳芬. 从心理学杂志相关文献看我国心理咨询与治疗方法的现状 [J]. 心理科学, 2009 (4): 783-787.

[146] 袁相红, 吴雅芳, 陈树林. 老年抑郁患者社区管理模式效果分析 [J]. 浙江预防医学, 2014, 26 (9): 960-964.

[147] 于琪, 耿庆研, 崔国生, 等. 心理干预对社区老年人心身健康的影响 [J]. 中国公共卫生, 2005; 21 (12): 1531-2.

[148] 于文平, 孙毓. 社区人群心理健康知识认知调查 [J]. 预防医学论坛, 1999 (2): 139-140.

[149] 于淼. 老年人心理健康自评工具及自助策略的研究 [D]. 第二军医大学, 2008.

[150] 张保利. 北京市城市社区老年人心理健康状况及其相关因素分析 [J]. 中国临床保健, 2010, 10 (4): 404-406.

[151] 张蓓蕾, 孙彦文, 倪政, 詹绍康, 陈嘉. 上海市闵行区华坪社区重点人群基本卫生服务需求调查 [J]. 中国初级卫生保健, 2003, 17 (3): 13-16.

[152] 张海燕. 大学生心理危机三维立体干预体系的构建与实施 [J]. 长春大学学报, 2015, 25 (2): 61-66.

[153] 张明明, 等. 长春市退休老干部心理健康状况及其相关影响因素 [J]. 中国老年学, 2012, 32 (13): 2811-2813.

[154] 张鹤, 施永兴. 京、津、沪三地社区老年人健康状况及临终关怀服务需求的调查 [J].

中国全科医学，2010，13（3A）：719－721.

[155] 张瑞凯，戴军，李红武. 社区心理健康服务实施现状及发展困境——基于北京164个社区的实证研究［J］. 社会工作，2010（5）：44－47.

[156] 张馨月. 大学生心理危机的干预路径探寻［J］. 现代交际，2015，410：137－138.

[157] 张学斌，刑瑛. 中医心理疗法简论［J］. 现代中医药，1995（2）：44－46.

[158] 张亚林，杨德森. 中国道家认知疗法——ABCDE技术简介［J］. 中国心理卫生，1998（3）：188－190.

[159] 张耀庭. 马斯洛需要层次理论与老年人心理保健新探［J］. 理论观察，2013，(9)：23－24.

[160] 张志学. 家庭系统理论的发展与现状［J］. 心理学探新，1990（1）：22＋33－36.

[161] 赵玉萍，等. 济南市城区老年人心理健康状况的调查［J］. 中国老年学，2009，29（15）：1945－1948.

[162] 郑日昌. 心理测量学［M］. 北京：人民教育出版社，1999.

[163] 郑日昌. 阴阳辩证辅导的理论与方法［J］. 高校心理健康教育发展研究，2011.

[164] 郑日昌. 阴阳辩证疗法——一种东方的积极心理辅导［C］. 国际中华应用心理学研究会学术年会，2011.

[165] 曾文星，华人的心理与治疗［M］. 北京：北京大学医学出版社，1997：8－15.

[166] 曾志娟. 社区老人心理健康服务模式的实践与探讨［J］. 中国农村卫生，2015（16）：66－66.

[167] 钟宁，孙伟，王海琴. 社区卫生服务中心实施临终关怀的SWOT分析及策略研究［J］. 中国全科医疗，2011，15（11A）：3589－3591.

[168] 钟文娟. 基于社区精神卫生服务的社区居民心理预警模型的研究［D］. 武汉：华中科技大学博士论文，2008.

[169] 钟友彬. 中国心理分析：认识领悟心理疗法［M］. 沈阳：辽宁人民出版社，1988.

[170] 邹凤梅. 大学生自杀的发生机制及干预［J］. 湖北成人教育学院学报，2014，20（1）：42－44.

[171] 周海滨，彭绩. 深圳市居民自杀流行病学研究［J］. 中华疾病控制杂志，2011，15（3）：219－221.

[172] 邹清和，等. 日本老年心理护理对我们的启示. 文档库网页，2011年7月4日，http：//www.wendangku.net/doc/9cfcc00979563c1ec5da714f.html.

[173] 周指明. 深圳社区居民心理卫生服务需求研究［J］. 医学与社会，2004（5）：32－34.

［174］朱海林. 安阳市空巢老人的孤独、抑郁状况与社会支持的相关研究［J］. 中国老年学，2009，17.

［175］朱建军. 意象对话心理治疗［M］. 合肥：安徽人民出版社，2009.

［176］朱媛. 广安地区社区心理服务体系开发［J］. 现代妇女（下旬），2013（2）：205.

［177］佐斌. 西方社区心理学的发展及述评［J］. 心理科学进展，2001，9（1）：71-76.

Ⅱ 外文文献

［1］Ahmed, P. I., Kolder, A., &Coelho, G. V. Toward a new definition of health: An overview. In P. Ahmed (Ed.), Toward a new definition of health (pp. 7-22). New York: Plenum, 1979.

［2］Andrykowski, M. A., Aarts, M. J., van de Poll-Franse, L. V., Mols, F., Slooter, G. D., & Thong, M. S. Y. (2013). Low socioeconomic status and mental health outcomes in colorectal cancer survivors: Disadvantage? Advantage? …or both? Psycho-Oncology, 22 (11), 2462-2469.

［3］Aoun S, Pennebaker D, Wood C. Assessing Population Need f or Mental Health Care: A Review of Approaches and Predict ors［J］. Mental Health Services Research, 2004, 6 (1): 33-46.

［4］Barskova, T., & Oesterreich, R. (2009). Post-traumatic growth in people living with a serious medical condition and its relations to physical and mental health: A systematic review. Disability & Rehabilitation, 31, 1709-1733.

［5］Bonanno, G. A., Moskowitz, J. T., Papa, A., & Folkman, S. (2005). Resilience to loss in bereaved spouses, bereaved parents, and bereaved gay men. Journal of Personality and Social Psychology, 88, 827-843.

［6］Bower, J. E., Meyerowitz, B. E., Bernaards, C. A., Rowland, J. H., Ganz, P. A., & Desmond, K. A. (2005). Perceptions of positive meaning and vulnerability following breast cancer: Predictors and outcomes among long-term breast cancer survivors. Annals of Behavioral Medicine, 29, 236-245.

［7］Caplan, G. Principles of Prevention Psychiatry. Oxford, England: Basic Books, 1964.

［8］Dagon. Planning and development issues in implementing community-based mental health services for the elderly［J］. Hospital &Community Psychiatry, 1982, 33 (2): 137-141

［9］Derya, T., Esen, S., Ganime, C. (2012). Post-traumatic growth and social support in

Turkish patients with cancer. Asian Pacific Journal of Cancer Prevention, 13, 4311 – 4314.

[10] Dokken, B. B. (2013). How insulin analogues can benefit patients. The Nurse Practitioner, 38, 44 – 48.

[11] Engelkemeyer, S. M., & Marwit, S. J. (2008). Post-traumatic growth in bereaved parents. Journal of Traumatic Stress, 21, 344 – 346. doi: 10. 1002/jts. 20338

[12] Gerald Corey, Corey, 石林. 心理咨询与治疗的理论及实践 [M]. 中国轻工业出版社, 2004.

[13] GL Engel. The Need for a New Medical Model: A Challenge for Biomedicine [J]. science, 1977, 196 (4286): 129 – 136.

[14] Gordon, R. An operational classification of disease prevention [J]. Public Health Reports, 1983, 98 (2): 107 – 116.

[15] Graman. Community-based mental health services for the elderly: nursing meets the need [J]. Caring National Association for Home Care Magazine, 1992, 11 (1): 39 – 43.

[16] Ivey A E, D'Andrea M, Ivey M B, et al. Theories of Counseling and Psychotherapy: A Multicultural Perspective: International Edition [J]. 2008.

[17] Keady. Community mental health nursing and early intervention in dementia: developing practice through a single case history [J]. Journal of Clinical Nursing, 2004, 13 (6B): 57 – 67.

[18] Kim K B, Cohen S M, Oh K H, et al. The effects of meridian exercise on anxiety depression and self-esteem of female college students in Korea. Holistic Nursing Practice. 2004, 18 (5): 230 – 234.

[19] Lee, C., Glei, D. A., Weinstein, M., & Goldman, N. (2014). Death of a child and parental wellbeing in old age: Evidence from Taiwan. Social Science & Medicine, 101, 166 – 173.

[20] Lichtenthal, W. G., Neimeyer, R. A., Currier, J. M., Roberts, K., & Jordan, N. (2013). Cause of death and the quest for meaning after the loss of a child. Death Studies, 37, 311 – 342.

[21] Liu, X., & Chen, J. (2006). Grief nursing of bereaved parents after the death of child. International Journal of Nursing, 25, 867 – 869.

[22] Matthews, L. T., & Marwit, S. J. (2003). Examining the assumptive world views of parents bereaved by accident, murder, and illness. OMEGA-Journal of Death and Dying, 48, 115 – 136.

[23] Morris, B. A. , Shakespeare-Finch, J. , & Scott, J. L. (2012). Post-traumatic growth after cancer: The importance of health-related benefits and newfound compassion for others. Supportive Care in Cancer, 20, 749 – 756.

[24] Mrazek, P. J. &Haggerty, R, J. (Eds.). Reducing risks for mental disorders [M]. Frontiers for preventive intervention research. Washington, DC: National Academies Press, 1994.

[25] Murphy, S. , Shevlin, M. , & Elklit, A. (2014). Psychological consequences of pregnancy loss and infant death in a sample of bereaved parents. Journal of Loss and Trauma, 19, 56 – 69.

[26] Norcross J C, Karpiak C P, Santoro S O. Clinical psychologists across the years: The division of clinical psychology from 1960 to 2003 [J]. Journal of Clinical Psychology, 2010, 61 (12): 1467 – 1483.

[27] O' Connell, M. E. , Boat, T. , & Warner, K. E. (Eds.). Preventing mental, emotional, and behavioral disorders among young people: Progress and possibilities. Washington, DC: National Academies Press, 2009.

[28] Pan Xiaofu, Jinyu Liu, Lydia W. Li & Jonathan Kwok (2016). Posttraumatic growth in aging individuals who have lost their only child in China. *Death Studies*, Vol. 40 (7): 395 – 404.

[29] Peng Juan Wang, Xiao Fu Pan, Jin Yu Liu (2015). Depression of the Aging Parents Who Lost Their Only Child in China. *American Journal of Applied Psychology*, Vol. 4 (4): 83 – 89.

[30] Polatinsky, S. , & Esprey, Y. (2000). An assessment of gender differences in the perception of benefit resulting from the loss of a child. Journal of Traumatic Stress, 13, 709 – 718.

[31] Prati, G. , & Pietrantoni, L. (2009). Optimism, social support, and coping strategies as factors contributing to post-traumatic growth: A meta-analysis. Journal of Loss and Trauma, 14, 364 – 388.

[32] Schaefer, J. A. , & Moos, R. H. (1998). The context for post-traumatic growth: Life crises, individual and social resources, and coping. In R. G. Tedeschi C. L. Park, & L. G. Calhoun (Eds.), Post-traumatic growth: Positive changes in the aftermath of crisis (pp. 99 – 125). Mahwah, NJ: Lawrence Erlbaum Associates.

[33] Seiser, L. , Wastell, C. 干预与技术 [D]. 安芹译. 北京: 北京大学医学出版

社，2007.

[34] Shah, At. Do socio-economic factors, elderly population size and service development factors influence the development of specialist mental health programs for older people? International Psycho-geriatrics, 2008, 20: 6, 1238 – 1244.

[35] Song, J., Floyd, F. J., Seltzer, M. M., Greenberg, J. S., & Hong, J. (2010). Long-term effects of child death on parents' health-related quality of life: A dyadic analysis. *Family Relations*, 59, 269 – 282.

[36] Su Dan, Wu Xian-Ning, Zhang Ying-Xin, Li Hui-Ping, Wang Wei-Li, Zhang Jing-Ping, Zhou Le-Shan (2012). Depression and social support between China rural and urban empty-nest elder *Archives of Gerontology and Geriatrics* 55, 564 – 569.

[37] Tedeschi, R. G., & Calhoun, L. G. (1996). The post-traumatic growth inventory: Measuring the positive legacy of trauma. *Journal of Traumatic Stress*, 9, 455 – 471.

[38] Tedeschi, R. G., & Calhoun, L. G. (2004). Post-traumatic growth: Conceptual foundations and empirical evidence. *Psycho-logical Inquiry*, 15, 1 – 18.

[39] Tedeschi, R. G., Park, C. L., & Calhoun, L. G. (Eds.). (1998). Post-traumatic growth: Positive changes in the aftermath of crisis. Mahwah, NJ: Lawrence Erlbaum Associates.

[40] "The annual health check". *Healthcare Commission. Archived from* the original *on* 21 *March* 2009

[41] Vaziri, S., Kashani, F. L., & Panahy, S. S. (2014). Correlation between components of general health with post-traumatic growth in cancer patients. Journal of Applied Environmental and Biological Sciences, 4, 175 – 181.

[42] Wang Zi-Qi, Shu De-Fen (2012). Anxiety disorders and its risk factors among the Sichuan empty-nest older adults: A cross-sectional study. Archives of Gerontology and Geriatrics G Model AGG –2770; No. of Pages 5.

[43] Wright, M. O., & Masten, A. S. Resilience Porcesses in development. In: S. Goldsteni, R. B. Boorks (Eds.), *Handbook of Resilience in Childern* (pp. 17 – 37). Kluwer Aacdemic Plenum Publishers, 2005.

[44] Xu, Y., Herrman, H., Tsutsumi, A., & Fisher, J. (2013). Psychological and social consequences of losing a child in a natural or human-made disaster: A review of the evidence. Asia-Pacific Psychiatry, 5, 237 – 248.

附录　相关调查问卷

附录1　《城市社区老年人心理健康服务现状调查问卷》

城市社区老年人心理健康服务现状调查问卷

尊敬的女士/先生：

您好！社区老年人心理健康服务是指社区为了保持或促进社区民众心理健康和预防身心疾病而组织心理健康服务工作人员开展一系列社区民众老年人心理健康服务活动。本问卷调查是想了解您所在的社区开展此项活动的状况。请您如实地回答每个问题，答案无对错之分，请不要有任何顾虑，结果仅为科研使用，请您放心作答。

非常感谢您的支持和配合！

国家社会科学基金规划课题研究小组
××大学心理学与社会管理研究中心

您的基本情况：

1. 您的性别_____，年龄_____岁，民族_____，婚姻_____（已婚、未婚、离异、再婚）

2. 您所在的社区：_____省_____市（县）_____社区

3. 您的职业：_____，文化程度：_____，职务_____（领导干部、社区干部、普通民众）

4. 您的家庭经济状况在当地属于：□贫穷，□温饱，□较富裕，□非常富裕

第一部分

【指导语】：在您认为合适的选项前字母处打"√"，比如在以下第1题中，您认为"较好"，则在"D"处打"√"。注意：每个题只选择一个选项。

1. 您认为您自己目前的心理健康状况如何？
   A. 很差　　　B. 较差　　　C. 一般　　　D. 较好
   E. 很好

2. 您及您的家人或亲朋是否需要他人或专门机构来帮助您摆脱心理困惑？
   A. 非常需要　　B. 比较需要　　C. 不太需要　　D. 不需要

3. 您是否希望在您居住的社区设立专门的老年人心理健康服务机构？
   A. 非常希望　　B. 比较希望　　C. 有点希望　　D. 不希望

4. 当您及您家的老年人遇到心理困扰时是否需要社区提供心理健康服务？
   A. 非常需要　　B. 比较需要　　C. 不太需要　　D. 不需要

5. 您认为在社区开展老年人心理健康服务对提高居民的生活质量有作用吗？
   A. 有很大作用　B. 比较有作用　C. 有点作用　　D. 没有作用

6. 如果有如下机构提供老年人心理健康服务，您首先选择的是哪个？
   A. 社区卫生服务站　　　　B. 社区专业心理咨询机构
   C. 综合医院　　　　　　　D. 精神专科医院
   E. 私人心理诊所

第二部分

【指导语】：您认为以下社区老年人心理健康服务内容的重要程度如何？请您从"很重要——完全不重要"中选择，比如在"普及心理保健知识"题中，您认为"比较重要"，则在"比较重要"对应空格处打"√"。

	很重要	比较重要	一般	比较不重要	完全不重要
1. 普及心理保健知识					\

续表

	很重要	比较重要	一般	比较不重要	完全不重要
2. 家庭婚姻问题辅导					
3. 失智失能问题辅导					
4. 人际关系冲突处理					
5. 不良品行的矫正					
6. 精神疾病预防与治疗					
7. 精神病人回归社区康复					
8. 工作生活压力缓解					
9. 退休适应心理辅导					
10. 物质依赖（如酗酒、吸烟、吸毒等）干预					
11. 危机干预（如突发事件心理应急与创伤辅导）					
其他（填写）					

第三部分

【指导语】：请您从以下每个题中选出您认为最重要的 5 项，并对其进行排序，按重要程度先后排列将您的选项填写在每题后的括号内。注意：是每个题都要选择 5 项，并对其排序。

1. 您认为您社区中最需要接受心理健康服务的人群是：（　　）

A. 老年人　　　B. 中年人　　　C. 青少年　　　D. 儿童

E. 婴幼儿　　　F. 心理障碍者　　G. 精神病患者　H. 身体残疾者

I. 劳教释放人员　J. 精神病院出院者　K. 吸毒者　　L. 网络成瘾者

M. 其他（请注明_____）

2. 对于老年人来说，您认为社区心理服务机构应该提供什么服务内容？（　　）

A. 身体健康　　B. 老年痴呆症　C. 亲子关系　　D. 社会适应

E. 生活压力　　F. 生命教育　　G. 退休心理辅导

H. 情绪的调节（孤独、抑郁） I. 婚姻家庭　　J. 生活信心

K. 其他（请注明_____）

第四部分

【指导语】：在您认为合适的选项前字母处打"√"，比如在以下第1题中，您认为"是"建立了老年人心理健康服务机构，则在"A"处打"√"。注意：每个题只选择一个选项。

1. 您所在的社区是否建立了老年人心理健康服务机构？

　 A. 是（请注明名称_____） B. 否

　 C. 正在建设中　　　　　　　D. 不了解

2. 如果您所在的社区有老年人心理健康服务机构，现有专职人员多少？

　 A. 1~3个　　　B. 4~6个　　　C. 7~10个　　　D. 10个以上

3. 从事老年人心理健康服务人员主要来自：

　 A. 心理学专业人员　　　　　　B. 有资格认证心理咨询师或社会工作者

　 C. 临床医生　　　　　　　　　D. 民间人士

　 E. 其他（请注明_____）

4. 从事老年人心理健康服务人员的学历主要是：

　 A. 研究生　　 B. 本科　　 C. 专科　　 D. 高中

　 E. 初中及以下

5. 从事老年人心理健康服务人员的专业工作经验时间为：

　 A. 1年以内　　 B. 1~2年　　 C. 3~5年　　 D. 5年以上

6. 从事老年人心理健康服务人员有没有定期参加相关培训？

　 A. 有　　　　　 B. 没有　　　　 C. 不太了解

7. 您所在的社区老年人心理健康服务人员是否经常开展心理健康知识宣传活动？

　 A. 有　　　　　　　　　　　　B. 没有

8. 您所在的社区老年人心理健康服务人员是否为每位居民建立了心理档案？

　 A. 有　　　　　　　　　　　　B. 没有

9. 您认为您所在社区的老年人心理健康服务人员专业知识技能如何？

A. 非常好　　B. 比较好　　C. 一般　　D. 较差

10. 您认为您所在社区的老年人心理健康服务效果怎样？

A. 非常好　　B. 比较好　　C. 一般　　D. 较差

第五部分

【指导语】：在您认为合适的选项前字母处打"√"，比如在以下第 1 题中，如果您更愿意接受"私人心理诊所"，则在"E"处打"√"。注意：每个题只选择一个选项。

1. 如果您是老年人，有机构提供老年人心理健康服务，您更愿意接受的是：

  A. 社区卫生服务站　　　　B. 社区专业心理咨询机构

  C. 综合医院　　　　　　　D. 精神专科医院

  E. 私人心理诊所　　　　　F. 电话或网络服务机构

  G. 其他（请注明_____）

2. 如果您所在的社区设立了专门老年人心理健康服务机构，它的硬件（如心理诊断工具、计算机等）建设如何？

  A. 非常好　　B. 比较好　　C. 一般　　　D. 较差

  E. 根本没有硬件设施

3. 如果您所在的社区设立了专门的老年人心理健康服务机构，它是否有当地政府或主管部门的经费支持？

  A. 有专项经费　　　　　　B. 没有资助，靠自负盈亏

  C. 没有经费，靠民间筹集　　D. 其他（请注明_____）

4. 如果您所在的社区设立了专门的老年人心理健康服务机构，它的人员配备情况如何？

  A. 非常合理　　B. 比较合理　　C. 一般　　　D. 不合理

  E. 根本没有配备

5. 如果您所在的社区设立了专门的老年人心理健康服务机构，它每周的来访人数在：

  A. 10 人以上　　B. 6~9 人　　C. 3~5 人　　D. 2 人以内

6. 如果您所在的社区设立了专门的老年人心理健康服务机构，它的不同

部门是否有明确的分工？

　　A. 有　　　　B. 没有　　C. 不了解

　　7. 如果您所在社区有居民有心理障碍，您认为老年人心理健康服务机构是否会积极主动采取措施？

　　A. 不会，只是等待来访者上门 B. 征询主管领导意见后救助

　　C. 积极采取措施救助

　　8. 如果您所在的社区设立了专门老年人心理健康服务机构，它在促进居民心理健康方面发挥的作用如何？

　　A. 有很大作用 B. 有较大作用 C. 作用不大　D. 完全没起作用

　　9. 如果您所在的社区设立了专门的老年人心理健康服务机构，您认为它在哪些方面需要有所改进？

　　A. 设施建设　　B. 人员配置　　C. 管理制度　　D. 服务方式

　　E. 服务内容　　F. 其他（请注明_____）

第六部分

　　【指导语】：在您认为合适的选项前字母处打"√"，比如在以下第1题中，如果您认为当地政府"非常重视"，则在"A"处打"√"。注意：每个题只选择一个选项。

　　1. 您认为当地政府是否重视社区居民的老年人心理健康服务工作？

　　A. 非常重视　　B. 比较重视　　C. 不太重视　　D. 不重视

　　2. 您所在的当地政府是否制定了老年人心理健康服务管理制度？

　　A. 有非常完善的制度　　　　B. 有一些制度

　　C. 有少数几项制度　　　　　D. 没有任何制度

　　3. 您所在的社区居委会或上级政府部门对社区老年人心理健康服务是否有系统工作规划？

　　A. 有　　　　B. 没有　　　C. 不太了解

　　4. 当地政府是否拨发专门的社区老年人心理健康服务活动经费？

　　A. 有　　　　B. 没有　　　C. 不太了解

　　5. 当地政府是否建立了社区老年人心理健康服务的效果评估体系？

　　A. 有　　　　B. 没有　　　C. 不太了解

6. 您所在的社区居委会或上级政府部门对老年人心理健康服务人员是否进行定期培训？

  A. 有　　　　B. 没有　　　C. 不太了解

7. 您所在的社区居委会或上级政府部门对老年人心理健康服务人员是否制定了工作绩效评估办法？

  A. 有　　　　B. 没有　　　C. 不太了解

8. 您对当地的老年人心理健康服务状况的满意程度如何？

  A. 非常满意　B. 比较满意　C. 不太满意　D. 不满意

9. 您所在的社区是否定期进行居民心理健康普查工作？

  A. 有　　　　B. 没有　　　C. 不太了解

10. 您所在的社区对老年人心理健康服务工作是否有专门的领导机构？

  A. 有　　　　B. 没有　　　C. 不太了解

请您对社区老年人心理健康服务机构的建立提出您的建议（从必要性、内容、形式、管理措施等方面）：

_____

_____

_____

_____

_____

_____

问卷调查到此结束，请您检查一遍是否每个题都做了，再次谢谢您的支持与合作！

附录 2　《城市社区老年人心理健康服务状况调查》

访谈提纲

1. 你们社区有心理健康服务中心（或心理卫生室、心理咨询室、心理辅导室、心理干预与治疗等有关心理健康的工作室）吗？

2. 在社区里，哪些人群最需要心理健康辅导或心理治疗？

3. 在社区建立专门的老年人心理健康服务中心（或类似的服务中心），您认为是否有必要？为什么？

4. 你们社区是否有老年人心理健康服务中心（或类似的服务中心）？

5. 当社区居民出现心理问题或精神问题时，社区工作人员平时给他们提供过哪些帮助？

6. 如果在社区建立老年人心理健康服务中心，您认为该中心的主要服务内容（或活动）是什么？

7. 如果在社区建立老年人心理健康服务中心，您认为该中心需要什么样的工作人员？您对他们的专业技能、知识结构和学历经历有何要求？

8. 如果在社区建立老年人心理健康服务中心，您认为该中心需要什么样的条件设备？

9. 如果在社区建立老年人心理健康服务中心，您认为该中心如何运行？是免费服务还是收费服务？如果免费服务那么该中心运转经费谁负担？如果收费服务，那么怎样收费才合理？

10. 如果在社区建立老年人心理健康服务中心，您认为该中心怎样管理？怎样监督和评价其服务效果？